JN434885

매봉통일연구소총서12

북한 핵문제 딜레마와 북한과 미국의 대응 전략

이헌경

북한 핵문제 딜레마와 북한과 미국의 대응 전략

발행일 2017년 1월
저 자 이헌경
발행인 남광규
발행처 도서출판 매봉
등 록 제6-479호
주 소 서울시 영등포구 국회대로 800 1102호
TEL/FAX 02-780-9312 | 02-780-9313
ISBN 978-89-953567-0-8 93340
정 가 20,000원

북한 핵문제 딜레마와 북한과 미국의 대응 전략

도서출판 매봉
2017

North Korean Nuclear Dilemma and US-DPRK Counterstrategy

Maebong Publishing House

책을 펴내며

북핵문제가 발발 한 지 어느덧 23년이 흘렀다. 10년이면 강산도 변한다고 하는데, 핵문제가 20년을 넘었으니 핵개발 정도, 상황, 전략 등도 많이 변했다. 핵문제를 다루었던 북한의 최고지도자도 3대에 이르렀다. 김일성 주석 때 야기된 핵문제가 김정일 국방위원장 때 본격화되더니 김정은 원수가 그 바턴을 넘겨받았다. 물론 핵문제 전반은 대부분 김정일 국방위원장에 의해 주도되었다. 이는 의심할 여지가 없다. 한편 미국의 행정부도 세 차례에 걸쳐 바뀌었다. 이 문제를 처음 다루었던 클린턴 행정부를 시작으로 부시 행정부 그리고 오바마 행정부에 이르게 되었다. 한국 정부는 김대중 대통령, 노무현 대통령, 이명박 대통령을 거쳐 박근혜 대통령에 이르고 있으며, 중국은 장쩌민 주석과 후진타오 주석을 거쳐 시진핑 주석에 이르고 있다. 미국, 한국, 중국의 여러 정부가 여러 전략과 대안을 놓고 북핵문제를 다뤄왔지만 여전히 딜레마에 처해 있다.

북한이 핵카드를 드러낸 목적은 생존용이었다. 1980년대 말부터 시작된 공산주의권의 연쇄붕괴는 평양지도부에 엄청난 심리적 타격을 주었다. 북한보다 잘 살던 공산주의권 국가들이 연쇄적으로 무너지는데 총체적 위기에 직면해 있는 북한이 견딜 수 있겠는가에 대한 우려가 대두된 것이다. 이러한 우려를 극복하기 위한 카드가 바로 핵개발이다. 핵이 있으면 군사강국인 미국으로부터의 공격을 억제할 수 있고, 핵을 통해 체제보장과 보상을 얻을 수 있다는 전략적 판단에 따른 것이다. 이러한 핵카드는 벼랑 끝 전술로 기대 이상의 효력을 거둘 수 있었고, 대규모 보상과 경제적 혜택을 챙길 수 있었다. 하지만 이러한 핵카드는 더 이상 유용하지 않는다. 미국은 한 번 속지 두 번 속지는 않는다는 입장을 가지고 평양의 '핵위협-보상' 전략에 더 이상 말려들지 않고 있다. 이러한 추세는 오바마 행정부가 '전략적 인내'의 정책을 취하게 하였고, 그러던 사이 북한의 핵개발은 이제 핵확산의 단계에까지 이르고 있다.

인류가 원시 시대 불을 사용한 이후 불은 생활 도구로 사용되어 왔지만, 한편으론 무기로 발달되었다. 무기 개발은 시간이 흐를수록 발달되었으며, 심지어 핵무기를 만드는 단계까지 오게 되었다. 미국이 핵폭탄을 처음 사용 했을 때 세계는 가공할 만한 위력에 놀랐었다. 하지만 이제 핵무기는 미국의 독점물이 아니다. 러시아는 미국에 뒤지지 않을 정도의 엄청난 핵무기를 보유하고 있고, 미국, 러시아, 영국, 프랑스, 중국은 공식 핵보유국으로 위치하고 있다. 이외 인도, 파키스탄, 이스라엘이 비공식 핵보유국으로 자리 매김하고 있으며, 30여 개 국가들이 이미 핵을 만들 수 있는 능력을 가지고 있다. 북한은 비공식 핵보유국이 되고자 한다. 공식 핵보유국은 다수의 핵을 보유한 국가이자 유엔안보리상임이사국으로서 독점적 지위를 누리고 있고, 다른 어떠한 국가들에게 이러한 지위를 허용하지 않으려 한다. 이는 「핵확산금지조약」으로 나타난다. 그러나 북한은 체제보장, 선군정치, 내부결속을 위해서 핵보유가 절대적으로 필요하다. 그래서 북한은 과시할 수 있는 위치의 비공식 핵보유국의 대열에 서고자 하며, 국제적으로 인정받고자 한다. 하지만 세계경찰국가로서 그리고 핵확산을 막아야 할 핵심적 국가로서 미국은 절대 수용 불가의 입장이다. 중국, 러시아도 마찬가지 입장이다. 세계 어떤 국가들도 예측 불가한 독재자가 있는 북한이 비공식 핵보유국의 위치에 있기를 바라지 않는다.

그러나 북한이 핵탄두를 보유하고 있다는 사실은 부인할 수 없다. 네 차례의 핵실험을 거쳐 북한의 핵보유는 이제 기정사실로 받아들여지고 있다. 그러나 미국은 이러한 사실마저 인정하지 않으려 한다. 사실을 있는 그대로 받아들이지 않으려 하니 북한으로선 황당할 수 있다. 이는 미국이 사실을 수용하지 않으려 하는 것이 아니라 공식적으로 이를 인정하지 않으려하기 때문이다. 그러므로 북한의 핵보유는 핵개발 차원을 넘어 핵확산의 우려 단계까지 도달 해 있는 것이다.

실제 핵탄두를 가지고 있다하더라도 운반수단이 없으면 무용지물이다. 폭격기를 이용해 히로시마와 나가사키에 핵탄두를 투하했던 방식은 21세기에 고려되지 않고 있다. 핵탄두를 싣고 가는 폭격기를 상대국 고성능 전투기가 격추시킬 수 있어 공중 투하 방식은 이제 생각하지 않는다. 최고의 대안은 아주 빠른 속도로 신속하게 때릴 수 있는 미사일이다. 그래서 그동안 북한은 장거리 미사일 개발에 총력을 펼쳤다. 각고의 노력 끝에 북한은 로켓 시험발사를 통해 13,000km 사정거리에 이르는 장거리 미사일의 능력을 갖추게 되었다. 그러한 사정거리는 미국을 공격권 안에 두기 위해서이다. 그러나 이러한 결과가 미국에 당장 위협을 가하진 못하고 있다. 핵탄두가 있고 운반수단이 있다하더라도 전자를 후자에 부착하지 못 하면 아무 소용이 없다. 따라서 북한은 핵탄두의 소형화와 경량화에 주력하고 있다. 북한이 핵탄두를 장거리 미사일에 부착해 대륙간탄도미사일의 위력을 갖춘다면 미국은 북한으로부터 핵공포를 느낄 수 있다.

이는 먼 미래의 일이 아닌 가까운 미래의 일이 될 수 있다. 이를 현실화시키기 위해 북한은 경제를 희생시키면서까지 대륙간탄도미사일의 능력을 갖추고자 한다. 그래야만 미국이 인정하든 안하든 실질적 핵보유국의 위상을 얻을 수 있다. 이러한 군사적 위상을 가지고 북한은 미국과 군비협상 및 평화협정 체결에 나서려 하며, 북한에 유리한 방향으로 협상을 이끌어가려 한다. 또한 체제보장에 대한 확신과 함께 핵 포기가 아닌 핵 비확산에 대한 대가로 대규모 경제적 보상을 얻으려 한다.

예나 지금이나 북핵문제를 풀어나가려는 노력은 멈추지 않고 있다. 제네바기본합의서와 공동성명은 북핵문제를 풀기 위한 해법이다. 제네바기본합의서는 이미 사장되었지만 공동성명이 무효화된 것은 아니다.

실제 공동성명을 이행해 나간다면 북핵문제는 점차적으로 해결된다. 하지만 제네바기본합의서와 같이 공동성명이 이행되지 않는다면 아무런 소용이 없다. 제네바기본합의서는 북한과 미국이 맺은 양자 간 합의이다. 북한의 핵동결 대가로 북한에 2기의 경수로를 건설해 주기로 한 북·미간 합의는 북한이 비밀리에 추진한 고농축우라늄 핵개발로 깨어졌다. 한편 경수로 건설도 이루어지지 않았다. 허술한 합의가 결국은 합의를 이행하지 못하게 한 것이다. 미국은 경수로가 건설되기 전에 북한이 몰락 할 것이라 판단하고 경수로 건설을 약속했었다. 하지만 그것은 오판이었다. 북한은 총체적 위기에 처해 있지만 오늘까지 건재하고 있다.

북한의 고농축우라늄 핵개발로 촉발된 제2차 핵 위기를 해결하기 위해 미국은 북·미 양자 협상 대신 미국, 일본, 중국, 러시아, 남한, 북한이 참여하는 6자회담을 내세웠다. 북핵문제가 한반도에 국한되지 않고 동북아시아 주요 국가들이 같이 풀어야 할 사안이라 판단했기 때문이다. 중국이 의장국으로 중재국으로서 역할을 한 6자회담은 많은 난관이 있었지만 마침내 '핵 포기-보상'의 해법이 포함된 '공동성명'이 채택되었고, 이는 오늘날까지 유효한 북핵문제의 해법으로 작용하고 있다. 그러나 북한이 공동성명의 초기조치와 단계별 조치마저 외면하고 핵실험과 미사일 시험발사를 추진해 핵·미사일 문제는 교착상태에 머물러 있다. 이러한 과정은 북핵문제 해결이 얼마나 어려운 지를 보여주고 있는 것이다.

이 책은 제2차 북한 핵 위기 이후 교착상태의 북핵문제의 현황과 대안을 담은 논문들을 취합해 완성한 것이다. 2006년부터 2015년까지 여러 논총에 실린 논문들을 대상으로 취합한 것이다. 북핵문제의 시작은 플루토늄 핵개발로 비롯되었고, 이에 대한 필자의 연구는 통일연구원 재직 시절 많이 이루어졌다. 통일연구원 국제관계연구실에서 미국 정책을 담당하였고, 그 일환에서 북·미관계와 북핵문제를 다루면서 그러한 연구는 본격적으로 이루어졌다. 그렇지만 그 당시 관련 사안을 연구하기가 상당히 어려웠다. 무엇보다 북·미관계와 북한의 핵·미사일에 대한 자료와 정보가 너무 없어 연구의 진전을 거두기 어려웠다. 북·미관계는 북핵문제로 시작되었고, 핵·미사일 문제는 군사적 사안으로 그 당시 공개되지 않은 것이 너무 많아 깊이 있는 연구를 제대로 진행 할 수 없었다.

이러한 한계와 어려움에도 북·미관계 및 북한의 핵·미사일 연구는 조금씩 진전을 거둘 수 있었다. 왜 북한이 미국을 상대로 핵카드를 사용하는가를 우선적으로 분석하면서 핵문제의 본질을 파악하였고, 이를 토대로 점차적으로 연구의 깊이와 범위를 넓혀 나갔다. 이는 주로 현안 분석 및 정책 개발 차원에서 이루어졌고, 그것이 연구총서와 연구보고서로 발간되었다. 이를 토대로 관련 내용을 다각적인 시각에서 분석해 논문으로 게재하기도 하였다. 그러한 내용들은 주로 플루토늄 핵개발로 비롯된 제1차 핵 위기에 관한 것이 대부분이었다.

동아대학교로 일터를 옮긴 이후 연구주제는 비교적 자유스러웠다. 잠시 북·미관계 및 북핵문제 연구를 뒤로 하였으나, 북한의 핵·미사일 문제가 심각하게 대두되자 다시 핵심 사안을 분석하기 시작했다. 그것은 대부분 제2차 핵 위기 이후부터의 사안을 다룬 것이며 그 연구결과는 주로 학회 논총을 통해 발간되었다. 이 책은 그러한 연구를 모은 일련의 논문을 편찬한 것이다.

그 구성을 보면 북핵문제의 본질, 북한과 미국의 상호작용, 북핵문제 해결을 위한 다자주의적 접근으로 이루어져 있다. 구체적으로 제1부는 북한의 핵전력과 전략에 관해서이다. 그것은 제1장 "북한의 핵전력과 전략: 전략적 접근과 전망" (『국제문제연구』, 2006), 제2장 "북한의 핵무장 목적과 대미 전략적 목표" (『세계지역연구논총』, 2008), 제3장 "북한의 핵 억제론과 핵 억제력: 이론적 검토와 현실적 수용의 문제" (『평화학연구』, 2009), 제4장 "북한의 핵무장과 동북아시아 핵도미노: 현황과 전망" (『*The Journal of Peace Studies*』, 2013) 으로 구성되어 있다. 제2부는 "북한의 핵위협과 북·미간 상호작용"에 관한 내용으로 이루어져 있다. 그것은 제1장 "공동성명이후 교착상태의 북핵문제와 선택적 대안"(『한국동북아논총』, 2006), 제2장 "북한의 위기고조 행위와 미국의 대응"(『평화연구』, 2009), 제3장 "북한과 미국의 핵정책 대안의 선택과 상호작용: 정책결정과정과 경험적 접근"(『동서연구』, 2010) 으로 구성되어 있다. 그리고 제3부는 "북핵문제 해결을 위한 다자주의적 접근과 대안"에 초점을 맞춘 것으로 해법과 대안을 제시한 일련의 논문들로 구성되어 있다. 그 내용을 보면, 제1장 "북핵문제 해결을 위한 동북아시아 국가 간 협력 (『한국동북아논총』, 2008), 제2장 "'고고도미사일방어체계'(THAAD)의 한반도 배치 구상에 의한 북핵 문제 해결 방안 모색: 자극 - 반응의 극대화" (『통일전략』, 2015), 제3장 "북한의 핵·미사일 능력과 핵 폐기를 위한 공동성명과 합의 이행의 중요성" (『세계지역연구논총』, 2015) 으로 이루어져 있다.

이 책이 북핵문제를 주로 다룬 여러 논문의 집합체이다 보니 논문의 내용이 다소 중복되는 면이 있다. 이 점은 책의 질적인 완성에 있어 부족함을 드러낸다. 그래서 논문의 틀과 골격을 헤치지 않는 범위 내에서 중복되는 내용을 삭제하거나 수정하였다. 이외 전 논문의 내용을 다시 검토하고 수정·보완하였다. 그러면서 책의 체계성을 갖추기 위해 각주와 참고문헌을 시카고 매뉴얼에 맞춰 일치시켰다. 이러한 작업은 2016년 더위가 맹위를 떨치는 가운데 이루어졌다. 이 발간 작업은 말없이 지켜보면서 뒷바라지 해 준 아내의 숨길 속에 이루어졌다. 그리고 책 편찬을 위해 적극적으로 성원을 보내 준 매봉 출판사 남광규 사장님과 편집 과정에서 땀 흘린 편집인들의 노고에 의해 이루어졌다. 이들 모두에게 감사의 말씀을 드린다. 끝으로 북핵문제가 해결되고 북한이 국제사회의 일원으로 역할하면서 남북한 평화통일의 길을 걷는 그러한 모습을 간절히 기대하면서 글을 맺고자 한다.

2017년 1월

이헌경

목차

제3부 북한 핵문제 해결을 위한 다자주의적 접근과 대안 / 175

부록

제 1 부

북한의 핵전력과 전략

제1장 북한의 핵전력과 전략: 전략적 접근과 전망*

제1절 서론

세계 여러 국가 및 정보기관·전문가들은 북한이 최소 1개, 최대 9개의 핵폭탄을 가지고 있다고 추정하고 있다. 그렇지만 그 핵능력에 대해선 많은 의혹이 있으며, 운반수단의 문제도 있다. 하지만 핵보유 자체만으로 한반도 및 동북아 지역의 안보를 위협하는 것이며 핵 도미노 현상을 확산시키면서 「핵확산금지조약」(Non-proliferation Treaty: NPT)을 흔들게 할 수 있다. 그러므로 북핵문제는 한반도에 국한되는 것이 아니며 세계안보 차원에서 풀어야 할 긴요성을 갖는다.

2002년 10월 북한의 고농축우라늄 핵개발 의혹이 미국에 의해 제기된 이후 핵문제 해결을 위한 협상은 3자회담을 비롯해 다섯 차례의 6자회담을 통해 이루어졌다. 이러한 회담에서 많은 진통과 난관이 있었지만 제4차 6자회담 2단계 회의에서 미·일·중·러·남북한이 합의에 이르는 성과를 거두었다. 하지만 제5차 6자회담에서 북한이 위조화폐 제작 의혹 철회 및 마카오 은행 거래금지 해제 등을 제기함으로써 제동이 걸리고 있으며, 그 뒤 계속해서 위조달러 문제는 제6차 6자회담의 시작을 어렵게 하면서 다른 한편으론 북한을 압박하고 있다. 이는 핵 포기 과정이 얼마나 어려운 지를 시작부터 알리는 것이다. 그러나 고통은 결실을 기대한다. 그것은 어느 한 쪽이 일방적으로 파기하기 어려운 공동성명이 있고, 어려움이 수반되더라도 하나씩 합의가 이행될 것이라는 기대가 있기 때문이다.

---

* 본 장은 『국제문제연구』 제6권 1호 (2006), 1-40에 게재한 논문을 수정·보완한 것임.

공동성명은 북한의 핵 포기와 북·미 관계정상화, 에너지 지원 및 경제협력, 동북아시아의 항구적인 평화와 안정 등을 포괄적으로 포함하고 있다. 이러한 결과는 미국과 북한의 전략적 결단에 의한 것이며 서로의 양보에 의한 것이다. 북한과 미국 모두 그들 각각이 성취하고자 한 결실을 거두지는 못했지만 이 타협을 대체로 윈-윈(win-win)의 결과로 받아들이고 있다.

그러나 공동성명에는 애매모호한 표현이 너무 많이 포함되어 있다. 전반적으로 공동성명은 원론적 합의를 담고 있을 뿐 각론 부분의 합의를 도출한 것은 아니다. 따라서 북핵문제는 완전히 해결된 것이 아니며 심지어 앞으로의 과정에 있어 진통이 예견된다. 그 동안 북한은 핵위협·협박·지연·협상 등의 전략·전술을 상황에 따라 사용하였으며, 결국 이것이 공동성명에 반영되었다. 그래서 북한은 앞으로도 이러한 전략·전술을 사용할 가능성이 있다. 이는 핵위협과 협상을 통한 실리 극대화 전략의 일환에서 이루어져 왔으며 이러한 접근은 계속될 것이다.

이러한 북한의 전략적 접근을 분석하고 향후 전략을 전망하기 위해 본 논문은 북한의 핵전력과 전략을 분석하는 데 초점을 맞추고 있다. 이를 위해 북한의 핵개발 의도와 핵 실태 그리고 전략적 접근을 분석하고자 한다. 이를 기반으로 북핵문제 해결을 위한 6자회담 공동성명의 내용과 파생되는 문제점 등을 분석하고자 한다. 그리고 합의내용에 따른 북한의 전략적 목표를 분석하면서 전략적 접근을 전망하고자 한다.

제2절 북한의 핵전력

1. 핵개발 실태

북한의 핵보유 여부를 정확히 안다는 것은 북한의 핵 게임과 전략을 대비하는 데 매우 유용하다. 북한의 핵개발은 플루토늄(plutonium: Pu) 핵무기와 고농축우라늄(highly enriched uranium: HEU) 핵무기의 두 종류로 나누어 진행되고 있다. 전자의 개발 여부는 거의 인정되고 있다. 그러나 후자의 경우는 그렇지 않다. 따라서 먼저 전자의 경우를 살펴보고 후자에 대해 알아 볼 것이다. 또한 북한의 핵보유를 가정하고 어느 정도의 핵을 보유하고 있는지도 알아 볼 것이다.

이미 북한은 여러 차례 공식적·비공식적 발언을 통해 핵보유를 천명한 바 있다. 3자회담(2002. 4. 23 ~ 25)에서 이근 대표는 북한이 2개의 핵무기를 보유하고 있다고 밝힌 바 있다. 백남순 외무상과 김계관 외무성 부상 역시 평양을 방문(2003. 5. 30 ~ 6. 1)한 웰든(Curt Weldon) 의원 등 미 의원 대표단에 북한의 핵무기 보유를 재차 알렸다. 또한 그들은 폐연료봉 핵재처리가 완료단계에 들어섰으며, 핵 프로그램을 발전시킬 용의가 있다는 입장을 보인 바 있다. 이외 북한은 외무성 대변인(2003. 4, 2003. 8), 김영일 외무성 부상(2003. 8), 김계관 외무성 부상(2004. 6), 최수헌 외무성 부상(2004. 9) 등을 통해 핵보유 관련 발언을 했으며, 마침내 외무성 성명(2005. 2. 10)을 통해 핵보유를 공식적으로 선언하였다.

북한의 공식 핵보유 선언은 북한이 중국, 인도, 파키스탄과 같이 공식 핵보유국이 되고자 하는 데 있다. 그리고 실현되기 어렵겠지만 북한이 핵을 가지고 미국으로부터 최대한 많은 것을 얻으려는 계산이 있다. 이것이 이루어지지 않더라도 핵카드를 사용해 대미 협상력을 높이려 한다.

북한의 핵보유 주장에 대해선 외부 정보기관 및 전문가들의 진단으로부터 어느 정도 뒷받침되고 있다. 북한의 핵문제가 재차 불거졌을 때 미 행정부는 북한이 2개의 핵무기를 보유하고 있다고 결론지었다. 럼즈펠드(Donald Rumsfeld) 미 국방장관(2002. 9)은 북한이 소수의 핵무기를 보유하고 있으며 추가 핵무기 개발을 추진하고 있다고 밝힌 바 있다. 이는 1, 2개의 핵무기를 보유하고 있다는 미 CIA의 정보에 바탕을 둔 것이다. 이러한 판단은 그 무렵 북한의 주장과 비슷한 것이다. 그 당시 호주의 추산도 비슷한 데, 다우너(Alexander Downer) 호주 외무장관은 1~2개 또는 아마도 3개의 핵탄두를 갖고 있을 가능성이 높다고 추측한 바 있다.[1] 이러한 추정과 함께 최근 니그로폰테(John Negroponte) 미 국가정보국장은 북한의 핵무기 보유 주장은 사실인 듯하며, 국제안보를 위협하고 있다고 미 상원 정보위원회에서 증언한 바 있다.[2] 그러나 핵무기 보유 숫자에 대해서는 언급하지 않았다.

한편 한국의 국방부는 북한이 20k톤의 핵무기 1~2개를 생산할 수 있는 플루토늄 10~12kg을 제네바합의 이전에 추출해 보유 중인 것으로 추정했으며, 고폭실험 여부와 핵무기 소형화의 진척 여부에 대해선 추적 중에 있었다.[3] 그리고 국가정보원은 7~22kg의 플루토늄을 추출해 조잡한 형태의 핵무기 1~2개를 제조했을 가능성이 있는 것으로 추정하였다.[4] 이들 기관이 추정한 것은 서로 일치하지 않고 있다. 국방부의 경우는 플루토늄 추출을 그리고 국가정보원은 핵무기 보유 가능성에 대해 언급해 핵보유의 모호성을 유발시켰다.

이러한 모호성으로 남한의 정보는 혼선을 빚을 수밖에 없었으며, 몇

1) Australia's Foreign Minister, Alexander Downer's Interview on ABC on November 18, 2002.

2) John Negroponte, Director of National Intelligence, Testimony before US Senate Intelligence Committee, February 2, 2006.

3) 『연합뉴스』, 2002. 10. 26.

4) 『세계일보』, 2002. 10. 28.

년이 지난 지금 여러 정보기관 및 전문가들은 북한이 6개 이상의 핵무기를 보유하고 있다고 본다. 이를 살펴보면, 엘바라데(Mohammad El-Brardei) IAEA 사무총장은[5] 6개, 미 자연자원보호위원회(Natural Resource Defense Council: NRDC)[6] 및 슈나이더(William Schneider, Jr) 미 국방과학위원장은[7] 6~8개를 그리고 과학국제안보연구소(Institute for Science and International Security: ISIS)는[8] 2~9개로 추정하고 있다. 보다 구체적으로 슈나이더는 북한이 외국에서 입수한 핵물질을 이용해 6~8개 정도의 핵무기를 보유하고 있을 가능성이 있으며, 실제로는 그보다 더 많을 가능성이 있다고 보고 있다.

이러한 추정치는 제네바합의 이전과 핵문제가 불거진 이후 8,000개의 연료봉으로부터 플루토늄 25~30kg을 추출한 근거에 따른 것이다.[9] 이 역시 추정치에 불과하다. 하지만 이것이 실제 보유수와 같거나 이보다 많을 경우, 이는 한반도 지역과 일본에서 미국이 실전 운용하고 있는 핵탄두와 맞먹는 억지 효력을 발휘할 수 있다.

그러나 북한이 영변의 5MW 원자로를 가동하면 연간 약 6kg, 아직 완공되지 않은 영변의 50MW 원자로와 평북 태천의 200MWe 원자로를 가동하면 3개 원자로에서 연간 275kg의 플루토늄을 만들어 낼 수 있다.[10] 핵폭탄 1개를 제조하는 데 플루토늄 약 6~8kg 정도가 필요하니 3개의 원자로 모두를 가동할 경우 매년 50~55개의 핵폭탄을 제조할

---

5) IAEA Director-General Mohammad el-Baradei's Interview on CNN on May 8, 2005.
6) New York Times, May 8, 2005.
7) US Chairman of the Defense Science Board, William Schneider's Interview on Nihon Keizai Shimbun on July 5, 2005.
8) 미 과학국제안보연구소, "북한 2-9개 핵무기 보유," 『Radio Free Asia』, 2004. 10. 12. See also Robert S. Norris and Hans M. Kristensen, "North Korea's Nuclear Program, 2005," Atomic Scientists 61(3) (May/June 2005), 64-67.
9) 폐연료봉 재처리는 핵무기의 원료인 플루토늄을 추출하는 과정이다. 폐연료봉은 순도 90% 이상의 플루토늄 동위원소 239를 25kg 가량 추출할 수 있고, 8,000여 개의 폐연료봉을 재처리할 경우 4~5개의 핵폭탄을 제조할 수 있다.
10) "CIA: North Korea Could Make 50 Nuclear Bombs a Year," accessed November 22, 2002, NewsMax.com Wires; Reuter, December 24, 2002.

수 있다.

이러한 북한의 핵보유는 플루토늄탄에 해당되며, 우라늄탄은 아니다. 우라늄 방식은 원자로나 핵재처리 시설 없이 우라늄을 농축시킬 수 있는 시설을 통해 우라늄을 정련해 핵연료를 가공할 수 있으며, 주로 핵폭탄을 만드는 데 사용한다. 원자로에서 생성된 핵폐연료로 플루토늄(Pu-239)을 추출해 이를 농축한 뒤 핵을 개발하는 방법은 평화적·군사적 이용 모두 가능하지만, 우라늄 농축 방법은 주로 군사목적에 해당된다. 농축우라늄 핵개발과 관련, 핵무기에 적합한 95%의 농축수준에 도달하기 위해선 수천 번의 반복과정을 분리하는 물리적인 방법에 의해 이루어져야 하며, 이를 위해선 원심분리기 드럼통을 수십만 개를 연결하는 대형시설이 필요하다. 따라서 플루토늄 방식에 비해 천문학적인 돈을 필요로 한다. 또한 플랜트급의 원심분리시설을 부분적으로 시험가동하기 위해선 막대한 전력이 필요하다.

2002년 10월 북한이 시인한 것은 농축우라늄 핵개발을 하고 있다는 것이지 개발했다는 것을 알린 것은 아니며, 새로운 핵개발 프로그램을 어느 정도 추진했는지를 입증할 결정적 단서는 아직 없다. 그러나 최근 미 CIA는 북한이 우라늄 농축시설을 건설하고 있으며, 이를 완전히 가동할 시 매년 두 개의 우라늄탄을 생산할 수 있다고 본다.[11] 한국·중국 정부는 이러한 주장에 대해 의혹을 가지고 있으며, 북한은 농축우라늄 프로그램의 존재를 한사코 부인하고 있다. 하지만 북한에 원심분리기 설계도와 소규모의 완성된 원심분리기를 보냈으며 북한이 수천 개의 원심분리기를 만들기 위해 필요한 물품 구매목록을 제공했다[12]는 파키스탄 칸(Abdul Quadeer Khan) 박사의 증언을 참고할 때, 북한이 비밀리에 소규모 농축시설과 가스 원심분리기를 이용해 고농축우라늄 생산

11) Christoph Bluth, "Between a Rock and an Incomprehensible Place: The United States and the Second North Korean Nuclear Crisis," Korean Journal of Defense Analysis 17(2) (Fall 2005), 90.

12) "파키스탄의 칸 박사가 밝힌 북한 핵의 실체," 『Radio Free Asia』, 2004. 4. 17.

을 시도했을 가능성은 있다. 하지만 이러한 시도가 있었다 하더라도 실제 생산량은 없었을 것이라는 게 미 과학국제안보연구소의 분석이며, 이 역시 관련 정보가 턱없이 부족해 확실한 것은 아니라고 본다.[13)]

2. 핵능력의 한계

여러 분석들로부터 북한의 핵개발이 어느 정도 진척되었는지, 어느 정도의 능력을 가지고 있는지, 확실한 정보가 부재한 상태에서 북 핵능력을 단정적으로 판단하기는 어렵다. 따라서 이 절에서는 관련 자료와 정보 분석을 통해 북한의 핵능력을 진단하고자 한다.

북한이 몇 개의 플루토늄 핵무기를 가지고 있는가에 대한 정확한 답변은 북한조차 하지 않고 있다. 그들은 핵을 보유하고 있으며 핵 프로그램을 더욱 발전시킬 것임을 강조하고 있을 뿐이다. 폐연료봉을 재처리해 핵무기를 만들었을 가능성을 기정사실로 받아들일 경우, 북한은 그 이전의 핵보유 추정치와 더불어 최대 6개의 핵무기를 가지고 있다고 생각할 수 있다.

그러나 고폭장치 및 운반체 개발에 고차원의 정밀기술이 필요되고 북한이 고폭장치 관련 부품 획득이 어려웠던 점을 고려할 때 효력이 있는 핵폭탄 개발 여부는 여전히 안개 속에 있다. 북한이 폐연료봉 재처리를 통해 플루토늄을 추출했다하더라도 이를 기폭장치와 결합할 수 있는 수준에는 이르지 못할 가능성이 있다. 핵무기 제조는 핵물질 추출과 기폭장치의 과정을 거치는 데 북한의 기술력으로 이를 결합시켜 완성시켰다고는 보기 어렵다. 따라서 북한이 플루토늄 핵폭탄을 보유하고 있다하더라도 저수준에 해당될 것이며, 기술적 문제로 그 능력이 의심된다. 더군다나 핵실험을 하지 않았기 때문에 그 실효성이 의문이다.

또한 농축우라늄을 이용한 핵개발 수준이 아직 실험단계로까지 접어

13) 미 과학국제안보연구소, "북한 2-9개 핵무기 보유,"『Radio Free Asia』, 2004. 10. 12.

들지 않았기 때문에 그 수준은 초보적인 단계로 이해된다. 사전 실험이 필수적인 플루토늄과 달리 고농축우라늄 핵무기 개발은 고성능 컴퓨터와 충분한 기술이 뒷받침될 경우, 컴퓨터를 통한 가상 핵실험이 가능하나 이를 확인하기 어려우며, 고농축 실험을 아직 못했기 때문에 우라늄 핵폭탄 개발은 더 시간이 걸릴 것이다.

더군다나 운반수단의 문제 역시 남아 있다. 북한의 스커드 미사일은 1톤 미만의 핵탄두 운반이 가능하나 2~3톤의 핵탄두를 운반하기는 어렵다. 게다가 대포동 미사일 시험발사 장소의 사고는 당분간 북한의 장거리 미사일 시험발사를 어렵게 하고 있다.

제3절 북한의 핵개발 목적과 전략적 목표

1. 핵 억제력 보유와 안전보장

북한은 한반도의 비핵화는 김일성 주석의 유훈이며 북한의 최종목표라고 주장하고 있다.[14] 그러나 아이러니컬하게 북한은 핵개발에 나서고 있다. 그 의도는 역사적 관점에서 설명할 수 있다. 당면한 대내외적 체제위기 심화와 관련하여 북한은 핵개발의 유혹에서 쉽게 벗어날 수 없었으며, 이는 바로 1990년대 초 사회주의권 붕괴로 인해 북한이 체제생존을 위해 제1차 북 핵카드를 이용했듯이 2002년에 다시 북한이 국제사회의 고립화 및 경제난을 타개하기 위해 핵카드를 사용하고자 하는 것이다.[15]

그 동안 북한은 극심한 식량난·경제난에도 불구하고 군사제일주의의 기조와 함께 국방력 강화에 주력해 왔으며 자주권과 생존권을 지킨다는 명분하에 핵무기를 개발해 왔다. 또한 북한은 "국방공업은 생명과 같은 것이며, 자위적 국방력 강화에 선차적인 힘을 넣는 것은 우리의 독특한 정치방식"[16] 임을 강조하면서 강력한 군사적 대응 수단인 핵무기를 가지려 한다. 더군다나 북한은 "전쟁을 막고 나라의 평화와 민족의 안녕을 지키는 무기는 오직 강력한 군사적 억제력"[17] 임을 역설하면서 그들의 주권과 안전 보호 차원에서 핵무기 개발을 정당화하려 한다.

---

14) Alexa Olesen, "Kim Jong Il Wants Nuclear-Free Korea," Associated Press, July 13, 2005; "북백남순, 핵문제 해결되면 NPT 복귀,"『중앙일보』, 2005. 7. 31;『평양방송』, 2006. 1. 28, 조선반도의 비핵화를 재강조함.

15) 윤황, "북한 핵문제의 평화적·외교적 해결방안에 관한 모색,"『통일전략』 제2권 2호 (2002), 174.

16)『로동신문』, 2001. 7. 9. 같은 맥락의 주장은 정하철 노동당 중앙위원회 비서의 당사업 39주년 기념 보고를 통해 재차 언급된다: 우리는 국방공업을 우선으로 발전시키려는 당의 노선을 철저히 관철, 조국의 안전을 담보하는 튼튼한 군사적 억제력을 마련하고 나라의 국방력을 철옹성같이 다져야 한다.『조선중앙통신』, 2003. 6. 18.

17)『로동신문』, 2003. 6. 2.

무엇보다 북한은 안보불안감 해소를 위해 핵무기를 개발하고자 한다. 군사적 차원에서 북한은 주적이었던 미국을 상대로 자신이 받고 있는 군사적 불안감을 제거하고자 한다. 북한은 사회주의권 국가들의 몰락을 지켜보면서 체제불안을 느끼게 되었으며, 또한 러시아와 중국의 군사적 지원이 약화된 상황에서 북한체제가 언제든지 위협에 처해 질 수 있다고 본다. 실제 러시아와 중국의 대북 공세적 지원정책이 방어적 지원정책으로 전환하자 북한은 군사적 불안감을 가지고 있다. 더군다나 북한은 미국이 한국전쟁에 생물무기를 사용했으며, 이로 한국인은 대량살상무기의 희생자며, 그 전쟁과 그 이후에도 계속해서 핵위협을 가해 왔다고 믿고 있다.[18] 이러한 위협을 인식하면서 북한은 대응 차원에서 핵보유를 강조하고 있다.

미국은 제네바합의를 통해 북한에 대해 핵무기 사용 및 사용위협을 가하지 않겠다는 약속을 한 바 있으나, 북한은 여전히 교전관계에 있는 미국으로부터의 핵공격이나 선제공격에 대해 두려움을 느끼고 있다. 북한은 미국이 약 1,720여 개의 전술핵무기를 남한에 실전배치하고 있으며,[19] 괌에 배치된 B-1, B-52 폭격기와 태평양을 순회하는 미 핵잠수함을 이용해 북한을 향해 핵무기를 발사할 수 있다는 데 대해 위구심을 가지고 있다. 뿐만 아니라 미 국방부의 OPLAN 5026, 5027, 5028, 5029, 5030 그리고 선제공격과 전술핵무기 사용을 허용하고 있는 CONPLAN 8022와 같은 군사계획에 대해서도 두려움을 가지고 있다.

이로 인해 북한은 미국의 핵위협 제거를 급선무라고 보며 핵무기 보유가 미국의 핵 선제공격 전략을 좌절시키는 위력하고도 유일한 수단으로 본다.[20] 따라서 그 수단을 통해 핵 억제력을 보유하고자 한다. 북

---

18) Andrew Scobell and Michael R. Chambers, "The Fallout of a Nuclear North Korea," Current History 104(683) (September 2005), 290.

19) "북 남한에 핵무기 1천720개 배치," 『중앙일보』, 2005. 7. 15.

20) "미국의 핵위협 제거가 급선무이다," 『민주조선』, 2005. 4. 17. 또한 리찬복 북한군 상장은 미국의 침공이 있을 경우, 자위를 위헤 핵무기를 사용할 것임을 강조하고 있다. CBS,

한은 핵 억제력 보유가 자위권의 원칙에 부합되며, 국제법상으로 합법적이며 정당하다고[21] 주장하면서 이를 억제력 강화 차원에서 정당화하려 한다. 이는 또한 북한의 낡고 정체된 재래식 군사력을 대체할 수 있는 강력한 억제력을 갖는 것이라 보고 있다.

이와 같이 북한은 핵 억제력 보유 논리로 핵무기 개발의 정당성을 얻으려 한다. 아울러 북한은 몇 이유와 목적을 가지고 핵무기 보유에 집착하고 있다. 그것은 첫째, 핵무장을 통해 정치적·이념적 단합을 기하고자 한다. 둘째, 상실된 소련으로부터의 핵우산에 대비하고자 한다. 셋째, 핵보유국으로서 군사적 위상을 강화하고자 한다. 넷째, '핵능력', '핵 공갈'(nuclear blackmail), '벼랑 끝 전략'(brinkmanship strategy) 등을 통해 체제보장 및 대규모 지원을 얻고자 한다.

2. 대미 관계개선

소련을 위시한 동유럽 사회주의권 몰락 이후 북한은 직면한 총체적 위기를 타개하기 위해 대미관계 개선 및 관계정상화에 초점을 맞추고 있다. 그러나 이는 북한이 뜻하는 대로 진행되지 않고 있다. 북한은 탈냉전 시대 중국과 러시아가 남북한을 대상으로 등거리외교를 추진하듯 미국도 그러길 바라고 있으나 미국은 한·미동맹과 공조의 틀 내에서 움직일 뿐 등거리외교를 고려하지 않고 있다. 냉전 시기와 달리 중국-북한, 소련-북한과의 든든한 관계와는 달리 탈냉전 시기 각각의 양국관계는 예전과 다르게 흐르고 있다. 이와 달리 남한은 중국과 러시아와 경제 교류·협력을 비롯해 다방면의 관계를 추진하는 등 진전을 보이고 있다. 이러한 상황은 외교적·경제적으로 북한에 불리하게 작용하며, 궁

January 15, 2006.

21) "북한의 '핵억제력 보유' 정당성 논리," 『연합뉴스』, 2005. 1. 10. 이와 관련, 북한은 "우리를 반대하는 적대세력의 책동이 극도에 달하고 있는 현실은 우리로 하여금 자위를 위해 핵억제력을 더욱 강화해 나가지 않으면 안되게 만들고 있다"고 주장하고 있다. 『조선일보』, 2006. 1. 31.

극적으로 남북한 체제 대결에 치명적 타격을 주는 것이다. 이를 타개하기 위해 북한당국은 미국과의 관계개선 및 관계정상화에 주력하고자 한다.

뿐만 아니라 북한은 미국과의 관계개선을 통해 서방세계국가들과 관계개선을 도모하고자 한다. 그들과 외교관계의 발판을 마련하고 다방면에 걸친 교류·협력을 진전시켜 나갈 수 있다면, 북한이 국제적 고립으로부터 탈피할 수 있고 주도권을 빼앗긴 남한과의 외교대결에서도 북한에 불리한 외부환경을 극복하는데 도움이 될 것이다.

그러나 미국은 북한의 핵 포기 없이는 관계개선과 교차승인 식의 수교를 전혀 염두에 두고 있지 않다. 핵을 가진 불량국가와의 관계개선을 미국이 고려하지 않기 때문이다. 북한은 이러한 미국을 대상으로 핵카드를 통해 관계개선과 수교를 달성하려 하며, 정치·외교적 위기를 돌파하려 한다.

3. 경제제재 해제 및 경제협력

여전히 북한은 경제난, 식량난, 에너지난 등 총체적 위기에 처해 있다. 심각한 식량난은 북한주민의 생존을 위태롭게 하고 있으며, 에너지난은 생산공장의 가동을 현저히 낮추면서 주민의 생활환경을 악화시키고 있다. 경제난은 주체경제의 실패, 중국 및 러시아로부터의 지원 감소, 대외무역 감소 등으로 지속되고 있다. 비록 북한이 '7·1 경제관리개선조치' 및 제한적 대외개방정책을 추진하고 있지만, 그들의 경제정책 및 경제체제 그리고 사회주의 시장에 의존하는 구조적 문제, 체제시스템의 개혁 없는 정책노선 등을 감안할 때 자체적으로 경제난을 극복하기는 어렵다.

이러한 실정을 고려할 때 외부세계의 지원과 투자는 북한의 경제회생에 많은 도움을 줄 것이다. 그러나 서방기업들은 북한경제의 구조적 취약성 및 사회간접시설의 열악 그리고 한반도에서의 군사적 충돌 가능성에 대한 염려 등으로 대북 투자진출을 망설이고 있는 실정이다. 미국이 대북 적성국 규정을 적용시키고 있는 점 역시 문제로 남아 있다. 북한은 미 기업의 대북 투자진출을 위해서는 미국의 법적·제도적 장애 등 대북 제재가 완전 철폐되어야 한다고 주장하고 있다. 미국은 여전히 남아있는 규제사항에 따른 광범위한 제재조치들을 통해 북한의 목을 조이고 있다.

특히 미국은 북한이 정치군사적 위기국면을 전쟁이나 테러 또는 다른 무력적 방법에 의해 해결하려는 의도가 여전히 남아 있고 테러지원에 대한 북한 측의 태도에 대한 의심 및 테러행위 중단에 대한 확실한 입증조치가 없다는 이유로 북한을 테러국가로부터 제외시키지 않고 있다. 북한이 계속해서 테러지원국으로 분류되고 있는 한 긴급식량을 제외한 원조를 받을 수 없고 국제금융기구 및 선진국 유력은행의 차관을 받기 어렵다. 또한 미 의회는 수출입은행·해외민간투자공사·무역개발청 등 미정부기관의 대북 지원이나 자금공여에 제동을 걸 수 있다. 따라서 북한은 미국의 테러지원국 지정 해제와 그 지정에 따른 제재 해제를 절실히 바라고 있다.

미 행정부의 대북 제재완화조치 정도에 따라 경제특구로 지정된 나진·선봉자유경제무역지대 및 두만강 유역개발에 해외기업의 외자유치가 촉발되고 그들로부터 경영지식 및 기술도입이 가능해진다. 그러나 정치 불안 등 투자불안 요인들이 여전히 남아 있어 미 기업들이 나서지 않으면 다른 서방기업들 역시 대북 투자를 주저할 것이다.

이러한 현실 속에서 북한은 철도나 도로, 통신망 등 사회간접시설 건설에 착수했으나 그들의 능력으로 이를 감당할 수 없다. 이러한 건설을 위해선 국제금융기관 및 선진국 유력은행의 차관과 다국적기업의 투자가 필요하다. 이 역시 미국의 도움 없이는 불가능하다. 미 국내법은 테러국가에 대한 국제기구의 차관공여에 대해 절대 반대표를 행사하도록 규정하고 있다. 예를 들어, 세계은행(IBRD), 아시아개발은행(ADB) 등에 미국은 상당한 지분을 가지고 있어 북한이 이들 금융기구들로부터 차관을 얻으려 할 때 미국의 지지 없이는 불가능하다.[22]

한편 북한은 미국과의 경제적 접근을 통해 중국·러시아와의 경제관계를 활성화시키고자 한다. 그러나 러시아는 자국의 경제회생에 급급해 더 이상 북한을 지원해 줄 여력이 없다. 현대화를 추진하고 있는 중국의 지원은 북한의 생존 차원에서 이루어지고 있다. 그러나 북한은 미국과의 경제관계가 진전될 경우 중국이 북한의 미국·일본 등 자본주의 국가들로의 경제적 종속을 방지하기 위해 북한을 경제적으로 더 많이 도와줄 것이라 기대하고 있다.

그리고 북한은 인도주의적·기능주의적 차원을 뛰어 넘어 미국과 보다 폭넓은 교류가 전개되기를 바라고 있다. 그러나 이것은 미국과의 관계개선이 뒤따라야 하기 때문에 기능주의적 접근만 가지고는 어렵다. 비록 북·미간 정치군사적 채널을 통해 대화의 장이 마련되고 있지만 북한에 대한 미국인의 긍정적 여론을 얻기에는 한계가 있다. 미국인에게 현재의 북한은 과거의 테러국가가 아니라는 점을 분명 보여줘야 하나 이 역시 어려운 일이다. 이러한 모든 문제점을 극복하기 위해 북한은 기능주의적 접근과 함께 다원주의적 접근을 통해 미국과의 접근을 모색하고자 한다.

---

22) IBRD의 경우 미국은 25% 상당의 투표권을 행사할 수 있고 ADB에는 남한·일본과 함께 상당한 지분을 가지고 있어 북한이 이들로부터 차관을 얻으려 할 때 미국의 도움은 절대적이다.

제4절 6자회담을 통한 북핵문제의 원론적 타결과 문제점

1. 공동성명

제4차 6자회담에서 미·일·중·러 및 남북한 6개 참여국은 북핵문제에 대해 원론적 타결을 보고 공동성명(2005. 9. 19)[23]을 내 놓았다. 주 내용은 한반도 핵문제와 관련, 북한은 모든 핵무기와 현존하는 핵계획을 포기할 것과, 조속한 시일 내에 NPT 및 IAEA의 안전조치에 복귀한다. 그리고 남한은 핵무기 접수와 배치를 하지 않기로 재확인하며, 북한의 핵에너지 평화적 이용권리 존중 및 적절한 시기에 경수로 제공을 논의한다. 또한 미국은 북한을 핵무기 혹은 재래무기로 공격·침공의사가 없다는 점을 밝혔다. 동시에 합의는 북·미간 상호 주권존중과 평화적 공존 그리고 북·미, 북·일간 관계정상화 조치를 취하기로 하였다. 대북지원과 관련, 5개국이 에너지지원 용의를 표명하였으며, 남한의 200만 kw 전력공급을 재확인하였다. 이와 함께 교역 및 투자 분야의 경제협력도 증진하기로 하였다. 이외 한반도 평화체제 논의를 위한 포럼 개최와 동북아 안보협력 증진 방안을 모색하기로 하였다. 이들 이행 원칙으로 공약 대 공약, 행동 대 행동 원칙에 입각 단계적으로 상호 조율된 조치를 취하기로 하였다. 마지막으로 제5차 6자회담을 11월 초 베이징서 개최하기로 합의하였다.

특히 북한이 핵무기를 비롯해 현존하는 모든 핵 프로그램을 포기하기로 한 것은 큰 성과이다. 모든 핵 프로그램에는 플루토늄탄 및 우라늄탄까지 포함된다. 그 동안 미국은 북한이 고농축우라늄 프로그램을 진행해 왔음을 인정하길 요구해왔으나, 북한은 이를 시인하지 않았다. 이러한 상황에서 합의는 프로그램들이라는 복수로 표기하는 선에는 마

23) U.S. Department of State, "Joint Statement of the Fourth Round of the Six-Party Talks," September 19, 2005; "Text: Joint Statement From Beijing Talks," Associated Press, September 18, 2005; 『조선중앙방송』, 2005. 9. 20.

무리 지었다.

한반도 비핵화 내용은 1992년 비핵화 공동선언을 재확인한 것이다. 그 내용은 북한뿐만 아니라 한국의 핵사찰에도 해당된다. 남한은 1982년 플루토늄을 극소량 추출실험을 했을 뿐 아니라 2000년 우라늄 0.2g을 분리실험 하였다. 이러한 과거의 행동에 의해 한국도 핵사찰에 포함된 것이다.

한반도 비핵화는 한반도에 핵무기가 없다는 것을 재확인하고 있다. 미국은 1991년 9월 전 세계에 배치된 미군의 지상 및 해상 발사 전술핵무기를 모두 철수하겠다고 발표했으며, 이는 한반도에도 해당된다. 노태우 전 대통령의 한반도 비핵화 선언은 이를 충분히 뒷받침 하였다. 그럼에도 북한은 미군의 핵무기 철수를 인정하지 않았으며, 여전히 엄청난 양의 전술핵무기가 남한에 실전배치 되어 있다고 믿고 있다. 최근 미국은 전술핵무기가 배치되어 있지 않음을 재차 강조하였지만 북한은 이를 그대로 믿지 않고 있다. 실제로 전술핵무기의 한반도 배치 여부에 대해선 이를 확인하기 어려웠다. 그것은 북측뿐만 아니라 남측도 확인할 수 없는 사항이었다. 남측 어느 누구도 미군의 전술핵무기 철수를 보았다는 사람은 없었다. 따라서 그 철수는 미국의 주장에 의한 것이었을 뿐이다.

이러한 재확인과 함께 성명은 미국이 핵무기 또는 재래식 무기로 북한을 공격 또는 침공할 의사가 없다는 것을 확인하고 있다. 북한이 그동안 강력히 요구해 온 적대관계 청산이나 불가침문서 보장(또는 다자안전보장)과 같은 내용은 포함되지 않았지만 대북 공격 의사가 없다는 식으로 정리하였다.

여러 합의 가운데 경수로관련 내용은 미국의 양보 없이는 불가한 것이다. 부시 행정부는 북한에 경수로와 같은 민수용 핵 프로그램이 단기적은 아닐지라도 과학기술의 발전에 따라 장기적으로 핵무기 생산을 가능하게 할 수 있다는 우려로 경수로 공급에 강력히 반대해 왔다. 게다가 부시 행정부는 신뢰할 수 없는 김정일과 민수용 핵 활동이 너무 위험해 NPT 체제를 실제로 적용할 수 없다고 판단해 왔다. 때문에 제4차 6자회담 막판까지 경수로 공급에 부정적 견해를 표명했다. 그러나 내외적 몇 요인이 부시 행정부로 하여금 양보하게 끔 하였다. 외적 요인으로는 한국, 중국이 북한의 평화적 핵 활동 권리에 대해 찬성하고, 중국이 회담의 결렬을 미국으로 돌리려는 압박을 생각할 수 있다. 또한 제4차 6자회담 제2단계 회의 직전의 미·중 정상회담에서 검증에 대한 중국의 약속이 미국의 경수로공급 논의에 대한 양보를 이끄는 데 도움을 주었다. 하지만 이들 요인보다는 내적 요인이 더 작용해 왔다. 그것은 바로 허리케인 카트리나(Katrina)이다. 이라크 문제가 부시 행정부의 발목을 잡아 왔지만 특히 카트리나의 후유증은 행정부를 더욱 압박했으며, 이것이 결정적으로 경수로 공급건에 양보하게 하였다. 따라서 경수로 공급 논의 결정은 카트리나의 선물인 셈이다.

대북 에너지 제공 약속 역시 미국이 양보한 것이다. 그 동안 부시 행정부는 북한의 에너지 수요에 관해 연구할 수 있다고만 했을 뿐 그 제공에 대해서는 언급이 없었다. 미국은 북한에 전력을 제공할 경우 군사력에 활용할 수 있다는 이유를 들어 회의적 입장을 보여 왔으며, 남측의 대북 전력공급 계획에 대해서도 반대해 왔다. 더구나 제3차 6자회담까지만 해도 미국은 다른 나라의 에너지 제공을 허용하면서도 자국의 에너지 공급에 대해서는 말하지 않았다. 그러나 이번 공동성명을 통해 미국은 북한의 핵 포기를 전제로 한 대북 에너지 지원에 동의하였다.

북·미 관계정상화와 관련, 유엔헌장의 원칙과 목적 및 국제관계에서 인정된 규범[24]을 준수한다는 전제에서 북·미간 주권을 존중하고 평화적으로 공존하며 각자의 정책에 따라 관계정상화 조치를 취하기로 하

24) 유엔헌장 제1조는 국제평화와 안전유지, 경제 및 사회적 국제협력 증진, 인권신장, 국가간의 우호증진과 국가목표 달성을 위한 협력의 중심지 역할 및 세계평화 달성을 위한 조치 강구 등을 목적으로 하고 있다. 또한 행동규범이 되는 원칙으로 회원국의 주권평등, 무력행사금지, 평화적 해결 원칙 등을 명시하고 있다.

였다. 관계정상화 내용은 제네바기본합의에도 명기된 사항이나 이행되지 않았다. 이번에 다시 관계정상화를 언급하고 있으나 그 내용은 각자의 정책에 따라 좌우될 수 있어 북한의 핵 포기 여부와 그 과정에 따라 그 진행 여부가 결정되어 질 것이다.

2. 불분명한 합의내용과 이행의 어려움

제4차 6자회담 공동성명(이하 '9·19 공동성명')에는 애매모호한 표현이 너무 많이 포함되어 있다. 누가 먼저 조치를 취하고 그것이 어떤 조치일 것이냐를 놓고 합의가 안 되어 만일 한쪽이 어떠한 조치를 취하면 다른 쪽이 이에 상응하는 조치를 취할 것이라는 막연한 개념에만 합의했다.[25] 그 합의는 경수로에 관한 '적절한'(appropriate)이란 용어로 이루어졌으며, 그 해석을 둘러싸고 논쟁이 되고 있다. '적절한' 이란 표현은 '당장'이란 뜻도 아니며 '반드시'란 의미도 아니다. 문장으로 보아선 경수로를 공급한다는 것이 아니라 그것에 대해 논의한다는 것이다. 따라서 북한의 핵 포기 과정이 제대로 이행되지 않으면 '적절한'이란 의미는 퇴색할 수 있다.

이와 관련, 미국은 '선 핵 포기, 후 경수로 제공' 논의를 그리고 북한은 '선 경수로 제공, 후 핵 포기'의 주장을 하고 있다. 구체적으로 미국은 북한이 사찰을 포함해 검증 가능한 비핵화 과정에 충실히 응할 경우, 경수로 공급에 참여할 수 있다는 입장이나 비핵화 과정에 비협조적이거나 이행에 불성실할 경우, 경수로 공급엔 절대로 나설 수 없다는 입장이다. 반면 북한은 "신뢰 조성의 물리적 담보"이자 "평화적 핵 활동을 실질적으로 인정하는 증거로 되는" 경수로 제공이라는 신뢰조치가 있어야 하며, 그것이 이루어 질 때, "즉시 핵무기 비확산조약에 복귀하고 국제원자력기구와 담보협정을 체결하고 이행할 것"[26]이라는 분명한

25) Glenn Kessler, "What That Accord Really Says," Washington Post, September 25, 2005.

입장을 가지고 있다.

이러한 입장 차이는 공동성명에 분명한 시기를 언급하지 않았기 때문이다. 제네바합의는 제대로 이행되지 않았지만 경수로 공급에 대해 정확한 일정표를 제시하였다. 그러나 이번 성명엔 그러한 일정표도 없이 애매한 표현으로 마무리를 하였다.

핵 포기 과정에서 사찰의 문제도 심각하다. NPT 사찰에는 정기적 사찰을 포함해 임시 사찰이 있다. 북한이 NPT 복귀 후 모든 의심스러운 시설에 대한 검증을 모두 허용해야 국제적으로 핵투명성을 인정받게 된다. 그러나 사찰단의 모든 지역 사찰요구에 북한이 응하지 않을 경우 핵문제는 다시 벽에 부딪치게 된다. 북한이 핵시설에 대해 스스로 신고를 한다 해도 미국과 IAEA는 이를 완전히 믿으려 하지 않을 것이다.[27)]

뿐만 아니라 북한이 사찰단의 사찰을 받아 들여, 그들이 플루토늄을 생산하는 원자로에 대한 사찰활동에 나설 때, 우선적으로 핵시설과 장비를 없애고 그 동안 생산된 플루토늄의 양을 알아내는 작업부터 시작할 것이다. 이를 정확히 알려면 핵시설과 장비를 직접 조사하고 핵과학자들과 면담도 해야 한다. 그런데 북측이 제대로 협력할지 의문이다. 또한 핵과학자들이 정확하게 답변해 줄 것인가에 대한 의구성도 있다.

고농축우라늄 사찰은 플루토늄 원자로에 대한 사찰보다 더욱 어렵다. 우라늄 방식은 원자로나 핵재처리 시설 없이 우라늄을 농축시킬 수 있는 시설을 통해 우라늄을 정련해 핵연료를 가공할 수 있으며, 우라늄 농축은 200~300평 규모의 소규모 지하시설에서도 가능하기 때문에 이들 시설을 대상으로 사찰에 나설 경우, 북한의 실질적 협조가 없으면 많은 어려움이 예상된다. 의혹이 가는 지역 및 시설을 대상으로 사찰에 나서는 것은 바로 북한의 전 지역을 뒤지는 것이나 마찬가지이며, 그것

---

26) 북한 외무성 대변인 담화, 2005. 9. 20.

27) 자발적 신고와 관련, 한성렬 북한 유엔대표부 차석대사는 "미국은 북한이 먼저 핵무기를 자발적으로 신고하길 요구하고 있으나 북한은 이 같은 요구를 수용할 수 없다"고 밝힌 바 있다. "한반도 평화로의 길," 한미연구소(ICAS) 주최 심포지엄 주제연설, 2005. 10. 27.

은 군사시설 및 기밀지역에도 해당될 수 있어 평양지도부가 이를 완전하게 받아들이는 데는 어려움이 실지 있다. 이 문제를 어떻게 할 것인가가 핵사찰의 주 안건이 될 것이다.

이외 북한의 핵 포기가 제대로 이루어지지 않을 때 전력공급을 포함한 에너지 지원, 경제협력 등의 이행이 진행되지 않을 것이다. 더군다나 북·미 관계정상화 과정은 각자의 정책에 따라 조치를 취하기로 한 만큼 중장기적이고 매우 험난한 길이 예견된다.

제5절 6자회담에서 나타난 북한의 전략적 접근과 전망

1. 민수용 핵 프로그램 확보

북한의 민수용 핵 프로그램의 필요성은 제4차 6자회담에서 나타난 바 있으며, 경수로에 대한 모호한 합의로 일단 그 공급에 대한 가능성을 열어 놓고 있다. 그러나 핵 포기가 먼저냐 경수로 공급이 먼저냐를 놓고 험난한 과정이 예견된다. 미국은 제네바합의를 위반한 북한의 선 핵 포기는 절대적으로 우선되어야 한다는 강경한 입장을 고수하고 있다. 반면 북한은 선 핵 포기설을 무장해제를 실현시키려 하는데 그 목적이 있다고 본다.[28] 이러한 상반된 차이로 핵 포기 과정에 난관이 예상된다. 하지만 어두운 긴 터널을 나온 후 햇빛을 보는 것과 같이, 길고 한편으론 고충이 있을 협상을 통해 합의가 도출될 것으로 예상된다. 그 과정에 있어 중국의 역할이 주목된다. 중국은 핵문제에 주도적인 역할과 조정관의 역할을 해 왔다.[29] 경수로문제와 관련, 미국은 경수로 공급에 반대하였지만 중국이 검증에 책임을 지겠다는 약속을 해 경수로 공급에 마지못해 동의한 바 있다. 그리고 합의 후 북한을 제외한 5개국은 핵 포기 후 경수로 공급이라는 확약을 하였다. 따라서 향후 과정은 중국의 역할이 중요하게 작용할 것이다.

중국은 북한을 일방적으로 밀어붙이지 않겠지만 자존심을 세워주는 선에서 북한이 핵 포기에 나서도록 할 것이다. 그 적절한 방안은 핵 포기 과정과 경수로 공급의 동시이행이 될 가능성이 크다. 핵 포기 과정이 3~5년 정도, 그리고 경수로 공급이 신포 경수로라 하더라도 적어도 5년 이상 임을 감안할 때, 한 과정 후 다른 과정의 시작은 북한과 미국

---

28) 『조선중앙통신』, 2006. 1. 28.

29) Edward Cody, "N. Korea Vows to Quit Arms Program," Washington Post, September 19, 2005.

이 서로를 불신하는 상황에서 이를 받아들이기 어려울 것이다. 비록 5개국이 핵 포기 후 경수로 공급을 약속했다하더라도 이를 북한이 수용하지 않는 이상 이는 이루어지기 어려울 것이다. 따라서 북한의 의견이 반영된 동시 과정이 수용될 가능성이 높다. 대신 북한에 대해선 강도 높은 핵사찰을 주문할 것이다.

북한이 핵사찰을 수용할 때 경수로 공급은 가능할 것이다. 그것은 종전의 턴키(turnkey) 방식이 아니라 운영권을 KEDO가 가지면서 북한에 의한 플루토늄 전용을 막고, 북한에게는 전력사용권만 주는 새로운 운영방식도 '새로운 경수로'가 될 수[30] 있으며, 신포 경수로가 될 수 있다. 한편 6개국 합의에 따른 새로운 형태의 경수로가 될 수도 있다. 하지만 비용과 시간 등을 고려할 때, 새로운 형태의 경수로 보다는 신포 경수로를 계속해서 건설하는 방향이 될 가능성이 있다. 새로운 경수로 건설비용을 5개국이 공동분담하기로 한다면 한국의 비용부담은 적어질 수 있지만 미·일·중·러가 그렇게 하지는 않을 것이다. 따라서 신포 경수로 건설을 재개하는 것이 한국으로서는 비용부담이 적다. 게다가 새로운 경수로 공급계획을 북한이 반대할 가능성이 크다. 신포 경수로 건설을 재개할 경우, 5~6년 후 그 완성을 기대할 수 있지만 새로운 경수로일 경우, 10년 이상을 새로이 기다려야 한다. 때문에 북한은 빠른 시일 내 완공할 수 있는 경수로 건설을 주장할 것이다. 이를 고려할 때 미·일·중·러가 신포 경수로 건설 재개가 절대적으로 안 된다고 하기에는 그 명분이 약하다.

2. 에너지 확보와 경제제재 해제

북한은 핵을 포기하지 않는 한 6자회담에서 합의된 에너지 지원과 경제지원을 얻지 못할 것이다. 따라서 평양지도부는 핵 포기의 단계별

30) 조성렬, 『한반도 비핵화와 평화체제 구축의 로드맵: 6자회담 공동성명 이후의 과제』, KINU 정책연구시리즈 2005-05 (서울: 통일연구원, 2005), 8.

과정에 따라 지원을 얻는 방향으로 나아가려 할 것이다. 북한이 합의에 따라 핵 포기에 대한 방법, 범위, 대상, 일정 등에 동의한다면, 우선적으로 생각할 수 있는 것이 에너지 확보와 경제제재 해제이다.

그 과정에서 미 행정부는 관련법규의 개정 없이 행정적으로 가능한 부분을 고려하면서 추가 경제제재 완화조치를 취할 수 있다. 그것은 미 행정부가 수출입 제한조치에 대한 포괄적 완화로 수출입 가능품목 확대로부터 시작해 수출입 규제를 전면 철폐하는 것이다. 이러한 조치는 북한의 상품·기술·서비스가 미국으로 수출입 되게 하며, 점진적으로 그 폭과 범위가 넓어질 수 있다. 이를 계기로 북한과 일본·서방국가기업들과의 교역이 활성화 될 수 있다.

3. 불가침과 안전보장

공동성명은 미국이 북한을 핵무기 혹은 재래무기로 공격·침공의사를 보유하지 않기로 한 내용을 담고 있다. 이는 제네바합의에서 언급된 것보다 한층 더 일보 진전한 것이며 미군의 대북 군사공격에 대한 우려를 낮추게 하고 있다.[31]

북한은 한·미 합동군사연습에 대해 경계해 왔고, 질적으로 북한보다 훨씬 뛰어난 무기로 무장한 미군의 우월성에 대해서 우려를 보여 왔다. 게다가 그들은 북·미간 군사적 충돌이 발생될 때, 미국이 땅속을 뚫고 들어가 폭발할 수 있는 Deep Digger 신형폭탄, 공대지 미사일의 개량종인 AGM-86D 등을 통해 북한의 땅속 군사시설을 공격하고, B-2 스텔스 폭격기, F-15E 전폭기, F-117 스텔스 전투기, 크루즈 미사일을 동원해 공격할 시 북한의 전력이 마비될 수 있음을 염려하고 있다.[32]

---

31) '북·미 제네바기본합의'는 핵공격 및 선제공격을 하지 않는다고 되어 있을 뿐 재래식 공격에 대한 내용은 없었다.

32) 이헌경, 『북한의 대량살상무기 실태와 미국의 대응: 전략과 시뮬레이션』 (서울: 통일연구원, 2001), 5-6 참조.

이러한 우려가 있어 북한은 안전보장의 일환으로 미국의 불가침을 문서로 보장받으려 했다. 미국은 미 대통령의 불가침 내용으로 가능하다는 입장을 표명하였지만, 북한은 줄곧 미 의회로부터 보장된 문서를 요구해 왔다. 북한의 요구는 가장 신뢰할 수 있는 불가침보장을 얻기 위한 것이다. 평양지도부는 부시 행정부가 핵문제의 외교적·평화적 해결을 운운하면서도 군사적 조치를 포함한 모든 조치수단을 테이블 위에 놓고 핵문제를 다루고 있고 선제공격 가능성이 언제든지 있다고 판단, 북한의 안전을 위해 미국으로부터 공신력 있는 문서보장을 받고자 하였다. 그러므로 북한은 앞으로의 일정에 있어 미국과의 양자협상을 통해 미국의 불가침을 문서로 보장받으려 할 것이다.

나아가 북한은 미국의 적대정책 포기를 받아내려 할 것이다. 공동성명 내용엔 미국의 대북 적대정책 포기에 대해선 언급되지 않았다. 미국의 적대정책이 존재하는 한, 북한은 미국의 적으로 계속해서 남을 것이다. 현실적으로 북한은 미국과 적대관계를 유지하면서 평화공존의 길을 걷기보다는 평화협정을 체결하고 적대관계를 청산하는 것이 훨씬 유리하며, 이것은 곧 미국의 침략위협에 대한 북한의 우려를 현저히 낮추면서 안전보장의 제도적 장치를 마련할 수 있게 한다. 따라서 미국의 적대정책 포기는 북한의 안전을 보다 굳건히 하는 것이며 평화체제 구축 및 북·미 관계정상화를 이끌 수 있다.

4. 평화체제 구축과 관계정상화

공동성명에서 6개국은 한반도 평화체제 논의를 위한 포럼을 개최하기로 하였다. 이러한 논의는 한반도 전쟁종식과 평화와 안전을 위해 진행될 것이다. 하지만 북한의 궁극적 목표는 미국, 중국과 평화협정을 체결하는 것이다. 전쟁을 종식시키기 위해선 평화협정 체결이 필수적이고 이는 관계정상화의 필요조건이다.

평화협정 체결이후 북한은 미국과의 관계정상화를 기대할 수 있다. 북·미 관계정상화는 북한의 대미 정책의 주목표이다. 관계정상화 조치는 공동성명에 나타나 있으며 북한의 핵 포기와 북·미의 정책에 따라 좌우될 것이다. 그러나 미국은 이 문제를 간단하게 다루지 않고 있다. 핵문제를 별도로 하더라도 미국은 수교를 위해 북한의 인권, 미사일, 생화학무기, 재래식 군사력, 테러지원, 위조달러, 불법세탁, 밀매 문제들에 대한 어떠한 해결책을 찾고자 한다.

특히 미사일 개발·수출문제는 미국의 동맹국 안보를 위협하고 동북아 지역과 중동 지역의 안보를 위협하는 만큼 풀어야 할 긴요성을 가지고 있다. 이러한 긴요성으로 미국은 제네바합의 이후 미사일문제로 북한과 장기간 협상에 임했다. 그 문제가 타결되기도 전에 제2차 핵문제가 터졌다. 현실적으로 미사일문제의 해결 없이는 북·미 국교정상화가 어려울 것이다. 또한 이 문제는 북·일 국교정상화에도 부정적 영향을 미칠 것이다.

핵문제는 6자회담 공동성명이라는 원론적 합의내용이 있지만 미사일문제는 기준 잣대가 없다. 현실적으로 미국이 북한의 미사일 개발·수출을 강제로 저지하기는 어렵다. 제네바합의 시 그리고 그 이후 북·미간 협상 시 미사일 개발·수출을 제한할 어떠한 메커니즘을 만들지 못했다.

제6절 결론

북한은 미국을 대상으로 핵 게임을 벌려 안전보장과 보상 등 최대한 많은 것을 얻고자 한다. 그것은 '협상·실리전략'(negotiation-profit strategy)을 통해 미국으로부터 확보하고자 하는 것을 최대한 얻으려 하는 것이다. 이러한 전략은 그 동안의 협상과정과 6자회담을 통해서도 나타났으며 공동성명에서도 표출되고 있다.

제4차 6자회담에서 6개국이 서명한 공동성명은 큰 원칙에 대한 합의일 뿐 그 원칙의 이행이 확인된 것은 아니다. 실제로 북·미간은 이견이 되는 부분을 애매한 표현으로 공동성명에 남겨 북핵문제를 일단 봉합하였을 뿐이다. 공동성명에서 북한이 합의한 것은 원칙합의 전술의 결과로 볼 수 있다. 그것은 일단 원칙에 합의한 뒤 그 합의에 대해 해석을 달리하는 전술이다. 북한은 과거 남북대화에서도 원칙합의 전술을 반복해 왔다. 회담의 원칙을 우선 정하자고 한 뒤에 나중에 이를 자의적으로 해석해 상대방에게 수용할 것을 주장해왔다.[33] 이번 합의도 과거의 경우와 유사하다. 게다가 이번 합의는 서로가 절대적으로 양보할 수 없는 부분에 대해 이견을 숨기거나 핵심적인 문제들을 뒤로 미루는 외교의 고전적인 사례를 그대로 적용한 것이다.

앞으로 북한은 계속해서 지연전술을 쓸 가능성이 크다. 즉, 시간벌기이다. 북한은 고농축우라늄 프로그램이 미국에 의해 알려지자 '자주권 인정과 불가침 확약'을 핵 폐기의 전제조건으로 제시했다. 이어 제1차 6자회담에서는 포괄적인 적대정책 변경을, 제3차 회담에서는 한반도 비핵지대화를 화제로 돌리고, 2.10 핵 보유성명 이후엔 군축회담을, 그리고 제4차 회담부터는 경수로 공급을 주장해 왔다. 심지어 제5차 6자

---

33) 송영대 전 통일부 차관 발언, 신주현, "북, 원칙합의-조건협상 전술로 개가," 『The Daily NK』, 2005. 9. 22, 검색일 2006. 2. 5, http://www.dailynk.com/Korean/read.php?catald=nk05000&num=12225.

회담에서 북한은 마카오 은행 거래금지 해제, 자국 기업에 대한 자산동결 해체, 마약밀수 및 위조화폐 제작 의혹 철회 등을 미국 측에 제기하면서 회담을 미궁에 빠지게 했다. 이러한 북한의 행동은 시간벌기로 기인된다.

그러한 가운데, 지금 6자회담은 북한의 위조달러 문제로 제동이 걸리고 있다. 그 동안 미국은 위조달러 문제와 핵문제를 분리시키면서 북한의 6자회담을 촉구하고 있는 반면, 북한은 위조달러 문제가 해결되어야 6자회담에 복귀할 수 있다는 입장을 보여 왔다. 그러나 화폐위조와 돈세탁 증거 그리고 미국이 중심이 된 대북 금융제재가 대두되는 시점에서 북한은 금융불법행위 방지를 위한 국제 노력에 동참하겠다는 뜻을 전달하였다.[34] 이로써 위조달러 문제는 해결의 가닥을 보이면서 제6차 6자회담의 개최를 알리고 있다.

제6차 6자회담에서 선 핵 포기와 선경수로 건설을 두고 미국과 북한은 팽팽히 맞설 것이다. 북한이 핵을 포기하고 그 과정을 순조롭게 걷는다면 그에 대한 보상이 뒤따를 것이다. 그러나 북한은 공동성명에 서명을 한 이후에도 영변 원자로를 가동하고 있으며,[35] 선 핵 포기 요구에 여전히 응하지 않고 있다. 그것은 북한이 핵 포기를 무장해제라 보고 있으며, 또한 이것이 그들이 바라는 불가침, 체제보장, 에너지·경제지원, 미국과의 관계정상화 등의 보상으로 이어질 것이라 믿음이 서지 않기 때문이다. 이는 불신으로 비롯되며 미국의 불신도 동시에 존재한

---

34) 북한 외무성 대변인은 2006. 2. 9, "금융분야에서 온갖 비법행위들을 반대하는 것은 우리 공화국 정부의 일관한 정책이며 앞으로도 국제적인 반자금세척활동에 적극 합류해 나갈 것"이라 밝힌 바 있다. 『조선중앙통신』, 2006. 2. 9. 그러나 이러한 선언으로 북한의 위조달러 문제가 해결되는 것은 아니다. 미국은 확실한 재발 방지를 위해 어떤 조치를 취할 것이다. 그렇다고 그러한 조치가 북한의 목을 조우거나 자존심을 손상시키는 방향으로 나가기도 어렵다. 따라서 그 해결방법은 비록 위조달러 제조·유포가 북한정권의 지시에 의해 이루어진 것이지만 처벌대상을 단체나 기업 또는 개인으로 국한시키고, 돈세탁에 대한 국제기준을 준수하겠다는 약속을 북한이 확실히 함으로써 이루어 질 수 있다.

35) 『세계일보』 2005. 10. 13; 한성렬 북한 유엔대표부 차석대사 인터뷰, 『연합뉴스』, 2005. 10. 27.

다. 게다가 북한과 미국은 합의의 이행에 있어서도 서로 의혹을 가지고 있다. 따라서 핵 포기 과정은 험난한 길이 예견된다. 다른 맥락에서 북한이 핵을 포기할 경우, 미국의 경수로공급 이행이 가능할 것인가 역시 의혹이다. 북·미 관계정상화에 있어서도 북한의 인권, 마약밀매, 테러지원, 미사일 및 생화학무기, 재래식 군사력 문제들이 산적해 있는 데, 이것이 순조롭게 해결될 수 있는 지도 의문이다.

결론적으로 북한의 지연전술과 대미 접근은 경수로 공급, 에너지 지원, 교역 및 투자 분야의 경제협력 등 합의의 이행과정과 관계정상화를 위한 조치 과정을 확인하려는 것이다. 이와 마찬가지로 미국 역시 핵 포기 과정에 상응하는 단계별 보상을 추진할 가능성이 있다. 따라서 서로의 불신이 맞물려 있는 상황에서 앞으로의 과정은 서로의 약속 이행을 확인한 뒤 그 다음 단계로 나가는 길을 걸을 것이다. 그 과정은 공동성명 언급된 바와 같이 '공약 대 공약' 그리고 '행동 대 행동'의 원칙에 입각한 진행될 것이다. 그러므로 핵 포기와 보상 과정에 있어 상대가 문제를 제시할 때 행동 대 행동의 원칙에 입각해 합의내용이 지연되거나 지켜지지 않을 가능성이 있으며, 반면에 불신 속에 고통과 험난한 과정이 있다하더라도 한 단계씩 합의이행의 길을 걷는다면 서로가 목표하는 바를 점진적으로 성취할 수 있을 것이다.

제2장 북한의 핵무장 목적과 대미 전략적 목표*

제1절 서론

북한은 '한반도의 비핵화'가 김일성 주석의 유훈이며 최종 목표라 강조하고 있다. 그러나 북한은 1960년대부터 핵을 개발해 왔으며 지금도 핵무기 보유에 집착하고 있다. 이러한 아이러니컬은 무엇으로부터 비롯된 것인가? 그것은 동·서 냉전이 종식되고 탈냉전의 시작으로 기인된다. 소련을 비롯한 동유럽 국가들이 연쇄적으로 몰락한 이후 북한은 심각한 경제난을 겪어 왔으며, 이러한 상황의 연속으로 국가는 총체적 위기에 직면해 왔다. 이 위기를 극복하기 위해 북한은 탈냉전이후 초강대국으로 부상한 미국을 대상으로 핵카드를 꺼내었으며, 이 카드는 지금까지 위기돌파용과 체제생존용으로 사용되고 있다.

북한의 고농축 우라늄 개발계획이 미 협상단에 의해 제기된 이후 북한은 국제사회의 강력한 경고에도 불구하고 「핵확산금지조약」(Nuclear Non-Proliferation Treaty: NPT) 체제를 탈퇴하면서 핵개발을 본격화 해 왔다. 비핵국가들이 핵개발에 나설 때 일반적으로 주권을 내세운다. 북한 역시 예외가 아니었으며, 주권 외 다른 목적과 목표를 가지고 핵개발을 추진해 왔다. 그것은 핵 억제력 보유, 체제보장, 대미 관계정상화, 그리고 대규모 경제적 보상 확보에 초점을 두고 추진해 왔다. 하지만 이러한 목적과 목표가 동시에 성취할 수 있을 것인가에 대한 의문은 여전히 남아 있다.

미국은 6자회담을 통해 북한을 상대해 왔지만, 중요한 사안은 직접 협상을 통해 문제를 풀어 왔다. 이러한 노력은 마침내 6자회담 '공동성

* 본 장은 『세계지역연구논총』 제26집 3호 (2008), 129-153에 게재한 논문을 수정·보완한 것임.

명'(2005. 9. 19)과 '9.19 공동성명 이행을 위한 초기조치'(2007. 2. 13)를 통해 성과를 거둘 수 있었으며, 북한은 핵 포기와 핵 불능화를 약속했다. 그러나 그 이행은 순조롭지 않았다. 성명과 합의를 둘러싼 해석의 차이, 6자회담 참여 국가들의 이해관계, 북·미간 불신의 증폭 등으로 그 이행이 원활하지 않았다. 그러나 미국이 테러지원국 명단 해제 조치를 취하자 북한은 핵 불능화 작업을 재개하고 핵 검증을 받아들이기로 하였다. 이는 '핵 포기와 보상'이란 타협과 '행동과 행동'의 원칙하에 이루어진 것이다.

그럼에도 북한이 핵을 포기할 것인가에 대한 의문은 남아 있다. 앞으로 비핵화 3단계를 진행시켜나갈 예정이지만 북한이 순차적 분리 핵 검증을 마찰 없이 그대로 수용할 것인지 그리고 핵 불능화를 통해 핵을 포기할 것인지에 대해선 여전히 불투명하고, 향후 파고를 염려하지 않을 수 없다. 그동안의 협상과 이행의 과정을 살펴볼 때, 북한의 핵 포기가 어렵고 앞으로도 쉽지 않을 것이다. 북·미간 상호 신뢰가 없고 적대감이 존재하는 상황에서 북한의 핵 포기는 안전 불안을 가중시킬 수 있다. 예나 지금이나 변함없이, 평양지도부는 미국이 이라크를 선제공격하였듯이 북한을 선제공격할 가능성이 있다고 보고 그것에 대한 두려움을 가지고 있다. 그래서 북한은 이라크의 예를 들어 선제공격 차단이란 목표를 내세우면서 핵 억제력을 보유하려 한다. 이는 핵을 가지고 있는 국가에 맞서는 비핵국가의 대응으로 볼 수 있다. 하지만 이는 NPT 체제를 주도적으로 이끌고 있는 미국으로서는 받아들일 수 없는 것이다. 나머지 6자회담 참여국인 중국, 러시아, 일본, 남한도 북한의 핵보유를 받아들일 수 없는 입장이다. NPT 체제의 유지, 동북아시아 지역의 핵도미노에 대한 불용과 역내 평화와 안정을 위해서라도 북한의 핵보유를 받아들이기는 현실적으로 어렵다. 그럼에도 불구하고 북한의 핵보유 의욕은 수그러들지 않고 있다. 이러한 상반성을 주지하면서 본 논문은 북한의 핵보유 목적이 무엇인지 그리고 대미 전략적 목표가 무엇인지를 집중적으로 분석하고자 한다.

제2절 핵 억제력 보유

냉전시대에 미·소는 억지개념과 전략을 점진적으로 발전시켰으며 이 과정에서 양국 지도부는 억지에 대해 충분히 숙지할 수 있었고 이를 바탕으로 신뢰할 수 있는 억지관계를 유지할 수 있었다.[1] 이러한 억지관계는 미·소가 상대를 파괴할 수 있는 충분한 핵을 보유하고 있었기 때문에 가능한 것이었다. 그러나 북한의 경우는 그렇지 않다. 소련으로부터 핵우산을 상실한 북한이 미국에 맞먹는 핵보유국이 되고자 하는 것이 아니라, 핵을 가짐으로서 핵 국가로서의 위치를 차지하고, 있을 수도 있는 미군의 선제공격을 미리 차단하고자 하는 데 있다.

미국은 제네바기본합의를 통해 북한에 대해 핵무기 사용 및 사용위협을 가하지 않겠다는 약속을 한 바 있다. 그러나 북한은 여전히 교전관계에 있는 미국으로부터의 핵공격이나 선제공격에 대해 두려움을 느끼고 있다. 1991년 부시 대통령 시절, 미국은 전술 핵무기를 남한으로부터 철수하였다. 그러나 북한은 여전히 미국이 약 1,720여 개의 전술핵무기를 남한에 실전배치하고 있으며,[2] 태평양을 순회하는 미 핵잠수함을 이용해 북한을 향해 핵무기를 발사할 수 있다는 데 대해 우려를 가지고 있다. 이는 한반도 지상에서는 핵무기가 철수되었을지라도 한반도 주변 해역에는 여전히 핵무기가 배치되어[3] 있기 때문이다. 그래

---

1) 전성훈, 『북핵 '2·13 합의'와 평화적인 핵폐기 사례 분석』, KINU 정책연구 07-01 (서울: 통일연구원, 2007), 75.

2) "북 남한에 핵무기 1천720개 배치," 『중앙일보』, 2005. 7. 15. 미국은 전술핵무기가 한반도에 배치되어 있지 않음을 분명히 하고 있다. 하지만 이를 확인하기는 어렵다. 이는 핵무기 배치를 둘러싼 과도한 비밀 때문이다. 1개국 이상의 나라에서 그 나라 주재 미 대사가 해당국에 핵무기가 있는지를 모르겠다고 한 1960년 후반 미국 상원위원회 보고서는 이를 단적으로 예시하고 있다. "한반도 핵무기 정치의 작용과 반작용," 1999. 12. 1, 검색일 2001. 3. 3, http://www.kison.org/kn/kn-018.htm. 비록 몇 십 년이 지났지만 핵무기 배치를 둘러싼 비밀과 보안 그리고 "시인도 부인도 하지 않는" NCND(neither confirm nor deny) 정책은 계속되고 있다. 그러므로 비록 주한 미국대사 또는 주한미군사령관이 남한에 핵무기가 배치되어 있지 않다고 주장을 해도 북한이 이를 그대로 받아들이지 않을 것이다.

서 북한은 한반도 비핵화보다는 비핵지대화를 실제로 바라고 있다. 그것은 핵무기 탑재 가능 항공기 함선의 한반도 통과·착륙·방문 금지, 핵우산 보장조약 체결 금지, 핵무기 동원 군사훈련 금지 등을 북한이 요구한 '조선반도의 비핵지대화'의 주장에서 잘 나타나고 있다.[4]

이러한 우려와 더불어 북한은 극심한 식량난·경제난에도 불구하고 군사제일주의의 기조와 함께 자주적 국방력 강화[5]에 주력해 왔으며, 주권과 안전보호를 내세우고 자주권과 생존권을 지킨다는 명분하에 핵무기를 개발해 왔다. 또한 북한은 국방력 강화가 미국의 군사적 압력에 대응하기 위한 것임을 분명히 해 왔다. 그것은 핵을 가지고 있어야 상대로부터의 핵공격을 사전에 방지할 수 있고, 전쟁을 예방하는 데 도움이 된다고 보는 것이다. 이와 관련, 핵무기를 가진 국가들 간의 전쟁 가능성은 없으며, 그리고 핵무기를 보유한 국가는 확고한 안보를 구축할 수 있다고 강조한 왈츠(Kenneth N. Waltz)의 논리[6]는 군사적으로 미국에 비해 확연하게 열세인 북한의 핵 억제력 보유에 대한 지지를 보내고 있다. 그의 논리는 '상호 억제력'(mutual deterrence)과 '방어적 현실주의'(defensive realism)에 기초한 것으로, 북한은 이를 그대로 반영하면서 핵 억제력을 보유하고자 한다. 그러면서 북한은 전쟁예방과 민족을 지키는 무기는 오직 강력한 군사적 억제력임을 역설하면서 그들의 주권과 안전 보호 차원에서 핵무기 보유를 정당화하려 한다.

무엇보다 북한은 안보불안감 해소를 위해 핵무기를 보유하고자 한다. 군사적 차원에서 북한은 주적이었던 미국을 상대로 자신이 받고 있

---

3) 이재봉, 『두 눈으로 보는 북한』 (서울: 남북평화재단, 2008), 396.

4) 이 주장은 1990년대 초 남북기본합의서 협상 때 제기했던 것이다. 전성훈, 『북핵 폐기 한반도 모델: 기본원칙과 추진방향』, KINU 정책연구 07-08 (서울: 통일연구원, 2007), 36.

5) "국방공업은 생명과 같은 것이며, 자위적 국방력 강화에 선차적인 힘을 넣는 것은 우리의 독특한 정치방식" 임을 역설하는 북한의 주장을 상기할 때, 그들의 국방력 강화 의지를 잘 읽을 수 있다. 『로동신문』, 2001. 7. 9.

6) Kenneth N. Waltz, "Nuclear Myths and Political Reality," *American Political Science Review* 84 (1990), 740-741.

는 군사적 불안감을 제거하고자 한다. 북한은 사회주의권 국가들의 몰락을 지켜보면서 체제불안을 느끼게 되었으며, 체제유지를 위해 수단으로서 핵무기가 필요하다고 본다. 더군다나 북한은 소련이 더 이상 북한을 군사적으로 뒷받침해 주는 그러한 역할을 하지 못할 것으로 보고 있다. 실제로 사회주의권 몰락이후 세계는 안보 개념 차원에서 적절하게 통합되지[7] 않았으며, 적대관계에 있으면서 이념적으로 상이한 군사대국을 상대해야 하는 안보 불안을 가중시키고 있다.

현 국제정세는 냉전 시 동-서 진영에서 양분되었던 안보 통합 형태는 사라졌고, 새로운 규범과 국제질서 하에 국가안보를 강화해야 하는 방향으로 나아가고 있다. 변화된 국제질서 하에서도 국가의 핵심 목표는 안보를 보장하는 것이다. 그래서 국가들은 상대 국가에 맞설 수 있는 군사력을 보유해 그들의 안보를 보장하고자 한다. 군사적 대응이 어려울 경우, 국가는 새로운 대안을 모색해야 한다. 북한당국은 세계 최강의 군사력을 보유한 미국을 대상으로 대안을 모색했다. 결국 모종의 무기를 자체적으로 보유하는 것 이외에 대안이 없다는 생각을 가지게 되었다.[8] 그것은 바로 핵무기이다. 1990년 한·소 수교는 북한의 핵보유 의욕을 더욱 자극시켰으며, 북한지도부는 대량살상위력을 지닌 무기를 개발하지 않겠다는 의무조항에서 풀려나는 것으로 간주하면서,[9] 핵무기 개발을 가속화하기 시작하였다.

또한 북한지도부는 러시아와 중국의 군사적 지원이 약화된 상황에서 북한이 언제든지 위협에 처해 질 수 있다고 본다. 실제 러시아의 군사원조조약이 끝나고 중국의 군사적 지원의지가 약화되자 북한은 안보문

---

7) Barry Buzan and Ole Waever, *Regions and Powers* (New York: Cambridge University Press, 2003), 43.

8) Michael J. Mazarr, *North Korea and the Bomb* (New York: St. Martin's Press, 1995), 62.

9) Alexander Platkovskiy, "Nuclear Blackmail and North Korea's Search for a Place in the Sun," in *The North Korean Nuclear Program*, eds. James Clay Moltz and Alexandre Y. Mansourov (New York: Routledge, 1999), 96-97.

제를 직감하게 되었다. 이는 곧 러시아와 중국의 대북 공세적 지원정책이 방어적 지원정책으로 전환하자 북한이 군사적 불안감을 가지게 된 것이다. 더군다나 북한은 미국이 한국전쟁과 그 이후에 계속해서 핵위협을 가해 왔다고 믿으면서 그 대응 차원에서 핵보유를 추진해 왔다.

미국은 자국과 군대 그리고 동맹국이 핵무기 국가나 동맹 또는 연계된 핵 국가에 의해 공격을 받는 경우를 제외하고는 NPT 또는 국제적으로 묶어놓은 공약에 따라 비핵국가를 대상으로 핵무기를 사용하지 않는다는 방침을 가지고 있다.[10] 게다가 유엔 결의안은 공식 핵보유 국가들이 비핵국가를 대상으로 핵무기 또는 핵침략 위협을 유엔 헌장아래 책무에 따라 즉각적 대응을 한다는 적극적 안보보장을 가지고 있다.[11] 미국의 방침과 유엔의 결의는 핵보유 국가가 핵을 보유하지 않고 있는 국가를 대상으로 설득력 있는 이유와 명분 없이 핵으로 공격할 수 없다는 점을 분명히 하고 있다. 이를 한반도에 적용할 때, 잠정적 핵보유 국가인 북한이 미국의 동맹국인 남한이나 일본 그리고 주한미군 등을 핵으로 공격하지 않는 한, 미국이 북한을 핵으로 선제공격하기는 어렵다. 그러나 북한지도부는 미국의 이러한 방침을 믿지 않고 있으며, 핵 억제력을 보유해야 미국이 북한을 함부로 선제공격하기 어려울 것이라 여긴다. 또한 그들은 핵무기 보유가 국제적인 위상을 제고하는 것일 뿐 아니라 외부의 위협을 가장 저렴하게 억제하는 수단이 되고 있다[12]면서 핵보유를 정당화시키고자 한다.

가공할만한 무기가 다양하게 개발이 되고 있는 상황에서 국제사회는 핵무기가 "국가들의 군사전략 자체의 변경을 가져올 만큼의 힘을 가지

10) *United States Arms Control and Disarmament Agency, Arms Control and Disarmament Agreements: Texts and Histories of the Negotiations* (Washington, D.C.: Arms Control and Disarmament Agency, 1990), 94.

11) United Nations Security Council Resolution 255, June 19, 1968.

12) Patrick Koellner, "김정일이 폭탄을 선호하는 이유," *Die Welt*, January 8, 2003, 주독일 대한민국대사관 문화홍보원 편, 『북한 핵문제 어떻게 해결할 것인가?』 (Berlin, Germany: 주독일 대한민국대사관 문화홍보원, 2003), 108에서 재인용.

고 있으며 외교적 수단으로서 활용되고 있다는 것을"[13] 알게 되었다. 북한 역시 이를 인지하고 있으며, 핵무기 보유가 미국의 핵 선제공격을 저지시키는 유효한 수단이라 여기고 있다. 상대국으로부터 핵위협을 받는 나라가 핵으로 맞서려하는 것은 작용과 반작용의 논리에서 수용될 수 있는 것이다. 역설적으로 1968년 당시 체코슬로바키아가 소량의 핵무기만 보유했더라도 소련이 군사적으로 개입하는 데 신중을 기했을 것이다.[14] 이는 핵무기를 보유하고 있지 않은 체코슬로바키아를 대상으로 핵무기 보유국인 소련이 군사적 위협을 가했던 것으로 핵무기 보유의 필요성을 간접적으로 지적하고 있는 것이다. 이러한 필요성을 인식하면서 북한은 핵무기를 통해 핵 억제력을 보유하고자 한다. 북한은 핵 억제력 보유가 자위권의 원칙에 부합되며, 국제법상으로 합법적이라 보고 이를 억제력 강화 차원에서 정당화하려 한다. 이는 또한 북한의 낡고 정체된 재래식 군사력을 대체할 수 있는 강력한 억제력을 갖는 것이라 보고 있다.

이러한 사고와 함께 북한은 2006년 10월 9일에 핵실험을 강행하였다. 이는 은밀하게 '상대의 허'를 찌르는 마키아벨리식 통치술로[15] 보이며, 장기간의 국제사회의 대규모 대북 지원이 있었음에도 그리고 6자회담 참가국의 강력한 경고에도 불구하고 이루어졌다. 분명히 이 행위는 국제사회의 경고와 국제평화에 역행하는 것이며, 역내 평화와 안정에 큰 위협을 주고 있다. 하지만 북한은 도덕문제, 세계평화문제 그리고 국제 약속 같은 것들은 그리 중요치 않다고[16] 보았으며, 핵실험을 통해 핵보유국으로 인정받고자 하였다. 요컨대, 북한의 핵실험은 핵보

---

13) 길병옥, "북한의 핵보유국 지위 획득전략과 한국의 정책대응방안," 『한국동북아논총』 제12권 4호 (2007), 9.

14) Morton A. Kaplan, "Unit Veto Reconsidered," in *The Future of the Intimation Strategic System*, ed. Richard Rosecrane (San Francisco: Chandler, 1972), 53.

15) 홍성후, "마키아벨리 통치술로 본 북한의 핵개발정책분석," 『한국동북아논총』 제13권 1호 (2008), 186.

16) 홍성후, "마키아벨리 통치술로 본 북한의 핵개발정책분석," 176.

유국이 되고자 하는 데서 기인된다. 이를 살펴보면, 핵보유국으로서 미국과 협상해 충분한 보상과 국가안전을 보장 받으려 한 것이다. 그것은 미국의 대북 금융제재로부터 벗어나고자 하며, 핵 억제력을 유지한 채 미국으로부터 불가침 및 안전을 보장 받고자 하며, 국제사회로부터 식량·에너지 지원 등 충분한 보상을 얻고자 한 것이다. 동시에 공식 핵보유국이 아니더라도 비공식 핵보유국으로 국제사회에서 인정받고자 하였다. 그래서 북한은 과소평가된 핵능력을 과시하고, 인도, 파키스탄과 같이 외교·경제 제재를 받더라도 이를 견뎌낸 뒤 핵무장국이 되고자 하였다.

여전히 북한은 미국 및 국제사회로부터 비공식 핵보유국가로 인정을 받지 못하고 있다. 하지만 북한당국은 핵실험을 성공한 핵보유국임을 스스로 국제사회에 알리면서 미국과 핵협상에 임하고 있으며, '협상-실리' 전략과 상황에 따라 때때로 추구되는 '벼랑 끝' 전략에 의해 최대한 많은 이익과 보상을 얻으려 하고 있다.

제3절 체제보장

북한의 핵개발은 오래 전부터 체제유지를 위해 진행되어 왔다. 김정일 시대에 갑작스럽게 나타난 전략·전술적 차원의 전유물이 아니라 김일성 시대부터 북한 사회주의체제 출범과 더불어 줄기차게 핵개발에 주력해 온 체제 유지 차원의 과업으로 인식되고 있다는 것이다.[17] 그러나 북한의 이러한 노력은 사회주의권 국가들이 붕괴되면서 희석되기 시작하였고, 사회주의 체제를 유지하는 것조차 위기를 느끼게 되었다. 냉전기 미국의 봉쇄정책은 소련을 몰락하게 하였고, 연쇄적으로 동유럽 사회주의 국가들을 무너지게 하였다. 이는 총칼로 무너뜨린 게 아니라 정책에 의한 것이었다. 베를린 장벽이 무너진 것도 탱크나 장갑차에 의한 것이 아니라 못과 망치에 의한 것이었다. 이렇게 사회주의 국가들의 종말을 지켜보면서 북한지도부는 그들과 같은 운명을 맞이해서는 안 된다는 비장한 각오를 가지게 되었다.

동시에 북한지도부는 핵공격 없이 다른 나라를 침공할 수 있는 나라가 미국임을 명기하고 있다. 미국의 아프가니스탄, 이라크, 유고슬로비아 공격은 이러한 북한의 우려를 단적으로 예시하고 있다. 특히 북한지도부는 이라크와 같이 북한이 미국으로부터 선제공격을 받을 가능성이 있다고 생각한다. 유엔사찰팀이 이라크 내 대량살상무기관련 사찰을 상당 차례 실시했으나, 위배사실을 발견하지 않았는데도 불구하고, 미국은 유엔의 승인 없이 주도적으로 이라크를 선제공격[18] 하였듯이 이라크전 다음의 주 공격표적으로 북한이 될 수 있다고 보는 것이다.

뿐만 아니라 북한은 제네바합의 직전 클린턴 대통령이 한국정부에

17) 홍성국, "북핵문제의 체제론적 함의와 북한의 체제내구력 변화,"『국제문제연구』제7권 4호 (2007), 223.

18) 이헌경, "미국의 대외 정책과 국제사회의 대응,"『한국동북아논총』제10권 1호 (2005), 211.

어떠한 상의나 알림 없이 영변 핵시설에 대한 선제공격을 고려했음을 확실히 기억하고 있다. 북한의 우려는 그 이후에도 계속되었으며, 특히 부시 대통령 취임이후 그 우려의 정도는 심해졌다. 그 근원이 된 부시 대통령의 발언과 태도를 살펴 볼 때, 북한의 심려가 과장되지 않음을 잘 알 수 있다. 특히 부시 행정부 1기의 정책은 '미국적 국제주의'(American Internationalism)에 입각하여 국제사회에서 적과 동지를 구별해 대처해 왔고, 원칙을 제시하고 불응하면 응징을 가하는 "공격과 나쁜 신조에 대해 단호하고 강하게 대응"[19]하는 데 초점을 맞추어 왔다. 그리고 2002년 1월 국정연설을 통해 북한을 이란, 이라크와 함께 '악의 축'(axis of evil)의 국가로 규정하였으며,[20] 이러한 국가들로부터의 새로운 위협에 대처하기 위해서 대량살상무기 비확산과 반확산을 이루겠다는 강력한 태도를 보여 왔다.[21]

보다 강력한 조치로 미국은 '국가안보전략'(The National Security Strategy of the United States of America)을 통해 자국과 동맹국의 안전을 위협하는 세력에 대해 선제공격을 하겠다는 입장을 분명히 하였다. 이 외 미 국방부는 '핵태세검토'(Nuclear Posture Review: NPR)를 통해 북한을 포함한 7개 국가에 대해 소형 전술 핵무기를 사용할 수 있는 태세를 갖춰야 한다는 비밀보고서를 의회에 제출한 적이 있다. 이 보고서의 내용은 북한에 대해 핵무기를 사용하지 않겠다고 보장한 제네바합의를 위반하는 것이나 다름없으며, 비핵국가였던 북한을 자극하기에 충분하였다.

현재는 특히, '대량살상무기 확산방지 구상'(Proliferation Security

---

19) President George W. Bush's Inaugural Address, January 20, 2001.

20) President George W. Bush's State of the Union Address, January 29, 2002. '악의 축' 발언에 북한은 선전포고로 받아들이고, 부시 대통령을 "세상에 둘도 없는 악의 두목"이라 맞대응한 바 있다.

21) 이헌경, 『북한의 대량살상무기 실태와 미국의 대응: 전략과 시뮬레이션』, 연구총서 2001-19 (서울: 통일연구원, 2001), 31.

Initiative: PSI)을 통해 북한을 압박하고 있다. 이 구상은 이슬람 과격단체, 테러조직, 적성국가들에 대한 북한의 미사일 기술·장비 수출 저지에 초점을 맞추고 있는 것인데, 미국이 해당국의 협력을 통해 북한의 육상·해상·공중에서의 활동을 압박하고 있는 것이다. 이러한 미국의 움직임을 평양정책결정자들은 잘 기억하고 있으며, 정권교체 또는 사회주의체제 전복을 위해 미국의 있을 수 있는 공격으로부터 북한이 무너지지 않기 위해 만전을 기울이고 있다.

군사적 차원에서 북한은 미국으로부터의 핵위협 외, 재래식 군사력 위협에 대해서도 우려를 가지고 있다. 특히 미 국방부의 OPLAN (Operation Plan)과 같은 군사계획을 우려하고 있으며, 이 중 대규모 군사력에 의해 북한정권을 교체하는 계획으로 알려진 OPLAN 5030에 대해 북한정권은 민감한 반응을 보이고 있다. 특히 CONPLAN (Operations Plan in Concept Form Plan) 8022는 선제공격과 전술핵무기 사용을 허용하고 있어 북한의 우려를 가중시키고 있다.

북한지도부는 부시 대통령이 북한을 침공할 의사가 없다고 여러 차례 역설하였음에도 불구하고 이를 믿지 않고 있으며, 미국이 여러 수단 중 하나인 무력사용을 추진할 수 있다고 본다. 또한 그들은 미국이 외교적 대처의 일환으로 국제사회와의 공조를 통해 북한을 압박할 가능성이 있다고 본다. 그러므로 북한은 국가적 자위를 위해 자주적 힘을 양성하고자 하며, 그 일환으로 핵무장을 하려 한다. 국가의 생존을 신(神)의 섭리나 하늘의 운(運)에 기대하는 것이 아니라 자주적으로 지상의 현실적 조건들에서 찾아야 한다[22]는 시각에 따라 자위를 위해 핵무장을 하려는 것이다.

이러한 국가방어 권리는 한 국가의 영토보존이나 정치적 독립에 대한 군사적 공격이나 일촉즉발의 군사위협에 대한 필요하고 적절한 힘

22) 홍성후, "마키아벨리 통치술로 본 북한의 핵개발정책분석," 183.

을 사용하는 권력과 같은 것으로 여겨질 수 있다.[23] 이 논리는 어느 국가라도 국가방어의 권리 측면에서 설명되어 질 수 있다. 북한 역시 국가방어라는 논리를 통해 핵무장을 정당화할 수 있다. 그러나 그들의 핵무장은 오히려 주변국에 대한 군사적 위협을 고조시키면서 불안정한 국면을 초래할 수 있다.

이러한 군사적 요인 외, 평양지도부는 소련과 동유럽 공산주의 국가들의 붕괴와 대혼란 이후에 미국이 세계를 지배하고자 의욕을 보이고, 독립연합국가(Commonwealth of Independent States: CIS)들을 계속해서 위협하고 있다고 본다. 이를 두고 켈리(Robert E. Kelly)는 세계를 미국이 지배하는 '준 영구 일극체제'(semi-permanent unipolarity)로 보고 있다.[24] 북한은 일극체제를 지향하는 미국이 동유럽국가 중 일부 국가들의 정권교체를 통해 친미 정권을 창출하고 있다면서 이를 극도로 경계하고 있다. 이를 살펴보면, 2003 ~ 04년 그루지야에서의 장미 혁명, 우크라이나에서의 오렌지 혁명, 그리고 키르기스스탄에서 레몬 혁명 등의 시민혁명이 국제사회와 비정부기구가 이를 적극 지원해 성과를 내자 북한은 이를 미국의 체제모략 활동으로 규정하고 내부단속을 철저히 해 왔다.

장기간에 걸쳐 북한은 사회통제력과 공포정치를 통해 소련과 동유럽 국가들이 겪었던 몰락의 길을 피해 갈 수 있었으며, 반정권, 반체제 움직임을 사전에 차단할 수 있었다.[25] 특히 '사회통제'와 '공식이념의 기

---

23) David R. Mapel, "The Right of National Defense," *International Studies Perspectives* 8(1) (February 2007), 1.

24) Robert E. Kelly, "Security Theory in the 'New Regionalism'," *International Studies Review* 9(2) (Summer 2007), 199. 준 영구 일극체제와 달리 전통적 현실주의 이론은 일극체제의 종말과 다극체제의 시작을 예견하고 있다. Haass는 미국의 지배가 15년 또는 20년간 지속되었고 그것이 현실이지만 미국이 지역 강국으로부터 도전을 받고 있다고 본다. Richard N. Haass, "The Age of Nonpolarity: What Will Follow U.S. Dominance," *Foreign Affairs* 87(3) (May/June 2008), 44-56. 필자는 현 국제체제를 일극다극체제로 보고 있으나 시간이 갈수록 다극체제로 나아갈 것으로 본다. 국제체제와 관련, 현재와 향후 체제에 대한 논쟁은 계속되고 있다.

25) 이헌경, "동기적 이론적 접근에 의한 북한정권체제 분석과 전망," 『국제정치연구』 제10집

능'의 두 요인은 체제변혁의 억제요소로 작용하고,[26] 강력한 당·정·군의 연계 구조가 정권을 뒷받침하고 있다. 그러나 경제난, 복잡군중의 양산, 외부 정보의 유입 등으로 북한주민의 의식 변화에 영향을 미치고 있으며,[27] 남한을 비롯한 자본주의국가 문화가 유입되고 있고, 더불어 외부정보도 유통되고 있기 때문에 주민들의 사상의식, 체제에 대한 긍지 등이 급속히 무너지고 있다.[28] 그 결과 북한사회는 점진적으로 스며드는 외부적 위협에 시달리고 있다. 외부적 위협은 일반적으로 확실하지 않으며 그렇기 때문에 위협적이다.[29] 따라서 북한이 사상무장을 철저히 하지 못하면 미국이 북한내부에 침투할 가능성이 있고, 북한 내부에 자본주의 사상과 풍조가 스며들면 북한이 자멸할 것으로 보고 이를 철저히 막고자 한다. 요컨대, 북한지도부는 미국이 북한의 정권교체와 노동당 해체를 위해 사상·문화적 침투를 시도할 수 있다고 보고 정권과 사회주의 체제를 강화하려 한다.

뿐만 아니라 내부 단속강화와 체제 이반을 막기 위해 핵무장을 확고히 하려 한다. 1990년대 이라크의 독재자 사담 후세인이 미국의 봉쇄로 노약자를 포함한 50만 이상의 이라크인들이 식량 및 의약품 부족으로 사망한 것을 직시하면서 대미 항전 독재체제를 강화하였듯이, 북한 정권은 미국의 대북 적대시 압박 정책을 이용하여 주민들을 대미 항전 전선에 나서도록 독려하면서 정권 유지에 큰 역할을 맡고 있는 군부를 위무하기 위하여 강성대국의 표상으로 핵무기를 개발하는 것이다.[30] 이

2호 (2007), 265.

26) 김성철 외, 『북한 사회주의체제의 위기수준 평가 및 내구력 전망』 (서울: 민족통일연구원, 1996), 150.

27) 서재진, 『또 하나의 북한사회: 사회구조와 사회의식의 이중성 연구』 (서울: 나남, 1995), 467.

28) 전현준 외, 『북한체제의 내구력 평가』 (서울: 통일연구원, 2006), 216.

29) 강명세, "약소국의 생존정책: 오스트리아와 핀란드의 중립화 외교," 『세종정책연구』 제3권 1호 (2007), 250.

30) 홍현익, "북·미관계 정상화 촉진 방안에 관한 연구: 부시행정부의 대북정책과 북핵문제 해결방안을 중심으로," 『세종정책연구』 제3권 1호 (2007), 127.

는 내부 위기를 외부로 돌려 불안정한 체제를 진정시키고자 하는 즉, 내부 단속의 일환으로 볼 수 있다.

이러한 우려를 제거하기 위해 북한은 미국으로부터 안전을 보장 받으려 한다. 그 일환으로 북한은 미국으로부터 불가침을 문서로 보장받으려 하고 있다. 미국은 미 대통령의 불가침 내용으로 가능하다는 입장을 표명하였지만, 북한은 줄곧 미 의회로부터 보장된 문서를 요구해 왔다. 북한의 요구는 가장 신뢰할 수 있는 불가침보장을 얻기 위한 것이다. 북한지도부는 부시 행정부가 핵문제의 외교적·평화적 해결을 운운하면서도 군사적 조치를 포함한 모든 조치수단을 테이블 위에 놓고 핵문제를 다루고 있고 선제공격 가능성이 언제든지 있다고 판단, 북한의 안전을 위해 미국으로부터 공신력 있는 문서보장을 받고자 한 것이다.

그러나 이는 거의 불가능하다. 미 행정부가 북한과 불가침조약을 체결하려해도 김정일 정권에 부정적 견해를 가지고 있는 미 상하원 의원들이 이를 반대할 것이 분명하다. 미국은 1994년 제네바합의 역시 사실상의 국가 간 조약이었음에도 불구하고, 미국 의회의 인준 실패를 우려하여 조약(treaty)이 아닌 기본합의(agreement)의 형태로 합의한 바 있다.[31] 이러한 선례를 고려할 때, 불가침보장 문서를 미 의회로부터 받아낸다는 것은 현실적으로 불가능하다.

이러한 현실을 고려하면서 북한은 미 행정부로부터 적대정책 포기를 받아내려 한다. 6자회담 공동성명과 2·13 합의 내용엔 미국의 대북 적대정책 포기에 대해선 언급되지 않았다. 그래서 북한은 "미국이 조선에 대해 적대정책을 포기하지 않는 한 자금이 적게 들면서도 그 어떤 첨단무기나 핵무기도 무력화시킬 수 있는 강력한 물리적 억제력을 강화해 나갈"[32] 태세를 보이고 있다. 이를 감안할 때, 계속해서 미국의 적대정

31) 최용환, "북핵문제의 평화적 해결을 위한 주변국의 역할," 『통문협 동향과 논단』 제1·2호 (2005), 7.

32) 『조선중앙통신』, 2003. 6. 9.

책이 존재하는 한, 북한은 미국의 적으로 남을 것이다. 현실적으로 북한은 미국과 적대관계를 유지하면서 평화공존의 길을 걷기보다는 평화협정을 체결하고 적대관계를 청산하는 것이 훨씬 유리하며, 이것은 곧 미국의 침략위협에 대한 북한의 우려를 현저히 낮추면서 안전보장의 제도적 장치를 마련할 수 있게 한다. 따라서 미국의 적대정책 포기는 북한의 안전을 보다 굳건히 하는 것이며 정전체제로부터 평화체제로 전환할 수 있게 한다. 동시에 적대 이미지를 완화하면서 관계개선의 길을 걷게 한다.

제4절 대미 관계정상화

공산주의권 몰락이후 북한의 최우선 목표는 사회주의 체제유지, 김정일 정권의 정통성 확보와 정권 강화에 있다. 하지만 북한은 경제적·군사적·외교적 위기에 직면해 왔으며 이러한 상황이 계속되어, 국가생존마저 위태로운 처지에 놓여 있다. 따라서 북한체제를 존속시키려면 직면한 총체적 위기가 해소되어야 한다.

이를 위해 북한은 '중심고리 전략'을 채택하고 있다. '중심고리'란 "혁명발전의 매 시기 매 단계마다 복잡하게 제기되는 수많은 과업들의 련쇄가운데서 어느한 과업이 해결되면 그에 따라 다른 모든 과업들도 쉽게 해결될 수 있는 그러한 가장 중요한 고리"[33]를 말하며, "중심고리를 찾아내고 거기에 공격을 집중하는 것"[34]이 바로 '중심고리전략'이다. 그 중심고리가 바로 대미 관계를 의미하며 북한이 미국과의 관계계선에 총역량을 집중하여 과업을 성공적으로 해결하려는 이유도 여기에 있다. 실제 북한은 체제보장과 안전보장의 길이 핵무기라 보고 있다. 따라서 북한은 핵카드를 통해 미국과의 관계를 개선시키고자 하며 협상을 통해 사회주의 체제를 보장받으려 한다.

이러한 중심고리 전략에 의거해 북한은 미국과의 관계개선과 국교정상화에 초점을 맞추고 있다. 북한과 미국의 적대관계는 한국전쟁이후 표면화되어 왔으며 북한의 핵개발은 이러한 관계를 더욱 노출시켜 왔다. 그동안 북한은 미국을 적으로 간주하면서 적대시 해왔다. 북한정권에게 적이 없으면 증오와 투쟁의 대상이 없고, 증오와 투쟁이 없으면 볼세비즘의 핵이 무너지고, 그 핵이 무너지면 그의 체제자체가 붕괴한다는[35] 논리를 가지고 미국을 대해 온 것이다. 이를 통해 북한은 내부

---

33) 사회과학출판사 편, 『정치용어사전』 (평양: 사회과학출판사, 1970), 558.
34) 조선로동당출판사 편, 『김일성선집 6』 (평양: 조선로동당출판사, 1960), 463.
35) 양성철, 『북한정치론』 (서울: 박영사, 1991), 128.

위기를 외부로 돌리면서 내부 단합을 유도하고 대미 협상에서 유리한 고지를 점령하려 했다. 그러나 공산주의권 몰락이후 북한은 미국과 적대관계가 유지되는 한 미국으로부터 안전을 위협 받을 수 있다고 보고 이러한 관계를 청산하고자 한다.

적대관계 청산의 목표는 미국과의 관계정상화에 있다. 북한이 핵 포기에 따른 보상이나 평화협정 체결을 중시 여기고 있지만 미국과의 관계정상화에 보다 중점을 두고 있다. 이는 "조·미관계를 정상화하는 근본문제를 해결하지 못해서 핵문제가 해결되지 않은 것이다"[36]라는 친북 인사의 주장에서 확연히 나타나고 있다. 이는 곧 핵문제 해결이 북·미 관계정상화에 달려있다는 것을 의미하는 것이다.

그러나 북한이 핵을 포기하지 않는 한 북·미 관계정상화는 성사되기 어렵다. 리비아의 전례에서 나타나듯 미국은 적대관계를 형성했던 리비아가 2003년 대량살상무기 프로그램 폐기를 선언하자 그 다음해 국교를 정상화했고, 2006년 리비아를 테러지원국 명단에서 해제하였다. 이는 북한의 핵 포기가 바로 국교정상화로 이어질 수 있음을 예고하고 있는 것이다. 또한 미국이 중국 및 베트남과 수교한 것은 결국 등소평의 개혁·개방정책이나 베트남의 도이모이정책 등 실질적인 체제 및 정책 변화가 가시화되었을 때에야 비로소 달성되는 등 장시간이 걸렸다는 점을 고려하면 북·미 관계정상화와 한반도 평화체제 구축도 상당한 시간을 요할 것이 예상된다.[37]

북·미 관계정상화는 등거리 외교와 교차승인의 차원에서도 모색되고 있다. 북한은 신국제정치체제 아래 중국과 러시아가 두 개의 한국정책 및 남북 등거리외교를 모색하듯 미국도 북한을 같은 식으로 대해 주도록 유도하고, 주변국들의 정책이 북한에게 유리하게 작동되도록 하고

---

36) 한호석, "2·13 초기조치 합의와 초기단계의 전략적 승리," 검색일 2007. 4. 10, http://www.onekorea.com.

37) 홍현익, "북한의 WMD 개발 대응방안 연구," 『세종정책연구』 제3권 2호 (2007) 48-49.

자 한다. 이미 남한은 러시아 및 중국과 수교 및 다방면에 걸친 교류협력을 진척시키는 등 새로운 관계를 형성해 나가고 있다. 경제적 이익에 따라 맺어진 한·중, 한·러 관계가 이제는 정치·외교적 관계로 발전하고 있는 것과는 달리 북·러, 북·중 관계는 예전과 같지 않다. 한편 미국은 여전히 북한과 국교정상화를 이루지 않은 채 한·미 공조체제의 큰 틀 안에서 북한과의 관계를 모색하려 하고, 일본은 미국의 대한반도 정책을 따르려 하고 있다. 그러므로 북한은 미국과의 관계정상화를 통해 한반도 주변국과의 관계를 진전시키고자 하며 이를 통해 그들이 직면한 외교적·경제적 위기를 벗어나고자 한다.

북·미 관계정상화는 경제적 차원에서도 중요하다. 사회주의권이 없어진 상황에서 북한이 취해야 할 당면한 정책 과제는 자본주의 국가들과 관계를 개선하여 경제협력관계를 새로 창출하는 것이다.[38] 북한 사회주의가 제국주의·자본주의를 배척해 왔는데, 서방 자본주의 국가들과의 경제관계를 이루고자 하는 것은 정책의 변화라 볼 수 있다. 이것은 제국주의 자본주의와의 공존 혹은 상호의존이 가능하다는 논리와 함께 북한이 자본주의 나라들과 경제관계를 맺고 경제 및 기술을 발전시킬 수 있다면 '옳은 출로'의 하나가 될 수 있다는[39] 정책적 판단으로부터 기인된다. 따라서 북한은 핵문제가 지속되는 와중에도 유럽연합 등 서방국가들과 경제관계를 진행해 왔다. 그러나 미국과의 관계진전이 없이는 이들 국가들과의 관계개선은 한계가 있을 수밖에 없다. 왜냐하면 미국이 북한을 여전히 적성국가로 간주하고 있는데, 이를 무시하고 서방국가들이 북한과 폭넓은 교류·협력을 진행하기에는 현실적으로 많은 어려움이 있기 때문이다.

사회문화적 차원에서 북한은 미국과의 관계개선을 통해 폭넓은 교류

---

38) 서재진, "북한 핵문제에 대한 포괄적 접근법으로서의 2·13합의: 형성배경과 이행전망," 『통일정책연구』 제16권 1호 (2007), 4.

39) 스스키 마사유키, 유영구 옮김, 『김정일과 수령제 사회주의』 (서울: 중앙일보사, 1994), 244.

가 이루어지기를 바란다. 그러나 이것은 정치적 결단이나 조치에 의해 효과를 보는 것은 아니다. 비록 북·미간 정치군사적 채널을 통해 대화의 장이 마련되고 있지만 북한에 대한 미국인의 긍정적 여론을 얻기에는 한계가 있다. 미국인에게 현재의 북한이 적성국가가 더 이상 아니라는 점을 분명히 보여줘야 하나 이것은 쉬운 일이 아니다. 이러한 모든 문제점을 극복하기 위해선 북한이 국제사회의 일원이며 평화와 안정을 위협하지 않는 국가라는 것을 보여주어야 하며, 기능주의적 접근과 함께 다원주의적 접근을 통해 미국과 교류·협력을 전개해야 한다.

제5절 대규모 경제적 혜택 확보

북한은 핵카드를 사용해 식량난과 에너지난 등 심각한 경제난을 해소하고 나아가 국가 생존 및 체제를 존속시키겠다는 전략을 가지고 있다. 그것은 외부세계로부터 대규모 식량·에너지 등을 지원받아 북한의 비참한 경제를 살리고 이를 토대로 체제안정을 도모하려는 것이다.

북한의 에너지난은 생산공장의 가동을 현저히 낮춰 물품생산을 어렵게 하고 이는 곧 바로 주민의 생활환경을 악화시키고 있다. 특히 주민들이 절대적으로 필요로 하는 생필품 생산이 부족할 때 그들이 겪어야 할 고통은 매우 크다. 생필품 수요는 많은 데 공급이 부족할 때 비공식 경제 부문이 확대되고 암시장 가격이 폭등되어 결국 이는 주민들이 필요로 하는 물품구입을 더욱 어렵게 만든다. 이러한 상황의 연속은 경제운용을 악화시키면서 주민들의 삶을 더욱 어렵게 한다.

예나 지금이나 다름없이 북한의 심각한 식량난은 주민의 생존을 위태롭게 하고 있다. 북한은 토양의 급속한 산성화, 영농기술 및 종자개량의 낙후, 1995, 1996년의 대홍수 등으로 심각한 식량난에 처해 주민의 생존마저 위협을 받았으며, 지금도 외부로부터의 식량지원이 없으면 먹는 문제를 해결하기 어려운 실정이다. 이러한 문제는 국제사회의 식량지원이 없이는 풀어나가기 어렵다. 중국과 러시아의 식량지원은 한계가 있고, 일본은 북한의 일본인 납치문제 해결 없이는 대규모 대북 식량지원에 나서지 않을 것이다. 한편 남한은 이명박 정부의 등장으로 대규모 대북 식량지원에 제동이 걸린 상태이다.

북한의 경제난은 어제 오늘의 일이 아니다. 이는 주체경제의 실패, 중국 및 러시아로부터의 지원 감소, 대외무역 감소 등으로 계속되고 있다. 비록 북한이 '7·1 경제관리개선조치' 및 제한적 대외 개방정책을 추진하고 있지만, 그들의 경제정책 및 경제체제 그리고 사회주의 시장에 의존하는 구조적 문제, 체제시스템의 개혁 없는 정책노선 등을 감안할 때 자체적으로 경제난을 극복하기는 어렵다.

이를 타개하기 위해서는 우선적으로 외부세계로부터의 대규모 대북 경제지원이 있어야 한다. 1990년대 중반부터 북한은 외부로부터의 경제지원에 상당히 의존해 왔다. 이러한 의존은 지금도 계속되고 있다. 6자회담 2·13 합의에 따라 북한은 비핵화 1단계인 핵시설 폐쇄에 따라 중유 50,000톤을 남한으로부터 지원받았으며, 현재 진행 중인 비핵화 2단계 시기엔 중유 950,000톤에 상당하는 경제·에너지·인도적 지원을 제공받기로 하고, 그 중 455,000톤을 미국, 중국, 러시아, 남한으로부터 제공받았다. 미국은 중유 제공과는 별도로 500,000톤의 곡물을 북한에 제공하기로 하고 그 지원에 나서고 있다. 이러한 미국의 지원은 북한의 핵자료 제공에 대한 답례이자 인도주의적 목적 하에 이루어지고 있다. 북한이 비핵화 2단계 작업을 완수하면 행동 대 행동의 원칙에 따라 494,000톤에 달하는 나머지 공급양을 제공받게 된다. 또한 북한이 비핵화 3단계 작업을 순조롭게 진행해 나갈 때 더 많은 경제적 혜택이 북한에 제공될 것이다.

북한은 외부세계의 경제지원과 더불어 서방기업들의 투자를 바라고 있다. 투자에 의해 북한은 외국자본과 첨단기술을 도입할 수 있고 이는 곧 북한의 경제를 회복시키는 데 상당한 기여를 할 수 있다. 그러나 서방기업들은 북한경제의 구조적 취약성 및 사회간접시설의 열악 그리고 한반도에서의 군사적 충돌 가능성에 대한 염려 등으로 대북 투자를 망설이고 있는 실정이다. 이러한 상황에서 미 기업들이 대북 투자에 나서지 않으면 다른 서방기업들과 다국적 기업들은 투자를 더욱 주저할 것이다. 이는 곧 미 기업의 대북 투자가 다른 서방기업의 투자에 영향을 미칠 수 있다는 것을 의미한다.

투자 기대와 더불어 북한은 국제금융기구로부터의 차관을 바라고 있다. 북한이 핵불능화 재개와 순차적 분리검증안에 동의한 데 대한 보상 차원에서 부시 행정부가 북한을 테러지원국 지정에서 해제하는 조치를 취하자, 북한은 국제금융기구 가입과 차관을 받을 수 있는 기회가 열리게 되었다. 미국의 '국제금융제도법'(International Financial Institutions Act)은 테러지원국 명단에 있는 국가에 대해 국제금융기구 가입과 차관공여에 대해 절대 반대표를 행사하도록 규정하고 있는 데, 테러지원국 지정 해제 조치로 미 국내법상의 규제가 풀리게 된 것이다.

그러나 '북한, 이란, 시리아 확산금지법', '미사일 관련 제재법' 등을 통해 미국은 북한에 대해 수많은 경제적 제재들을 그대로 적용하고 있다. 또한 인도주의적 목적의 식량·의약품 지원을 제외한 컴퓨터, 소프트웨어 등 첨단물품의 대북 수출에 대해선 미 행정부가 승인제도를 계속 유지하고 있다. 뿐만 아니라 북한이 개발차관을 받기 위해선 각종 경제통계 자료를 제출해야 하는 데, 그것이 제대로 이루어질 지도 의문이다. 비록 국제금융기구에 상당한 지분을 가지고 있는 미국이 북한에 대한 개발차관을 지지해 준다고 해도, 마약·위폐, 대량살상무기 확산, 인권문제 등의 문제를 지적하고 있는 서방국가들과 더불어 일본인 납치문제를 강력히 제기하고 있는 일본이 차관을 순순히 승인해 줄지 확실치 않다. 이러한 문제들이 그대로 남아 있지만 북한이 핵 불능화 작업을 원활히 잘 진행하고 핵 검증에 적극적으로 협조할 때 미국이 다른 국가들을 설득시켜 개발차관을 가능하게 할 것이다. 이 외 미국의 추가 대북 경제제재 완화조치가 뒤따를 것이다.[40] 이 조치로 북·미간 교역과 경영지식 및 기술도입이 가능해 지며, 철도, 도로, 통신망 등 사회간접시설 건설과 경제특구로 지정된 나진·선봉자유경제무역지대 및 두만강 유역개발에 해외기업의 외자유치가 촉진될 것이다.

전략적으로 평양지도부는 대규모 경제적 혜택을 얻기 위해 "한손에

---

40) 클린턴 행정부 시절 미국은 2단계 대북 경제제재 완화조치를 취한 바 있다. 그 조치에 따라 북·미간 무역·투자·금융·수송 분야에 있어 거래를 기대할 수 있게 되었다. 하지만 여전히 남아있는 규제사항에 따른 광범위한 제재조치들 때문에 북·미간 경제관계는 상당한 제약을 받고 있다.

'핵의 발톱'을 들고, 다른 한 손에는 평화를 갈구하는 자본주의 국가들에게 경제지원을 요구하는 '여우의 간교'를 사용"[41]하고 있다. 하지만 북한이 비핵화 3단계를 원활히 진행해 나갈 때, 평양의 간교가 설상 있다하더라도 외부세계의 대규모 식량·에너지·인도주의적 지원, 경제실리 제공 등 대규모 경제적 혜택이 북한에 제공될 것이다.

41) 홍성후, "마키아벨리 통치술로 본 북한의 핵개발정책분석," 188.

제6절 결론

핵무기는 선진산업국가의 자산이 되었으나, 저개발 국가들에겐 거부되어 왔다.[42] 그리고 NPT 체제는 강대국이 핵을 보유하는 대신 비핵국가들의 핵무장을 절대적으로 반대해 왔다. 이는 핵확산 방지의 논리에 의해 유지되어 왔다. 이 체제는 검증되지 않는 새로운 전략에 처해 있으며, 따라서 대안을 마련해야 하는 시점에 놓여 있다.[43] 그 대안에 비핵국가들이 조금이라도 긍정적으로 평가할 때 핵확산의 가능성은 그만큼 줄어들 것이다.

북한이 핵 억제력을 확실히 보유하려 할 경우, 미국은 북한이 얻고자 하는 목적에 다가가는 것에 호응하지 않을 것이다. 분명히 목적은 수단보다 고정되고 안정되어 있다. 그래서 목적 위계를 따르다보면 불안정하고 변화가 심한 수단 위계를 비하하거나 무시할 수 있다.[44] 이에 기반 해 북한은 목적을 향해 수단을 사용해 왔는데, 그 수단은 전략적 목표와 전략적 변화에 따라 움직여 왔다. 그렇기 때문에 수단은 목적을 성취하기 위한 도구로 사용되면서 때때로 비하되거나 무시되어 왔다.

북한은 위기 순간 마다 그 상황을 돌파하면서 대가와 보상을 챙겨 왔다. 평양정책결정자들은 고비마다 핵카드를 적절히 사용해, 북한이 처한 경제난의 고통을 조금씩 벗어날 수 있었다. 의심할 여지없이 국제사회로부터 대북 식량·에너지 지원은 아사 상태에 직면한 북한주민의 배를 조금이나마 채우고 밑바닥 생활고를 부분적이나마 벗어날 수 있게

42) J. David Singer, "Nuclear Proliferation and the Geocultural Divide: The March of Folly," *International Studies Review* 9(4) (Winter 2007), 665.

43) Jeffrey G. Lewis, "The Global Problem of Non-Proliferation Including Ending North Korean Proliferation" (paper presented at a forum organized by the Peace Foundation, August 26, 2008).

44) Friedrich August Hayek, "*The Fatal Conceit: The Errors of Socialism*," in The Collected Works of Friedrich August Hayek, vol. I , ed. W. W. Bartley III (London: Routledge, 1988), 96.

하였다. 이는 사회주의 배급제가 유명무실해 진 상태에서 외부의 대규모 지원에 의한 것이다.

북한주민이 외부의 도움에 의해 이럭저럭 살고 있다는 그 자체가 북한정권의 무능함을 보여준다. 정부와 정치지도자의 가장 기본적이고 긴급한 목표는 국민의 생존문제 해결이다. 보편적으로 인간은 동기적 차원에서 기본 필요(basic needs) 또는 가장 긴급한 목표들(urgent goals)을 먼저 얻으려 하고 이것이 성취되면 한 단계 높은 단위의 필요욕구 또는 덜 급한 목표들(less urgent goals)을 나중에 얻으려 한다.[45] 이러한 인간의 필요욕구 성향은 사회구성원들이 하위단계의 필요욕구에 가장 관심이 있기 때문이다.

이를 충족시키기 위해 정부는 우선적으로 가정에 있어 최소한 요구되는 개인 소비, 충분한 음식·안식처·옷 그리고 집안에 필요로 한 가구와 비품 그리고 공동체를 위해서 안전하게 마실 수 있는 물, 공중위생, 공공수송과 건강, 교육·문화적 설비 등 공동체에 의하여 제공되는 절대적 서비스[46]를 국민에게 제공해야 한다. 그리고 정부는 유용한 활용자원을 증대하고 소비재 상품들을 다량 생산하여 국민의 생활을 만족시켜야 한다. 이는 즉, 경제를 활성화해 국민들이 경제사회문화 분야에 있어 나은 삶을 살아갈 수 있는 환경을 조성해야 가능하다. 그러므로 사회구성원의 필요충족, 특히 생존문제를 해결하는 데 있어 정부의 역할은 매우 중요하다. 실제 정부와 정치제도의 목표는 인간필요를 만족시키기 위한 정치적 상품의 제공에 있다.[47] 아울러 정부(그리고 정치)의 정통성은 인간의 필요충족을 진행시키는 데에 얼마만큼의 공헌을

---

45) Abraham H. Maslow, *Motivation and Personality*, 2d ed. (New York: Harper & Row, 1970), 35-58.

46) International Labor Organization, *Employment, Growth and Basic Needs: A One-World Problem* (New York: Praeger, 1977), 32.

47) J. Roland Pennock, "Political Development, Political Systems and Political Goods," *World Politics* 18(3) (April 1966), 420.

했느냐에 달려있다.[48)]

그러나 북한정권은 핵보유에만 집중한 나머지 이러한 인간의 기본 필요욕구를 거의 충족시키지 못하고 있다. 그것은 북한이 경제난과 사회일탈 등 총체적 난국에 처해 있으며, 이러한 상황에서 정부(또는 정권)의 관심이 국민들의 생활을 철저히 외면해 왔기 때문이다. 그러면서 북한정권은 대량살상무기 확산에 주력하였고 마침내 핵실험을 하였다. 북한의 과감한 핵실험은 은밀하게 '상대의 허'를 찌르는 마키아벨리식 통치술이며, 이를 통해 김정일은 대내적인 결속 강화와 1인 지배 체제를 더욱 공고히 하였다.[49)] 하지만 핵과 마키아벨리식 통치가 북한주민의 배를 채우지 못했으며, 북한가정과 생필품을 만들 수 있는 생산공장에 전력을 공급해 주지도 못했다. 또한 북한은 그들의 전략적 목표인 미국으로부터의 체제보장, 미국과의 관계개선과 국교정상화 등을 전혀 이루지 못했다. 북한지도부는 핵 억제력을 확보했다고 자체적으로 평가한 뒤 후속 목표들을 차례로 달성하려 한다. 그러나 그들의 후속 목표 달성은 2·13 합의에서 약속한 핵 불능화가 이루어지고 핵사찰과 검증이 제대로 되어야 가능하다.

그러나 사찰과 검증 그리고 모든 핵 프로그램에 대한 포기를 확신하기 어렵다. 특히 핵 포기 과정에서 사찰의 문제는 심각하다. NPT 사찰에는 정기적 사찰을 포함해 임시 사찰이 있다. 북한이 NPT 복귀 후 모든 의심스러운 시설에 대한 검증을 모두 허용해야 국제적으로 핵투명성을 인정받게 된다. 그러나 사찰단의 모든 지역 사찰요구에 북한이 응하지 않을 경우 핵문제는 다시 벽에 부딪치게 된다.

고농축우라늄 사찰은 플루토늄 원자로에 대한 사찰보다 더욱 어렵게 하고 있다. 우라늄 농축은 200~300평 규모의 소규모 지하시설에서도

---

48) Han Shik Park, *Human Needs and Political Development: A Dissent to Utopian Solutions* (Cambridge, Mass.: Schenkman Publishing, 1984), 59-60.

49) 홍성후, "마키아벨리 통치술로 본 북한의 핵개발정책분석," 186, 188.

가능하기 때문에 이들 시설을 대상으로 사찰에 나설 경우, 북한의 실질적 협조가 없으면 많은 어려움이 예상된다. 의혹이 가는 지역 및 시설을 대상으로 사찰에 나서는 것은 바로 북한의 전 지역을 뒤지는 것이나 마찬가지이며, 그것은 군사시설 및 기밀지역에도 해당될 수 있어 북한 당국이 이를 완전하게 받아들이는 데는 어려움이 실지 있다. 이 문제를 어떻게 할 것인가가 핵사찰의 주 안건이 될 것이다.

그러므로 북한의 핵문제는 핵 불능화와 사찰 그리고 합의에 의한 보상의 이행 등에 달려 있다. 이를 이행하기 위해서는 공동성명에서 언급된 바와 같이 '공약 대 공약', '행동 대 행동'의 원칙에 입각해 추진되어야 할 것이며 상호 교감을 가지고 진행되어야 할 것이다. 또한 핵문제의 과정이 험난하고 고통이 뒤따르더라도 양보와 신뢰를 바탕으로 한 단계씩 합의이행의 길을 걷는다면 서로가 목표하는 바를 성취할 수 있을 것이다. 더불어 북한은 경제가 뒷받침되지 않는데도 불구하고 군사력을 강화할 때 몰락할 수 있다는 역사적 교훈을 인지해야 한다. 소련의 몰락은 이를 단적으로 예시하고 있다. 최악의 경제난에 직면한 북한이 소련과 같이 되지 않기 위해서라도 평양정책결정자들은 현명한 선택을 해야 한다. 그들의 전략적 목표중 하나인 핵무기를 보유하려 하면, 체제보장, 대미 관계 개선과 국교정상화, 대규모 경제적 혜택 확보 등 나머지 목표들을 달성하기가 어렵다. 차라리 핵보유를 포기하고 나머지 목표들을 달성하는 것이 국가생존과 체제유지에 도움이 될 것이다.

제3장 북한의 핵 억제론과 핵 억제력: 이론적 검토와 현실적 수용의 문제*

제1절 서론

역사는 전쟁의 흐름이었으며, 전쟁은 국가의 성공과 실패를 좌우하기도 하였다. 어느 국가를 막론하고 잠재적 침략국의 공격에 대비하기 위해서는 군사적으로 준비를 해야 한다. 그러한 준비는 군비확충으로 이어졌고, 그것은 상대국의 공격을 억제하는 데 기여해 왔다. 이는 결국 현실주의 이념과 힘의 균형 논리를 지향하게 했으며, 국가안보를 위해 군비증강 정책을 추구하는 방향으로 나아가게 하였다. 특히 핵무기의 출현과 가공할 만한 무기체계의 발전은 상대국의 군사전력에 대해 우위를 차지하고자 하는 방향으로 가게 하였다.

1945년 8월, 일본의 히로시마와 나가사키에 두 개의 핵폭탄을 투하한 미국은 그 이후 소련에 비해 우월한 재래전쟁능력과 핵능력을 가지게 되었다. 그러나 1949년 소련이 '스푸트니크'(Sputnik) 대륙간탄도미사일(ICBM) 실험을 성공하자 급격한 '공포의 균형시대'에 돌입하였다. 그 결과 미·소는 상호확증파괴(mutual assured destruction)를 확신하게 되었다. 이러한 확신은 얼마가지 않아 새로운 인식을 도출하게 하였다. 상대방에게 핵을 사용하면 아방도 상대방의 핵공격을 받아 서로 멸망할 수 있다는 인식을 가지게 된 것이다. 이는 결국 핵무기가 사용되어서는 안 될 무기로 여겨지게 되었다.

그러는 한편 가공할만한 무기가 다양하게 개발이 되고 있는 상황에

* 본 장은『평화학연구』제10권 3호 (2009), 5-22에 게재한 논문을 수정·보완한 것임.

서 국제사회는 핵무기가 군사적·외교적 수단으로서 활용될 수 있음을 인식하게 되었다. 동시에 핵무기를 가지고 있어야 상대방이 아방을 공격하지 못할 것이란 인식도 함께 자리 잡게 되었다. 이는 곧 핵무기는 핵무기로 대응해야 한다는 상호작용의 원리가 반영된 것이다. 이로써 억제란 개념이 현대 전략에 맞게 각인되기 시작하였으며 전쟁예방의 한 조치로 여겨지게 되었다.

일반적으로 핵무기가 억제전략의 필수조건은 아니다. 억제논리는 역사적으로 핵무기 개발 훨씬 이전부터 있었다. 그러나 제2차 세계대전이래 억제이론이 국제전략이론을 주도해 왔으며, 핵전략하면 억제전략으로 각인되기 시작하였다. 이는 곧 핵무기 등장으로 전통적인 힘의 균형이론 만으로는 국제정치현실을 분석하기 어렵다는 것을 의미하며, 핵무기를 토대로 한 국제정세 분석을 요구하게 되었다. 이는 억제이론과 억제전략을 발전시키는 방향으로 나아갔으며, 새로운 시각과 국제정치현실에 맞게 검토되어 지고 있다.

현대 국제정치에서 전쟁예방에 주목적을 둔 억제이론은 전쟁예방 차원에서 정당성을 부여받고 있다. 하지만 핵확산과 그로 파생되는 위협이 크다는 것을 인식해야 한다. 북한은 상호 억제와 자위를 내세우는 핵 억제론을 주장하면서 핵 억제력을 가지려 한다. 그러나 국제사회는 이를 수용하지 않으려 한다. 이론적 측면에서 일부 학자들이 억제론에 비판을 가하고 상호 억제론을 대안으로 간주하기 때문에 북한의 핵 억제론이 분명히 잘못된 것이라고는 단정 지을 수 없다. 그러면 왜 북한의 핵 억제력 보유에 대해선 국제사회가 수용할 수 없는가? 본 연구는 이러한 의문을 푸는 데 초점을 두고자 한다. 이를 위해 본 논문은 억제이론과 억제전략 그리고 북한의 핵 억제론과 핵 억제력 보유 추진 등을 검토하면서 연구초점에 대한 답을 내 놓고자 한다.

제2절 억제이론과 전략

1. 억제이론

억제이론은 냉전기 발달된 군사전략이며, 현재까지 이는 전쟁예방을 위한 이론적, 경험적 토대를 제공하면서 현대군사전략에 적용되고 있다. 현대군사전략은 군사력 사용과 함께 전쟁방지를 위한 비전쟁의 기술까지 포함한다. 후자는 주로 상대를 압도할 수 있는 군사력 보유를 통해 상대의 선제공격의지를 꺾는 심리적인 것이다. 그것이 바로 억제이다.

억제는 상대방이 공격할 경우에 그들에게 감당할 수 없을 정도로 유효한 반격이 가해질 것이란 공포심을 주어 선제공격을 할 수 없게 하는 조치이다. 따라서 아방은 잠재적 침략국에게 선제공격에 대한 징벌 및 보복가능성에 대한 군사적 보복능력을 보이면서 그들의 군사적 모험이 결국 파멸을 가져 오게 할 것이라는 인식을 확실히 심어주어야 한다.

일반적으로 행위자들은 가치(values), 이득(gain), 손실(loss), 비용(cost) 등을 고려해 행동결과에 대한 계산을 하고 그들의 판단에 따라 행동을 결정한다. 억제 역시 합리적 손익계산을 통해 이루어지며, 예정된 전쟁이 아닌 전쟁을 방지하는 데 주목표를 두고 이루어진다. 그것은 목표달성을 위해 영향력을 행사하는 것이 아닌 실질적인 효과를 거두기 위한 것이다. 그래서 억제는 무기를 실제로 사용하는 군사적 행동을 위한 것이 아니라 무기의 존재 그 자체와 위협을 활용하는 것이다. 때문에 억제를 위해선 아방이 상대방의 전쟁능력과 의도를 제대로 파악하고, 그들에게 예상된 침공의 예상손실과 위험이 예상이득보다 더 크다는 것을 상대방에게 인식시켜 상대의 군사행동을 사전에 막거나 그 가능성을 충분히 감소시켜야 한다. 그래야만 최대한의 억제효과를 거둘 수 있다.

억제효과를 위해 비밀이 유지될 필요는 없다. 오히려 어느 정도 아방의 의도와 능력을 상대방에게 보여 줄 필요가 있다. 그래야만 억제력의 효과를 향상시킬 수 있다. 그러나 한 쪽의 군사적 위약함이 알려진다면 오히려 전쟁을 촉진할 수 있다.[1] 따라서 상대의 위협가능성에 대비할 수 있을 충분한 군사적 능력이나 그 이상의 능력을 가지고 있음을 상대방에게 보여주는 것이 억제를 위해서 필요하다.

따라서 억제는 잠재적 침략국 공격의지를 좌절시킬 수 있는 능력을 가지고 있어야 한다. 동시에 적의 군사적 능력과 의도를 정확히 파악하고 대처능력이 높아야 억제의 효과를 거둘 수 있다. 억제는 한 쪽의 전유물이 아닌 상대성이다. 아방이 상대방의 능력과 의지를 파악하고 잠재적 군사적 침공에 대비한다면 역으로 상대방도 아방과 같은 대비책을 마련할 것이다. 이러한 맥락에서 억제는 '상호 억제'(mutual deterrence)라 볼 수 있다. 상호 억제는 '안정된 억제'(stable deterrence), '균형 잡인 억제'(stable arms balance) 등으로 다양하게 표현되면서 억제에 대한 개념의 폭을 넓혀 왔다.

그러나 상호 억제의 논리는 미국의 핵무장 이후 다른 국가의 핵무장을 이끌어왔다. 1945년 이후 미국의 핵정책은 지리·문화적으로 다른 나라들에게 위험한 상태를 가져왔다.[2] 이는 결국 다른 국가들의 핵개발을 촉발시켰다. 예를 들어 미국이 1945년 8월 일본의 히로시마와 나가사키에 핵폭탄을 투하한 이후 소련이 1949년에 핵을 가지게 되었고, 그 후 영국(1952), 프랑스(1960), 중국(1964)이 차례차례로 핵무기를 보유하게 되었다. 이 국가들이 공식 핵 그룹이며, 「핵확산금지조약」(Non-proliferation Treaty: NPT) 체계를 이끌고 있다. 특히 중국은 미국과 소련의 핵공격에 대비해 핵무기를 개발했다. 이러한 작용

1) Bruce M. Russett, "Cause, Surprise and No Escape," Journal of Politics 24(1) (February 1962), 16.

2) J. David Singer, "Nuclear Proliferation and the Geocultural Divide: The March of Folly," International Studies Review 9(4) (Winter 2007), 671.

(action)-반작용(reaction)은 적대국간 서로의 억제력이 크면 클수록 안정이 더 보장되어질 수 있다는 확신을 심어 주게 하였다.[3] 그러면서 핵의 위협을 받는 나라는 힘에는 힘으로 맞설 수밖에 없다는 논리가 자리 잡기 시작하였다.

2. 억제전략

지나친 핵확산은 억제의 범위를 넘어 공포의 환경을 조성할 수 있다. 그 결과 핵을 기반으로 한 공포의 균형이 형성되었다. 이러한 균형을 선호하면서 이것이 전쟁예방에 기여할 수 있다는 억제논리가 대두되기도 하였다. 또한 상대방에 대한 아방의 보복조치 능력 보유를 통해 억제논리가 발전하기도 하였다. 그러나 분명히 이러한 공포의 균형이 안정된 체제로서 핵의 파괴력을 봉쇄하고 장기적 평화를 보장할 수 있을 것이라는 막연한 기대는 위험한 사고이다.[4] 때문에 억제전략은 국제정세와 안보환경에 따라 다양성을 보이기 시작하였다. 그 억제전략은 아래와 같이 묘사된다.

첫째, '한정억제전략'(fimite deterrence strategy) 또는 '최소한 억제전략'(minimum deterrence strategy)이다. 이 전략은 최소한 대도시 핵 보복 능력을 보유함으로써 선제공격을 받을 시 대등한 반격을 가질 수 있는 한정된 능력을 의미한다. 이 전략은 제1차 공격능력을 가질 경우, 적을 너무 불안하게 해 선제공격을 할 가능성이 있고, 핵 경쟁을 가속시킬 것이라 보면서 핵 균형이 핵 불균형보다 더 낫다는 입장을 견지하고 있다.

둘째, '최대한 억제전략'(maximum deterrence strategy) 또는 '무한 억제전략'(infinite deterrent strategy)이다. 이는 아방이 공격을

3) Robert D. Cantor, Contemporary International Politics (St. Paul, MN: West Publishing Company, 1986), 212.

4) 구영록, 『인간과 전쟁』 (서울: 법문사, 1988), 241.

받은 피해(또는 손실)보다 상대국에 더 큰 피해를 줄 수 있는 능력을 가짐으로써 상대국의 선제공격을 사전에 좌절케 하는 전략이다. 이는 제2차 공격능력이 상대국보다 훨씬 월등해야 가능하다. 그렇기 때문에 이 전략은 핵 불균형을 지향한다.

셋째, '충분성의 전략'(sufficiency strategy)이다. 이는 상대 적국의 도시에 대해 위협적인 피해를 줄 수 있는 충분한 핵 보복 능력을 보유하는 것으로 그 이상의 핵능력은 필요하지 않다는 전략이다. 따라서 이 전략은 핵 균형을 선호하는 한정억제전략과 핵 불균형을 지향하는 최대한 억제전략과는 다른 차원의 접근이다.

상기 억제전략들은 방법론적 차이는 있다. 그러나 핵무기를 보유함으로써 핵전쟁을 사전에 예방한다는 점에서 공통성을 찾을 수 있다. 그리고 이 전략들은 핵보유 국가 간 전쟁 시 누가 선제 핵공격을 하던지 서로 멸망한다는 것을 알고 있어 이들 국가들은 핵전쟁을 피해 나갈 것이라 본다. 이는 또한 '상호 억제력'(mutual deterrence)과 '방어적 현실주의'(defensive realism)[5]의 논리적 토대를 담고 있다. 이러한 주의는 냉전체제하에서 더욱 빛을 발했었다. 냉전체제하에서 제로섬 게임의 원칙아래 무한 억제전략과 군사적 요소를 강조했다. 그러나 미·소 핵강대국의 제2차 공격 능력 보유로 상대방을 "참을 수 없을 정도"로 파괴시킬 수 있다는 인식을 서로 가지게 되었다. 이는 곧 아방도 참을 수 없을 정도로 파괴당할 수 있다는 것을 의미한다. 이에 따라 핵무기란 전쟁의 목적을 달성키 위한 수단이나 군사적 무기로서 사실상 효용성을 상실하면서 전쟁예방의 수단으로 인식되기 시작하였다.

최근엔 핵 우위력 보다는 핵 균형에 바탕을 둔 한정억제전략의 논리 아래 미국과 러시아는 상호 파괴의 가능성을 피하고 전략적 안정을 촉진시키기 위해 핵 경쟁을 제한하고 있다. 그러면서 이들 국가는 핵확산 방지

---

5) Kenneth N. Waltz, "Nuclear Myths and Political Reality," *American Political Science Review* 84 (1990), 740-741.

를 위해 노력하고 핵감축에 나서고 있다. 이러한 노력은 미·러 정상회담(2009. 7. 6)을 통해 양국이 향후 7년 내에 각각 핵탄두 수를 1500~1675개로 감축하기로 합의한 데서 잘 나타난다.[6] 이러한 노력과 달리 일부 핵보유 국가들은 핵무기의 질적 개선과 양적 증대를 추구하고 있으며, 일부 비핵국가들은 핵을 보유하려는 움직임을 보이고 있다.

3. 억제론에 대한 논쟁과 접근

어떠한 억제전략이든 핵보유를 전제로 한다. 현대 전략에서 핵무기는 "국가들의 군사전략 자체의 변경을 가져올 만큼의 힘을 가지고 있으며 외교적 수단으로서 활용되고 있다."[7] 그러나 현대전쟁에서 핵무기가 사용된다면 국제관계에서 핵의 역할은 사실상 없어지는 것이나 다름없다. 그 결과는 생존자가 죽은 자를 부러워해야 할 만큼 처참함을 겪을 것이다. 그러므로 억제는 "생각할 수 없는 것에 대해 생각하는"(think about the unthinkable) 현대국가들의 전략인 것이다.

핵확산을 우려하는 학자와 전문가들은 핵을 보유하는 국가들이 증가하면 할수록 그만큼 전쟁 위험률이 높아진다는 주장을 하고 있다. 그들은 핵보유국이 많을 경우, 기술적 사고나 허가받지 핵무기의 사용, 전략적 계산착오 등의 통계적 가능성이 보다 클 것이며, 또한 제한전쟁으로부터 전면전쟁으로의 확전이 통제되지 못할 가능성도 클 것이기[8] 때

---

6) 미국과 러시아는 1991년 「전략무기감축협정」(START-Ⅰ)에 따라 각각 보유했던 1만 여 개의 핵무기를 5,000여 개로 줄였다. 1993년 체결한 'START-II'는 미국 의회의 비준 거부를 효력이 발생하지 않았다. 그 이후 미·러의 핵감축 노력이 계속되었으며, 이번 합의를 통해 그 결실을 기대할 수 있게 되었다. 이 역시 양국 의회가 비준을 해야 효력을 발휘하게 된다.

7) 길병옥, "북한의 핵보유국 지위 획득전략과 한국의 정책대응방안," 『한국동북아논총』 제12권 4호 (2007), 9.

8) William C. Davidon et al., The Nth Country Problem and Arms Control (Washington: National Planning Association, 1960); Robert W. Tucker, Stability and the Nth Country Problem (Washington: Institute for Defense Analyses, 1961); Arnold Kramish, The Peaceful Atom in Foreign Policy (New York: Harper and Row, 1964).

문에 핵무기 보유국이 증대되어서는 안 된다는 점을 강조하고 있다.

이와 달리 일부 학자들은 다른 의견을 제시하고 있다. 그들은 핵무기가 선진산업국가의 자산이 되었으나, 저개발 국가들에겐 거부되어[9] 왔음을 직시하고 있으며, 핵을 갖지 못한 국가들은 핵을 가진 국가들에게 계속해서 의존해야 하는 문제를 지적하고 있다. 그리고 외교적 고립, 지역적 핵확산, 핵 보호국의 부재, 민주 강대국과의 갈등 등 현실정치 요소들에 직면한 국가들은 핵무기 보유를 지향하고자 한다.[10] 이 역시 비핵국가가 지역 안보환경에 대처하기 위해 핵 억제력을 가지고자 하는 것이다. 또한 그들은 핵무기의 보유로 인해 호전적인 국가는 보다 조심스러움을 강요당할 것이며, 따라서 핵보유국이 적을 때보다 핵보유국이 많을수록 이 세계는 더욱 안정될 수 있다고 본다.[11]

상호 억제력을 주장한 왈츠(Kenneth N. Waltz)와 리커(William Riker)의 논리는 비핵국가들의 핵무기 보유를 수용하고 있다. 핵무기를 가진 국가들 간의 전쟁 가능성은 없으며, 그리고 핵무기를 보유한 국가는 확고한 안보를 구축할 수 있다[12]고 강조한 왈츠의 논리는 비핵국가들의 핵무기 보유 의지를 부추기고 있다. 상호 억제론자들의 이론적 기여는 냉전 시기 핵강국인 미국과 소련의 핵전쟁 예방에 기여한 점이 있다. 그러나 비핵국가들의 핵보유 의욕을 고양시키기도 하였다.

이러한 주장들과는 별도로 공식 핵 그룹은 핵확산과 그로 파상되는 우려 등으로 비핵국가들의 핵보유를 절대적으로 반대하고 있다. 그럼에도 수많은 비핵국가들은 공식 핵 그룹의 주장에 절대적 지지를 보내고 있으며, NPT 체제가 유지되기를 바라고 있다. 그래서 한국, 대만,

---

9) Singer, "Nuclear Proliferation and the Geocultural Divide," 665.

10) Dong-Jonn Jo and Erik Gartzke, "Determinants of Nuclear Weapons Proliferation," Journal of Conflict Resolution 51 (2007), 167-194.

11) See Pierre Gallois, The Balance of Terror: Strategy for the Nuclear Age, Richard Howard, trans. (Boston: Houghton Mifflin Company, 1961).

12) Waltz, "Nuclear Myths and Political Reality," 740-741.

브라질, 아르헨티나, 리비아, 남아프리카공화국 등은 자발적으로 핵무기를 포기하였다. 특히 인접국인 브라질과 아르헨티나는 핵 억제력을 정당화할 만큼 확실한 안보위협을 가지고 있지는 않았지만 서로가 과잉민족주의, 야심찬 군사체제, 그리고 서로에 대한 불신을 증가시킴으로써 핵경쟁의 자극을 받아 왔다.[13] 그러나 상호간의 의혹과 국내정치적 압력이 감소하자 이들 국가들은 핵무기를 포기하였다. 이 사례는 인접국인 인도-파키스탄의 핵경쟁의 결과와는 상반된 결과를 창출한 것이며, 라틴아메리카에서의 '비핵지대'(Nuclear Weapon-Free Zone) 창설 가능성을 비추고 있다.

주목해야 될 사항은 이들 국가들은 무기급 플루토늄과 우라늄을 추출해 핵무기를 만들 수 있는 능력을 가지고 있음에도 불구하고 핵을 포기한 점이다. 이들 국가 외 이란과 일본이 그러한 능력을 가지고 있으며, 이 외 핵개발을 위한 과학적, 기술적 수단을 가진 국가가 30여 개국에 달한다. 이러한 현황은 NPT가 유효하게 가동이 되지 않을 경우 - 예를 들어 외교적 수단이나 군비통제나 강제사찰이 핵확산을 제한하는 기능을 제대로 하지 못할 때 - 상기 국가들이 핵보유 의지를 가지고 핵개발에 나선다면 핵무장이 가능하다는 것을 의미한다. 이것이 현실화될 때 핵확산과 핵 경쟁을 초래하게 할 수 있다.

이와 달리 핵을 보유하지 않고 있는 국가 중 일부 국가들은 핵을 가져야 억제력을 가질 수 있다고 본다. 적대국가로부터 핵위협을 받고 있다는 인식을 가진 국가가 상대국에 대응하기 위해 핵으로 맞서려는 것은 작용과 반작용의 논리에서 정당화될 수 있다. 제2차 세계대전이후 치러진 현대전쟁의 전례에서, 소련의 체코슬로바키아(1968), 아프가니스탄(1979) 침공과 미국의 그레나다(1983), 파나마(1989), 베트남

13) Paul Doty and Steven Flank, "새로운 핵무기보유국들에 대한 군비통제," New Nuclear Nations: Consequences for U.S. Policy, Robert D. Blackwill and Albert Cabersake 편, 김일수·이정우 옮김 (서울: 한울, 1997), 81.

(1965-73), 이라크(1991 & 2003), 유고(1999), 아프가니스탄(2001) 침공 등은 엄청난 핵과 가공할만한 무기체계를 가진 강력한 군사대국이 상대적으로 군사역량이 훨씬 약하고 핵을 가지고 않은 국가를 대상으로 한 공격이다. 만약에 공격을 받은 국가들이 핵무기를 가지고 있었더라면 침략국이 그들의 잣대에 따라 함부로 침공하기가 결코 쉽지 않았을 것이다. 그렇게 때문에 특히 갈등관계나 적대관계에 놓여 있는 경우, 상대가 핵을 보유하고 있을 때 다른 상대국은 핵 억제력 보유를 통해 상대의 잠재적 공격을 좌절시키고자 하는 노력을 기울일 것이다. 이러한 사고가 단순한 핵 억제력 개념 차원에서는 정당화될 수 있다. 그러나 이는 억제이론이 가지고 있는 한계와 문제점 등을 고려할 때 전제정권이 지배하는 국가나 불량국가의 핵보유는 억제 차원을 넘어 심각한 안보문제를 야기할 수 있다. 대표적으로 북한의 경우를 예로 들 수 있는 데, 이는 다음의 장에서 세부적으로 검토하고자 한다.

제3절 북한의 핵 억제론과 핵 억제력

1. 북한의 주장과 이론적 검토

북한의 핵 억제론은 이론적 차원에서 근거가 있다. 억제 차원에서 잠재적 침략국의 선제공격에 대비하기 위해서는 군사적 대비가 필요하다. 효율적인 억제를 위해선 상대방의 공격 시 그들에게 감당할 수 없을 정도로 강력한 반격이 취해 질 것이란 공포심을 주어 그들의 공격을 사전에 저지시켜야 한다. 여기서 북한의 상대는 미국이다. 6·25전쟁에서 미국과 북한은 서로 적국으로 전쟁을 하였고, 정전협정 이후 계속해서 양국은 적대관계를 유지하고 있다. 과거부터 지금까지 북한은 적국인 미국을 대상으로 군사적 대비를 해 왔으며, 1990년대 초반부터 핵이란 군사적 수단을 가지고 강도 높은 대비를 해 왔다. 그렇다고 북한이 미국에 맞먹는 또는 그 이상의 핵능력을 가지고 대응하겠다는 것이 아니다. 북한은 최소한의 핵전력을 가지더라도 한반도에 주둔하고 있는 미군과 그 가족들을 대상으로 한 충분한 공격능력 보유를 통해 미군의 공격을 저지하겠다는 것이다. 요컨대, 핵을 가짐으로서 핵 국가로서의 위치를 차지하고, 있을 수도 있는 미군의 선제공격을 미리 차단하고자 하는 데 있다. 따라서 북한의 전략은 '최대한 억제전략'이 아닌 '최소한 억제전략' 차원에서 설명될 수 있다.

그 무엇보다 북한은 안보불안감 해소를 위해 핵무기를 보유하고자 한다. 군사적으로 북한은 주적인 미국을 대상으로 자국이 받고 있는 안보 불안감을 제거하고자 한다. 사회주의권 몰락이후 세계는 안보 개념 차원에서 적절히 통합되지[14] 않았으며, 이념적으로 상이한 군사대국과 대립하고 있는 국가는 더욱 더 안보 불안을 느끼게 되었다. 북한은 사

---

14) Barry Buzan and Ole Waever, *Regions and Powers* (New York: Cambridge University Press, 2003), 43.

회주의권 국가들의 종말을 지켜보면서 그들 체제에 대한 불안을 현실적으로 직감하게 되었으며, 체제존속을 위한 수단으로서 핵무기를 대안으로 생각하게 되었다. 러시아의 군사원조조약이 끝나고 중국의 군사적 지원 의지가 약화되자 북한의 안보 불안은 가중되기 시작하였으며, 그들이 더 이상 북한을 군사적으로 뒷받침해 주는 역할을 하지 못할 것으로 판단하게 되었다. 그래서 북한당국은 모종의 무기를 자체적으로 보유하는 것 이외에 대안이 없다는 생각을 가지게 되었다.[15] 그 무기는 바로 핵무기를 의미한다. 1990년 한·소 수교는 북한의 핵보유 의욕을 더욱 자극시켰으며, 북한지도부는 대량살상위력을 지닌 무기를 개발하지 않겠다는 의무조항에서 풀려나는 것으로 간주하면서,[16] 핵개발을 본격화하기 시작하였다. 정리하자면, 러시아와 중국의 대북 공세적 지원정책이 방어적 지원정책으로 전환하자 북한이 군사적 불안감을 가지게 되었으며 이를 극복하기 위한 새로운 정책으로 핵카드를 모색하게 된 것이다.

뿐만 아니라 미군의 가공할만한 무기체계와 군사적 능력은 북한의 안보 불안을 더욱 가중시켜 왔다. 북한당국은 미 국방부의 OPLAN(Operation Plan, 작전계획)과 CONPLAN(Operations Plan in Concept Form Plan, 개념만 잡혀 있는 작전계획)의 군사계획이 자국을 겨냥하고 있다고 본다. 이 중 대규모 군사력에 의해 북한정권을 교체하는 계획으로 알려진 OPLAN 5030과 선제공격과 전술핵무기 사용을 허용하고 있는 CONPLAN 8022에 대해 북한정권은 민감한 반응을 보이고 있다.[17] 이러한 군사계획에 의해 미군이 땅속을 뚫고 들어가 폭발할 수 있는 Deep Digger 신형폭탄,

15) Michael J. Mazarr, North Korea and the Bomb (New York: St. Martin's Press, 1995), 62.

16) Alexander Platkovskiy, "Nuclear Blackmail and North Korea's Search for a Place in the Sun," in *The North Korean Nuclear Program*, eds. James Clay Moltz and Alexandre Y. Mansourov (New York: Routledge, 1999), 96-97.

17) 이헌경, "북한의 핵무장 목적과 대미 전략적 목표," 『세계지역연구논총』 제26집 2호 (2008a), 137; 이헌경, "북핵문제 해결을 위한 동북아시아 국가 간 협력," 『한국동북아논총』 제13권 3호 (2008b), 31.

공대지 미사일의 개량종인 AGM-86D 등을 통해 북한의 땅속 군사시설을 공격하고, 괌에 배치된 B-1, B-2, B-52, F-15E, F-117 스텔스 전투기, 크루즈 미사일을 동원해 공격할 시 북한의 전력이 마비될 수 있음을 염려하고 있다.[18] 이 외 미누테만(Minuteman) 또는 트리덴트(Trident) 장거리 탄도미사일의 공격을 우려하고 있다.[19]

이 외 북한당국은 여전히 미국이 약 1,720여 개의 전술핵무기를 남한에 실전배치하고 있으며,[20] '핵태세 검토'(Nuclear Posture Review: NPR)에서 나타나듯 미국이 전술 핵무기로 자국을 대상으로 공격할 수 있다고 본다. 더구나 태평양을 순회하는 미 핵잠수함을 이용해 북한을 향해 핵무기를 발사할 수 있다는 데 대한 우려도 있다. 이는 한반도 지상에서는 핵무기가 철수되었을지라도 한반도 주변 해역에는 여전히 핵무기가 배치되어[21] 있기 때문이다.

평양지도부는 미국이 언제든지 결정만 하면 그들의 군사전략과 파괴력 있는 무기체계로 북한을 공격할 수 있다고 본다. 그러한 생각은 미국의 대이라크 공격이후 더욱 확고화 되기 시작하였다. 그들은 유엔사찰팀이 이라크 내 대량살상무기관련 사찰을 상당 차례 실시했으나, 위배사실을 발견하지 않았는데도 불구하고, 미국은 유엔의 승인 없이 주도적으로 이라크를 선제공격[22] 한 선례를 잘 기억하고 있다.

이러한 염려로 북한당국은 핵무기가 미국의 선제공격을 막는 유효한 군사적 수단이라 판단하고 있다. 그들은 전쟁예방과 민족을 지키는 무기는 오직 강력한 군사적 억제력임을 역설하면서 그들의 주권과 안전보호 차원에서 핵무기 보유를 정당화하려 한다. 북한은 핵무기 보유가

---

18) 이헌경, "북한의 핵무장 목적과 대미 전략적 목표," 137.

19) William J. Perry et al., "U.S. Nuclear Weapons Policy," Independent Task Force Report (62) (2009), 59.

20) "북 남한에 핵무기 1천720개 배치," 『중앙일보』, 2005. 7. 15.

21) 이재봉, 『두 눈으로 보는 북한』 (서울: 남북평화재단, 2008), 396.

22) 이헌경, "미국의 대외 정책과 국제사회의 대응," 『한국동북아논총』 제10권 1호 (2005), 211.

국제법상으로 합법적이며, 자위권의 원칙에 부합되며, 자주적 국방력 강화 차원에서도 당연하다는 입장을 보이고 있다. 그러면서 북한은 핵무장이 국제적 위상을 고양하고 외부로부터 오는 위협을 억제할 수 있다면서 "자위를 위해 핵억제력을 더욱 강화해 나갈 것"[23] 임을 분명히 하고 있다. 국가의 생존을 신(神)의 섭리나 하늘의 운(運)에 기대하는 것이 아니라 자주적으로 지상의 현실적 조건들에서 찾아야 한다[24]는 시각에 따라 자위와 안전을 위해 핵무기를 보유하려는 것이다.

2. 현실적 수용의 문제

북한의 입장에서 볼 때, 북한의 핵 억제론과 핵 억제력 보유는 정당성을 가질 수 있다. 이론적으로도 이를 배척하기는 어렵다. 실제로 평양지도부는 미군의 공격 가능성이 있다고 보고 미군의 가공할 만한 무기체계에 상당한 두려움을 가지고 있기 때문에 이를 대비하려는 것은 억제 차원에서 받아들일 수 있다.

그렇다면 북한의 우려대로 미군의 대북 선제공격 가능성은 있는 것인가? 이에 대해선 "없다"고 자신 있게 말하기는 어렵다. 제1차 핵문제가 속수무책의 상황에 직면했을 무렵인 1994년, 클린턴 행정부는 영변 핵시설 공격을 계획하였다. 이러한 군사계획은 미국과 북한이 한 걸음씩 물러나 제네바합의를 도출함으로써 실행되지 않았다. 굳이 미군의 이라크 공격을 선례로 들지 않더라도 미국의 침공 의도를 짐작할 수 있다. 그러나 그 당시는 북한의 핵문제를 가지고 미국과 북한이 직접 정면으로 대립한 것이었기 때문에 미군의 군사계획이 있을 수 있는 것이었다.

그렇지만 지금은 그렇지 않다. 제2차 핵문제가 불거진 이후 핵문제

---

23) "천만번 정당한 자주권 행사," 『노동신문』, 2009. 4. 29.

24) 홍성후, "마키아벨리 통치술로 본 북한의 핵개발정책분석," 『한국동북아논총』 제13권 1호 (2008), 183.

는 6자회담의 틀 속에서 진행되고 있으며, 다자가 개입하고 있다. 그렇기 때문에 미국이 독자적으로 행동하기가 어렵다. 군사적 행동은 더욱 어렵다. 대북 공격에 대한 한국의 반대는 특히 강도가 높고, 중국, 러시아, 일본도 반대하는 입장이다. 그러나 미국이 절대로 묵과할 수 없는 행동을 취하거나 한계선(red line)을 넘을 때 미군의 대북 선제공격은 있을 수 있다. 이는 북한이 보유하고 있는 핵물질을 테러조직에 밀매하는 등 생각조차 하기 힘들 정도의 행동을 취할 경우에 해당될 것이다.

북한이 만약에 발생할 수 있는 군사적 충돌에 대비해 억제력을 강화한다 하더라도 미군의 가공할만한 무기체계에 맞대응할 수 있는 군사력을 가지기는 어렵다. 미군이 북한에 1차 공격을 가하더라도 미군에 공포를 가져다 줄 정도의 2차 공격력을 가지고 있지 않기 때문이다. 그러나 미군이 북한을 공격할 때 북한의 군사적 맞대응은 엄청난 인명 살상과 국토 파괴의 결과를 낳을 것이다. 그렇기 때문에 북한의 억제론은 2차 공격력을 통해 상대를 진압하는 것이 아닌 자멸식 맞대응을 통해 상대에게도 엄청난 피해를 주겠다는 것이다. 이는 '공격적 현실주의'(offensive realism)[25] 논리를 가지고 '능력의 비대칭성'이 아닌 '의지의 비대칭성'[26]을 통해 대응하겠다는 전략을 포함하고 있는 것이다. 이러한 접근은 이론적 차원에서 억제론을 뒷받침하지 않지만 상대의 선제공격을 막는 효과를 줄 수 있다. 이 점에 있어 억제의 효과를 가질 수 있다.

북한은 미군의 선제공격을 막는 수단으로 재래식 군사력만으로는 한계가 있다고 본다. 그래서 핵무기를 대안으로 삼고 있다. 북한은 핵무기가 그들의 낡고 정체된 재래식 군사력을 대체할 수 있다고 본다. 그런데다 북한은 핵이 최소한 억제전략 효과를 가져다 줄 수 있다고 본

25) 공격적 현실주의에 바탕을 둔 공격적 합리성은 북한의 핵능력이 시간에 비례하여 증가될 것으로 본다. 박상현, "북한 대외정책의 합리성에 관한 고찰: 약소국의 전략적 상호작용과 인지심리학적 함의를 중심으로," 『통일정책연구』 제18권 1호 (2009), 42.

26) 박상현, "북한 대외정책의 합리성에 관한 고찰," 40, 42.

다. 핵무기가 미국 본토의 주요 도시를 겨냥할 필요는 없고 한국과 일본의 주요 도시를 타격할 수 있으면 충분한 억제 효과를 거둘 수 있기 때문이다. 그 도시엔 주한미군과 주일미군이 주둔하는 지역이 될 수 있고, 한국의 서울과 일본의 동경 등이 대상이 될 수 있다. 주한미군과 주일미군을 겨냥할 경우 군인과 그들의 가족까지 포함되며 서울과 동경을 타격할 경우 생각할 수 없을 정도로 큰 타격을 줄 수 있다. 이는 추정을 넘어 실제로 그렇게 될 수 있다. 그렇기 때문에 상대가 함부로 공격하기 어려운, 즉 억제효과를 거둘 수 있다.

그러나 현실적으로 북한의 핵 억제론과 핵 억제력 보유를 수용하기는 어렵다. 북한의 논리를 받아들인다면 이스라엘의 핵에 대비한 아랍권 국가들의 핵무장 논리를 거부하기 어렵다. 이스라엘의 핵무기 프로그램은 아랍의 공격으로 인해 자신들이 바다로 처박혀 질 수 있다는 위협을 대처하기 위한 것이며, 특히 아랍의 화학무기 및 생화학무기에 의한 공격을 억제하기 위한 것으로 보인다.[27] 그러나 이스라엘의 핵무장이 아랍권 국가들의 핵무기 보유를 지향하게 할 수 있다. 이라크와 리비아의 핵개발 프로그램은 중단되었지만, 이란은 핵개발에 강한 집착을 가지고 있다. 이 외 이집트, 알제리, 시리아도 핵무기 보유에 대한 미련을 버리지 못하고 있다. 북한이 핵무기를 확산해 나가고 주변국들을 사정거리 안에 둔다면 일본, 한국, 대만도 핵무장을 추진해 나가려 할 것이다. 동시에 핵확산도 우려해야 한다. 인도와 중국 그리고 파키스탄과 인도는 서로 잠재적 핵공격에 대비하기 위해 각각 핵무기를 확산해 나갈 수 있다. 이는 아시아 지역의 핵확산을 촉진하면서 세계의 안보를 위태롭게 할 수 있다.

이러한 핵확산을 막기 위해선 NPT 체제가 반드시 유지되어야 한다. NPT 체제는 이를 주도하는 국가가 외교적 주도권을 가지고 있어야 하

---

27) Doty and Flank, "새로운 핵무기보유국들에 대한 군비통제," 83

며, 유효한 강제사찰 기능을 가지고 있어야 한다. 일부 비핵국가들이 NPT 체제에 불만을 가지고 있지만 이를 유지하지 않으면 세계는 핵의 공포 아래 놓일 것이다. 만약에 NPT 그 자체가 약화되면, 동북아시아 지역의 핵도미노 현상은 잇따라 일어날 것이며,[28] 다른 지역에도 그러한 현상을 초래할 것이다. 한 국가의 핵보유는 작용-반작용의 원리에 따라 상대 국가의 핵보유를 촉발시킬 것이며, 이러한 상황의 연속은 결국 핵 위험을 가중시키게 한다. 이러한 현상은 북한의 핵무장으로 시발되는 것이며, 매우 불안전한 안보환경을 조성하게 할 것이다. 이는 핵보유국이 많을수록 세계가 더욱 안정될 것이라 보는 이론적 접근에 정면으로 반박하는 것이다.

동시에 우려할 사항은 불량국가(rogue state)의 핵보유이다. 불량국가들의 행위는 예측 불가능 할 뿐만 아니라 억제에 의해 행동을 제어할 수 없으며,[29] 이들은 대량살상무기 소유를 추구하고 국제테러리즘 지원에 나서고 있다. 그렇기 때문에 이들의 핵무기 보유는 핵공포를 더욱 고양시킬 것이다. 내부 단합을 위해 그리고 군사적 수단을 통해 외부로부터 보상을 얻고자 하는 전제 정권이 있으면 핵에 의한 위협을 일삼을 것이다. 그렇게 해 온 국가이자 앞으로도 그렇게 할 국가가 바로 북한이다. 그렇다고 불량국가가 아닌 국가들의 핵보유가 괜찮다는 것을 의미하지는 않는다.

부시 행정부에 의해 악의 축이자 불량국가로 낙인 찍혔던 북한은 핵무기를 억제용 보다는 흥정과 보상의 수단으로 사용해 왔다. 6자회담 공동성명 채택 이후 북핵문제는 '핵 포기-보상'이라는 합의하에 진행되어 왔지만 순조롭지 못했던 합의 이행과정과 미국의 압박에 직면했을

28) Hun Kyung Lee, "Corresponding Steps and Further Approaches for North Korean Nuclear Solution through Application of Game Theory, Bargaining Theory, and Prospect Theory," The Journal of Peace Studies 9(4) (2008), 83.

29) Barry Rubin, "US Foreign Policy and Rogue States," Middle East Review of International Affairs 3(3) (1999), 72-77.

때마다 북한은 플루토늄 프로그램, 농축우라늄 프로그램, 폐연료봉 재처리, 핵실험 등 핵과 관련된 일련의 위기고조 행위를 상황에 따라 취해 왔으며, 이를 통해 미국에 흥정을 유도하고 경제적 보상을 추구하는 방향으로 나아갔다. 이러한 행동들은 분명히 미국으로부터의 잠재적 침략을 예방하기 위한 것이 아니라 핵개발과 확산 과정을 통해 상대를 위협하고 바라는 것을 얻고자 하는 것이었다. 이는 즉, 북한이 핵 억제력 보유란 논리를 내세우면서 상대방을 오히려 위협하고 이를 통해 이익을 추구하는 이중적 행위를 일삼은 것으로 볼 수 있다.

북한의 핵 억제력 보유는 북한의 경제력을 고려할 시 있을 수 없는 것이다. 북한은 장기간 식량난·에너지난·외화난 등 경제난에 직면해 왔다. 1990년대 중반에 굶어죽는 사람이 200만 이상일 정도로 극심한 식량난에 직면했으며, 식량난은 지금까지 계속되고 있다. 예나 지금이나 다름없이 북한의 경제는 어려우며 앞으로도 그러한 어려움이 계속될 가능성이 크다. 그런데도 북한은 핵 억제력 보유란 명분을 내세우면서 두 차례에 걸친 핵실험[30]을 감행하였다. 핵실험 한 번에 들어가는 비용은 3~4억 달러 정도이다.[31] 그 돈이면 북한의 식량난을 1년 동안 해결해 주고도 충분히 남는다.

그럼에도 북한당국은 식량보다 핵무기를 선택하였다. 보편적으로 인간은 동기적 차원에서 기본 필요(basic needs) 또는 가장 긴급한 목표들

---

30) 핵 울타리(nuclear hedging)로도 충분히 핵무기 잠재보유국이 될 수 있음에도 불구하고 핵실험을 감행한 것은 많은 위험을 감당하면서 보다 강력한 핵보유 후보국이 되겠다는 의미다. Barry O'Neil, Nuclear Weapons and National Prestige (New Haven, Cowles Foundation for Research in Economics, Yale University, 2006). 박상현, "북한 대외정책의 합리성에 관한 고찰," 44, 각주 27에서 재인용.

31) 북한은 2009년 단·중·장거리 미사일 18발을 쏘는 데 약 3억5300만 달러, 2차 핵실험을 하는 데 3~4억 달러를 쓴 것으로 추정된다. 이 비용은 미국이 1994년 제네바합의 이후부터 작년까지 북한에 식량 약 226만 톤을 지원하는 데 들어간 돈 7억675만 달러에 가까운 액수다. 미국이 14년 동안 굶주림에 시달리는 북한주민들의 식량을 지원하는 데 쓴 돈을 북한은 단 3개월 만에 한반도 위기를 고조시키는 데 써버린 것이다. 강인선, "DJ·노(盧)가 지원한 69억 달러(10년간 현금 29억 달러, 현물 40억 달러), 북(北) 핵개발자금 2배 넘어," 『조선일보』, 2009. 7. 7.

(urgent goals)을 먼저 얻으려 하고 이것이 성취되면 한 단계 높은 단위의 필요욕구 또는 덜 급한 목표들(less urgent goals)을 나중에 얻으려 한다.[32] 그것은 생존(survival) → 안보(security) → 양자결합(affiliation) → 자아존중(self-esteem) → 자아실현(self-actualization)을 차례로 얻으려 하는 것이다. 인간의 가장 긴급한 목표는 바로 생존이다. 생존욕구는 인간에게 가장 본능적이며, 북한주민에게도 가장 긴급한 목표는 바로 생존이다. 그럼에도 북한당국은 생존을 무시하고 안보를 먼저 추구하였다. 이는 결론적으로 억제론에 근거를 둔 북한의 핵 억제력 보유 추진은 그것이 비록 체제유지를 위해 가장 효과적인 방법이라 할지라도 결국 북한주민의 기본 필요 욕구 충족을 외면하면서 국가를 파탄 나게 하고 있는 것이다.

32) Abraham H. Maslow, Motivation and Personality, 2d ed. (New York: Harper & Row, 1970), 35-58.

제4절 결론

오늘날의 핵질서는 억제의 관리된 제도와 자제의 관리된 제도가 서로 연결된 제도 하에 움직여지고 있다.[33] 이러한 질서 하에 현 국제정세는 핵보유국의 증가, 핵보유 기술 확대, 핵탄원료 불법거래 등은 미·러가 제3국의 핵개발과 돌발적인 핵전쟁을 사전에 통제할 수 없는 제3의 핵시대에 접어들고 있다. 핵보유 약소국이 핵보유 강대국으로부터 어떤 군사적 위협을 받을 경우, 전자는 하나의 핵탄두를 가지고도 후자의 주요 도시를 공격할 수 있기 때문에 제3국의 핵통제란 갈수록 불안정하고 어려워진다. 또한, 의도적이 아닐지라도, 판단상의 착오, 기계적 고장이나 인위적 실수, 그리고 우발사고 등으로 핵보유국 간의 전쟁이 일어날 가능성도 언제든지 있다.

뿐만 아니라 현대무기체제는 군사적으로는 억제가 힘들기 때문에 억제전략의 요소 또한 신 국제질서 아래 세계화, 다변화, 다원화와 각국의 정치경제적 실리추구 정책으로 말미암아 비군사적 요소, 즉 정치심리학적 요소, 정치사회학적 요소, 환경적 요소 등도 아울러 중요시 된다.

또한 한 나라가 상대 적대국가에 맞서기위해 군사력을 강화하려 하고, 상대 국가가 그 나라에 맞서 군사력을 강화해 나간다면 이는 억제력 강화와 동시에 군비경쟁을 보일 수 있다. 이럴 경우 억제력보다는 리차드슨 과정(Richarardson process)으로 알려진 군비경쟁을 더 우려해야 한다. 다른 차원에서 상대 적대국가가 군사력이 약하더라도 궁지에 몰려 공멸을 택하는 방향으로 나갈 시 억제는 실패한다. 분명한 것은 전쟁예방을 위해 부단한 노력을 기울이더라도 전쟁이 발생한다면 억제는 실패한 것이다.

따라서 현대 전략은 상대를 전멸시키기 보다는 상대방의 의지를 아

33) William Walker, "Nuclear Enlightenment and Counter-Enlightenment," International Affairs 83(3) (May 2007), 435-436.

방의 의지에 굴복시키는 쪽으로 나아가고 있다. 이러한 방향은 클라우제비트(Clausewitz)적 전쟁목표가 더 이상 현실적으로 전략상의 의미를 가지지 못하고 있음을 알리고 있는 것이다. 그러나 루셋(Bruce Russett)의 "원인, 놀람, 물러날 데가 없음"(Cause, Surprise, and No Escape)의 연구를 통해 북한의 핵위협이 사건을 유발시킬 수 있는 가능성을 암시하고 있다. 그는 한국전쟁에서 북한은 미군의 대규모 개입을 예상하지 못했으며, 미국은 또한 중국의 개입 가능성을 무시했음을 지적하고 있다.[34] 미국은 이라크에 대량살상무기가 있다는 정보를 근거로 침공하였지만, 이라크 점령 후 그러한 무기들을 찾을 수 없었다. 이러한 사례들은 오인의 결과이며 전쟁의 발발과 확산으로 이어졌다. 이는 만약의 사태가 어떠한 원인으로 북한에 의해 저질러진다면 더 이상 물러날 수 없는 상황에 도달할 수 있음을 알리고 있다. 이러한 가정은 억제가 실패하면 전쟁이 발발될 것을 의미하며, 이는 한 쪽의 승리가 다른 쪽에 패배의 결과를 낳게 할 것이다.

이러한 가정으로부터 북한당국은 핵무기 보유의 필요성을 절실히 인식하고 있으며, 핵무기를 가지고 있어야 상대 적국인 미국으로부터의 선제공격을 미연에 막을 수 있다고 여긴다. 이는 '상호 억제력'과 '충분성의 전략'에 기반 한 것이다. 왈츠와 리커의 상호 억제 주장을 고려할 때, 북한의 핵무장은 억제력 보유 차원에서 정당화 될 수 있는 여지가 있다. 그렇다면 북한의 핵 억제력 보유는 수용될 수 있는가? 공식 핵 그룹의 대답은 분명히 "아니다" 일 것이다. 그들의 일관되고 분명한 입장과 태도는 확실한 답변을 던지고 있다. 비공식 핵 그룹의 대답 역시 마찬가지일 것이다. 그들은 공식 핵 그룹은 아닐 지라도 이미 핵을 보유하고 있고 비핵보유국에 대한 핵 우위를 점하면서 지역의 군사강국으로 위치하고 있기 때문이다. 또한 그들은 공식 핵 그룹과 같은 기득

34) Russett, "Cause, Surprise and No Escape," 6.

권의 위치에 서서 스스로 핵무기 사용을 제어할 수 있는 이성적이고 합리적인 능력을 가지고 있다고 보며, 그러한 능력 하에 그들은 더 이상의 핵보유국의 출현은 지역의 안정과 평화를 위협하면서 국제정세를 불안정하게 할 수 있다고 본다. 이러한 답변을 북한은 탐탐치 않게 여길 것이다. 북한은 적대국인 미국의 군사적 위협에 직면해 있다고 보며, 그들의 핵무기 보유가 억제력을 높이면서 미국의 선제공격을 차단할 것이라고 본다.

북한의 핵보유는 자위와 억제력 차원에서 고려될 수 있다. 이미 핵을 가진 국가의 핵보유는 인정되고 그렇지 못한 국가의 핵보유는 인정되지 못하는 것은 논리적으로 설득력이 약하다. 그래서 NPT 체제는 모순을 포함하고 있다. 이러한 모순을 받아들이지 못할 경우, 세계는 더욱더 위험에 처하게 된다. 핵기술과 장비를 가진 국가들이 자위와 억제력을 내세워 핵을 개발한다면 세계는 핵의 공포 속에 놓일 것이다. 한 나라가 핵을 개발하면 그로 인해 위협을 받는 다른 국가가 핵을 개발하려 할 것이다. 이는 인도와 파키스탄의 작용-반작용 논리에 의한 핵무장화가 대표적 사례이다.

핵보유를 통해 핵위협과 핵 공갈을 일삼으려는 북한의 태도를 볼 때 북한의 핵 억제력 보유는 있어서는 안 된다. 핵실험, 핵시설 재가동과 폐연료봉 재처리 등 그동안 취한 북한의 행위는 물론 상대성에 기인하기도 하지만 핵위협과 핵 공갈을 통해 그들이 얻고자 하는 보상을 가능한 많이 챙기기 위한 것이었다. 이는 위기고조를 통해 보상을 얻으려는 전략으로 지역의 안정과 평화를 위협한 것이다. 북한은 앞으로도 계속 이러한 행위를 할 가능성이 있으며, 작용-반작용을 불러 일으켜 한반도 정세를 불안정하게 할 것이다. 뿐만 아니라 전제 정권이 존재하고 불량국가인 북한의 핵무기 보유는 지역의 안정을 극도로 위험하게 할 것이다. 안보적 요인 외 굶어죽는 주민이 늘 정도로 극심한 식량난에 처해 있는 북한이 엄청난 돈을 들여가면서 핵을 만든다는 것은 생각조차 할 수 없다.

결론적으로 북한의 핵 억제론은 억제력 보유에 핵심을 두고 있지만 핵무기는 전쟁예방의 목적보다는 보상을 얻기 위한 군사적 수단으로 역할을 해 왔으며 앞으로도 그렇게 할 가능성이 크다. 그렇기 때문에 북한의 핵 억제력 보유를 수용해서는 안 된다. 그렇지만 북한이 실질적 핵보유국이라는 것을 부인할 수는 없다. 이는 엄연한 현실이다. NPT 체제 하에 미국과 국제사회가 북한의 핵보유를 공식적으로 또는 비공식으로 인정하지 않는다 하더라도 그들이 핵실험을 통해 핵무장을 했다는 것은 인정해야 한다. 따라서 국제사회는 인정할 건 인정하고 북한의 핵위협에 대비하는 것이 필요하다.

제4장 북한의 핵무장과 동북아시아 핵도미노: 현황과 전망*

제1절 서론

1994년 10월 북·미간 제네바 합의에도 불구하고 핵을 보유하고자 하는 북한의 노력은 국제사회의 감시와 경고에도 불구하고 지난 20년 동안 계속되었다. 그 일환으로 북한은 동맹국인 중국을 비롯해 국제사회의 엄중한 경고에도 불구하고 세 차례에 걸친 핵실험을 성공리에 마쳤다. 이를 통해 북한은 그들의 핵능력을 세계에 과시한 바 있다. 그럼에도 불구하고 미국을 비롯한 공식 핵보유국들은 북한을 비공식 핵 그룹은 커녕 핵보유국으로 인정하지 않고 있다. 그렇지만 분명한 것은 북한이 핵무기 능력을 보여주었다는 것이며, 이를 부인하기가 현실적으로 어렵다.

북한은 핵우산 상실에 대비하고 핵 억제력을 고양시키기 위해 그리고 사회주의 체제 안전과 내부 결집 강화를 위해 핵무기 개발에 주력해 왔다. 막강한 재래식 군사력은 물론 대량의 스커드 미사일과 생물화학 무기를 보유하고 있는 북한이 핵무기마저 보유하려는 것은 억제나 방어 차원의 논리보다는 상대를 협박·공갈하는 위협수단으로 작용할 수 있다. 북한은 위협수단을 늘려 때때로 그 수단을 이용해 미국을 비롯한 외부세계로부터 보상과 지원을 얻으려 할 것이다. 이러한 행동은 과거에도 그랬고 앞으로도 그렇게 할 가능성이 있다.

---

* 본 장은 "North Korean Nuclear Armament and Perspective on Nuclear Domino in Northeast Asia," The Journal of Peace Studies 14(2) (2013), 119-131의 내용을 수정·보완한 것임.

북한의 핵보유는 한반도 및 동북아시아의 평화와 안정을 크게 위협하는 것이다. 앞으로 북한이 무기급 플루토늄 추출량을 증가해 핵탄두를 늘리고, 핵탄두의 소형화와 운반수단을 가질 때 그것은 바로 주변국을 직접적으로 위협하는 것이다. 특히 북한이 중장거리 미사일에 핵탄두를 장착할 수 있게 되면 동북아시아 전역이 사정권 안에 들어간다. 이는 비핵의 원칙을 고수하면서 비핵화를 지향하고 있는 한국, 일본, 대만, 몽골이 핵무기를 가진 북한의 핵공격 사정권에 들어간다는 것을 의미하며, 이들 국가는 핵공포와 핵위협을 받을 수 있는 상황에 놓일 수 있다. 따라서 핵위협을 받는 주변국들이 억제와 상호작용의 논리 하에 핵무기를 가지려 하는 것은 명분을 가지는 셈이다.

북한의 핵위협에 맞서 이미 핵 과학기술 능력을 가지고 있는 주변국가들이 핵무장에 나선다면 이는 곧 동북아시아 지역의 핵도미노 현상을 유발시키는 것이다. 이는 핵확산금지조약 체제를 흔드는 것이며 동북아시아 지역의 불안정을 야기 시키게 된다. 이러한 문제의 인식하에 본 논문은 작용과 반작용의 논리를 살펴 본 뒤, 북한의 핵능력과 이로 인해 파생될 수 있는 동북아시아 국가들의 핵보유 추진 가능성을 파악하고자 한다.

제2절 작용-반작용의 프로세스

2013년 10월, 북한을 두 번째 방문한 미국의 농구스타 로드맨(Dennis Rodman)이 김정은 국방위 제1위원장에 "쓰지도 못할 핵무기는 뭐 하러 만드느냐"고 묻자 김정은은 자신이 "난처한 입장"에 있다며 질문의 핵심을 비켜나간 뒤 미국과 한국이 "평화를 원하지 않는 듯하다"고도 말해 긴장이 격심해진 책임은 미·한에 있다는 견해를 나타낸 바 있다.[1] 로드맨의 질문은 매우 직설적이고 예상하지 못했던 것이라 김정은이 그것에 대한 답변을 제대로 내 놓지 못했다. 하지만 미국과 한국이 평화를 원하지 않는 듯하다는 그의 답변은 미국과 한국에 대한 불신이 가득 차 있는 것이다. 그동안의 북한의 군사적 위협을 볼 때 한반도 평화에 대한 위협은 북한에 있는 것이지 결코 미국과 한국에 있는 것이 아니다. 그럼에도 김정은이 미국과 한국에 대한 불신을 보인 것은 한·미 군사력에 대한 두려움과 부정적 인식 때문이다.

여기선 한·미 군사력에 대한 평가보다는 북한의 부정적 인식에 대해 논하고자 한다. 특히 북한은 미국, 일본, 남한에 대해 '영상'과 함께 부정적 인식이 자리 잡고 있다. '영상'(影像)은 '거울 이미지'(mirror images)를 의미하는 것으로 적대국가를 향해 자국은 도덕적이고 평화애호적이나, 상대국은 기만적이고 호전적으로 보는 것이다. 북한은 그들이 항상 평화애호적이며, 평화지향적이라 믿고 있으며 이를 북한주민과 외부세계에 알리곤 한다. 그러면서 북한당국은 미국은 "기만적, 제국주의적, 호전적"이며 "믿을 수 없으며, 그들의 정책은 광기에 가깝다"[2]고 여기고 있다. 그리고 일본에 대해선 제국주의적으로, 한국에 대

---

1) "로드맨, 김정은과 술자리서 쓰지도 못할 핵무기 왜 만드냐," 『Kyodo News』, 2013. 10. 15.

2) Urie Bronfenbrenner, "The Mirror Image in Soviet-American Relations: A Social Psychologist's Report," Journal of Social Issues 17(3) (1986), 46-48; William Eckhardt and Ralph K. White, "A Test of the Mirror Image Hypothesis: Kennedy and Khrushchev," Journal of Conflict Resolution 11 (September 1967), 325-332 참조.

해선 반공주의적으로 보고 있다. 이러한 영상과 부정적 인식에 의해 북한당국은 미국이 이라크를 침공했던 전례와 같이 북한에 대해서도 공격행위를 감행할 수 있다고 보고, 그러한 공격이 감행될 때 한국군과 일본군은 미군을 군사적으로 지원해 북한을 상당히 밀어부칠 것으로 판단한다. 반면 미국, 한국, 일본은 김정일 정권에 이어 새로이 등장한 김정은 정권마저 북한주민이 배고파 고통에 시달리고 있는 비참한 현실에도 불구하고 핵미사일을 비롯 군사력 증강을 위해 군사비를 계속 증대해 오고 있으며, 군사적 수단을 통해 한반도 및 동북아시아의 역내 안정과 평화를 크게 위협하고 있다고 본다.

이렇게 상반된 시각은 각각이 다른 편을 공격적·정복적으로 여기며, 무자비해 어떠한 악을 행할 수 있으며, 인간이하이므로 존경이나 고려의 가치가 거의 없으며, 불성실 할 뿐 아니라 믿을 수 없다는[3] 식으로 생각하기 때문이다. 그리고 의심이 고조될 때, 상대방의 방어적 움직임은 다른 상대에게 도발적으로 여겨져 더 심한 방어적인 반작용을 불러일으킨다.[4] 이러한 상호작용은 영상으로 비롯된 것이라 볼 수 있다. 그러므로 미국에 대한 북한의 영상이 깊게 자리매김하고 있는 상황에서 북한의 작용에 대한 미국의 방어적 움직임이 도발적으로 여겨질 수 있으며, 이에 대응한 북한의 방어적인 반작용이 있을 수 있다. 이러한 진행은 상황에 대한 정확한 판단이 부재할 때, 위기고조로 이어질 수 있고, 작용(action)과 반작용(reaction)의 행위가 전개될 수 있다.

작용과 반작용의 과정에 있어 위기에 대한 지각(perception)과 심상(image)은 앞으로 나아갈 행동을 정하는 데 중요한 역할을 한다. A국가가 상대국 B국가의 의도와 행위에 대해 위협적이라 인지할 때, A국가는 대응적 자세를 취하곤 한다. 이로 인해 A와 B 상호 간의 위협적이

---

3) Arthur Gladstone, "The Conception of the Enemy," Journal of Conflict Resolution 3 (June 1959), 132.

4) Ross Stagner, "The Psychology of Human Conflict," in The Nature of Human Conflict, ed. Elton B. McNeil (Englewood Cliffs, N. J.: Prentice-Hall, 1965), 46.

며 가해적인 행위의 교환이 계속될 때 악순환을 가져올 수 있다.[5] 그러므로 상대국 행위에 대해 어떻게 인지하느냐는 상호 국가관계에 있어 상당히 중요하다.

비록 A와 B의 동기가 순수한 방어책이나 기타의 제 요인에 의하여 비롯되었다 할지라도 상대방이 첫 움직임을 어떻게 지각하는가에 따라 반응체계(reaction system)가 형성되며, 이러한 상항은 반응·역반응의 연쇄작용에 의해 군비경쟁이 가속화되는 악순환(vicious circle)이 일어나는 것이다.[6] 이는 '자극-반응'(stimulus-response)의 상호작용의 과정에서 잘 나타난다. 예를 들어 A국가가 B국가를 위협적으로 인식할 때, 전자는 방어적 태세를 취할 것이고, 이를 후자는 위협적으로 인식할 수 있다.[7] 그러나 적대관계에 있는 국가 간이라도 사안의 인식 정도에 따라 반응의 방향이 달라질 수 있다. 만약에 A국가가 위기에 직면해 있다고 인식하더라도 B국가가 위기에 대한 반응을 보이지 않는다면 상호 충돌의 가능성은 크게 줄어들 것이다. 반응을 보이지 않는 것이 전략적이 될 수가 있지만, 속성적으로 될 경우 그것은 속성이론적 차원에서 설명되어 질 것이다.[8] 따라서 상대에 대한 작용과 반작용의 행위는 상호간 지각과 심상에 의해 상당 부분 영향을 받는다.

---

5) Robert C. North, R. A. Brodie and O. R. Holsti, "Some Empirical Data on the Conflict Spiral," Peace Research Society Papers 1 (1964), 1-19.

6) 구영록, 『인간과 전쟁: 국제정치이론의 체계』 (서울: 법문사, 1989), 142.

7) 이헌경, "북한과 미국의 핵정책 대안의 선택과 상호작용: 정책결정과정과 경험적 접근," 『동서연구』 제22권 1호 (2010), 253.

8) 이헌경, "북한과 미국의 핵정책 대안의 선택과 상호작용," 253.

제3절 북한의 핵능력

북한은 세 차례 핵실험(제1차: 2006년 10월 9일 / 제2차: 2009년 5월 25일 / 제3차: 2013년 2월 12일)을 통해 핵능력을 보여 주었다. 그것은 핵무기를 폭발시킨 것으로 이는 곧 북한이 핵무기를 보유했다는 것을 의미한다. 이를 반영하듯, 미국 국방부 산하 합동군사령부와 미 국가정보위원회[9]와 엘바라데이(Mohamed ElBaradei) 국제원자력기구(IAEA) 사무총장[10]은 북한을 핵무기 국가로 보고 있다.

그런데도 불구하고 미 국방부와 오바마 행정부는 북한을 공식 핵보유국으로 인정하지 않고 있다. 이는 부시 행정부 때도 마찬가지였다. 그것은「핵확산금지조약」(Non-proliferation Treaty: NPT) 체제를 위태롭게 하면서 불량국가들의 핵개발을 부추길 수 있기 때문이다. 그러나 분명한 것은 북한이 핵실험을 통해 플루토늄탄의 능력을 보여주었기 때문에 핵무기 보유국으로 받아들여야 한다. 공식 핵 그룹(미국, 러시아, 중국, 영국, 프랑스)이나 비공식 핵 그룹(이스라엘, 인도, 파키스탄)으로 인정할 수 없다하더라도 실질적인 핵보유국으로 인정해야 한다. 이는 현실을 외면하기 어렵다는 것을 의미한다.

핵실험 이후 북한이 어느 정도의 무기급 플루토늄을 가지고 있는가? 몇 기의 핵무기를 보유하고 있는가 그리고 앞으로 얼마만큼 더 가질 수 있는가는 국제사회의 관심이다. 그동안 플루토늄을 근거로 한 북한의 핵능력은 여러 국가와 정보기관에서 다양하게 평가되어 왔다. 어느 추정치가 근접하다고 자신 있게 단정할 수 없는 상황에서 북한이 6자회담 의장국인 중국에 2008년 6월에 제출한 핵 신고서는 하나의 좌표가 된

9) US National Intelligence Council, "Global Trends 2025: A Transformed World," NIC 2008-003 (November 2008), 62.

10) Jee-ho Yoo, "IAEA Head: North is Nuclear-armed State," *JoongaAng Daily*, April 22, 2009.

바 있다.

핵 신고서에 의하면 북한은 30kg의 플루토늄을 추출했으며, 약 25.5kg은 핵개발에 그리고 2006년 10월 시행된 지하핵실험에 2kg을 사용했다고 한다.[11] 북한의 주장을 그대로 받아들이면 그 당시 북한은 21~23kg 정도의 플루토늄을 가졌다고 볼 수 있다. 그러나 이는 미국 정보기관들이 추정했던 40~50kg[12]에 비해 훨씬 적은 양이다. 이외 미추출한 플루토늄과 더불어 핵시설의 장비 내에 있던 플루토늄까지 더하면 추출한 플루토늄의 분량은 신고한 양을 초과한다. 북한의 신고서와 미국의 추정치를 비교할 때 북한이 추출한 플루토늄 량은 대략 30~40kg로 볼 수 있다.

그 이후 북한은 플루토늄 추출을 계속해 왔으며, 핵무기 보유를 인정받으려 많은 노력을 기울여 왔다. 그 일환으로 북한당국은 2012년 4월, 헌법 전문에 핵보유를 명문화 했다. 그리고 두 달 후인 그 다음 해 제3차 핵실험을 했으며, 그 직후 핵폭탄의 "소형화, 경량화, 다종화" 달성 계획을 공식적으로 발표하였다. 그것에 그치지 않고 곧 바로 북한은 영변 5MW 원자로 재가동을 선언하였다.

현재 북한은 8개의 핵폭탄을 보유하고 있는 것으로 추정되고 있다. 북한이 계속해서 원자로 재가동을 통해 플루토늄을 추출해 나간다면 더 많은 핵무기를 보유하게 될 것이다. 북한의 핵무기가 10개 이상에 도달할 경우, 북한은 전술 핵무기 확산에 돌입할 것이다. 이는 전선에

---

11) "N. Korea Says Used 2kg of Plutonium in 2006 Nuke Test: Source," Kyodo News, June 28, 2008; "N. Korea Says 25.5kg of Plutonium for Nuclear Weapons: Sources," Kyodo News, July 4, 2008.

12) Robert S. Norris and Hans M. Kristensen, "North Korea's Nuclear Program, 2005," Atomic Scientists 61(3) (May/June 2005), 64-67; Office of the Director of National Intelligence, "Unclassified Report to Congress on Nuclear and Missile Programs of North Korea," August 8, 2007; Chief U.S. Nuclear Negotiator Chiristopher Hill's Interview on CNN's on April 12, 2007 참조. 총체적 평가는 Mary Beth Nikitin, "North Korea's Nuclear Weapons," CRS Report for Congress RL34256 (February 12, 2009) 참조.

직접 투입될 수 있다. 쓰지도 못할 전략 핵무기가 아닌 전장에 사용할 수 있는 전술 핵무기를 만들어 북한의 공격 대상국에 직접 사용하겠다는 것이다. 이는 한반도 및 한반도 주변국 모두를 위협하는 것이다.

다종화의 일환에서 북한은 플루토늄 프로그램 외 고농축 우라늄 프로그램을 추진해 오고 있다. 북한은 제2차 핵실험 후 "경수로발전소 건설을 결정하고 그 첫 공정으로서 핵연료를 자체로 생산보장하기 위한 기술개발을 지체 없이 시작할 것"[13] 임을 표명하면서 우라늄 프로그램 추진을 알린 바 있다. 이러한 공식 발언은 오랫동안 부인한 우라늄 농축활동을 표면화시킨 것이며, 앞으로 그 활동을 계속하겠다는 의지를 보인 것이다. 그 의지는 오늘날까지 행동으로 옮겨져 실현되고 있는 것이다. 북한이 우라늄 농축시설을 완전 가동할 시 매년 두 기의 우라늄탄을 생산할 수 있다[14]는 전망이 있다. 그러나 아직 농축우라늄을 이용한 핵개발 수준이 실험단계로까지 접어들지는 않은 것 같다. 그리고 고농축 실험을 못한 상태이기 때문에 우라늄 핵폭탄 개발은 시간이 좀 더 걸릴 것으로 생각된다.

이미 북한은 플루토늄탄 핵능력을 보여주었고 핵무기 증대를 위해 나아갈 것이다. 그러나 아직까지 핵무기를 미사일에 장착할 수 있는 능력을 가지고 있지 않다. 비록 북한이 광명성 3호 2호기 로켓발사(2012. 12. 12)에 성공을[15] 해 13,000km 이상의 사정거리 능력을 가지게 되었으나 그러한 성능을 가진 미사일에 핵탄두를 장착할 능력은 아직 보유하고 있지 않다. 그러한 능력을 가지기 위해 북한은 핵탄두의 소형화와 경량화에 매진하고 있다. 그러나 북한의 낮은 수준의 기폭장치와 소형

---

13) 북한 외무성 대변인 성명, 2009. 4. 29.

14) Christoph Bluth, "Between a Rock and an Incomprehensible Place: The United States and the Second North Korean Nuclear Crisis," Korean Journal of Defense Analysis 17(2) (Fall 2005), 90.

15) 북한은 대포동 1호(1998. 8. 31), 대포동 2호(2006. 7. 5), 대포동 2호 개량형(2009. 4. 5) 시험발사를 한 바 있으나 모두 실패하였다. 그러나 이번 장거리 로켓발사는 성공한 것이다.

화와 경량화에 대한 과학기술의 부족 등을 감안할 때 미사일에 탑재 가능한 핵탄두를 만들기에는 앞으로 상당한 시간이 걸릴 것이다. 그렇다고 그냥 바라만 보고 관망해서는 안 된다. 북한이 대륙을 횡단할 수 있는 미사일 개발이 현실화되었다는 것을 감안할 때 핵탄두의 소형화, 경량화도 언제가는 이루어질 것이다. 다만 그때가 언제이냐는 것이다. 그때가 먼 미래로 보고 안주하기보다는 북한의 비핵화에 주력해야 한다. 그것은 한 두 국가의 노력으로만 되는 것이 아니라 한반도의 비핵화를 바라는 국가 모두가 함께 노력해야 한다. 그것이 한반도 및 동북아시아 지역의 평화와 안정을 위한 것이다.

제4절 동북아시아 핵도미노 현상의 예고

"핵무기를 보유한 국가들 간의 전쟁 가능성은 없으며," 그리고 "핵확산이 평화를 증진하고 국제안정에 기여할 것"[16]이라는 월츠(Kenneth Walth)의 핵확산 주장은 냉전의 상황과 냉전기 미국과 소련에 해당되는 것이다. 탈냉전 시대에 월츠의 주장대로 핵확산이 전쟁 가능성을 낮추고 있다고는 보기 어렵다. 특히 한반도의 경우는 그렇지 않다. 남북한은 전쟁을 겪었고, 그 전쟁의 상처와 불씨는 여전히 남아 있다. 그런데다 북한의 대남 적화야욕은 사라지지 않고 있다. 그러한 상황을 우려하듯 한반도의 평화와 안정을 지향하는 국제사회는 무엇보다도 북한의 핵무장을 크게 우려하고 있다. 북한의 핵무장은 주변국들의 안전을 위협하고 군비경쟁을 유발시켜 역내 안정과 평화를 크게 위협하기 때문이다. 이에 대비, 주변 국가들은 핵에는 핵으로 맞선다는 논리를 가지고 핵무기 개발에 나설 가능성이 있다. 이것이 실현될 때 동북아시아의 핵도미노 현상이 일어난다. 본 장에서는 이러한 가능성이 발생할 수 있는 국가를 대상으로 동향을 살펴보고자 한다.

가장 주목해야 할 국가는 일본이다. 일본은 1967년 이후 핵무기를 보유·제조·반입하지 않는다는 비핵 3원칙을 지키고 있다. 일본이 핵무장을 하지 않는 것은 국민적 정서 때문이다. 일본의 일부 정치인들은 자국의 핵무장을 주장하고 있으나 일본국민의 90% 이상이 자국의 핵무장을 반대하고 있다. 그런데다 2011년 3월 11일 대지진과 지진해일에 맥없이 무너진 후쿠시마 제1원자력발전소와 발전소 침수와 전원 및 냉각시스템 파손에 따른 다량의 방사성 물질 누출은 일본국민에 핵안전에 대한 불안을 크게 고조시키고 있다. 1945년 일본은 핵폭탄 투하로, 그리고 66년 후엔 원자력발전소 방사성 물질 누출로 일본국민은 생각할

16) Kenneth N. Waltz, "Nuclear Myths and Political Reality," American Political Science Review 84 (1990), 740-741.

수 없을 정도의 신체적·정신적 충격에 쌓여 있다. 지진과 해일의 위협에 놓여 있는 섬 국가인 일본이 다시는 그러한 위협이 오지 않을 것이라 생각하는 사람은 없다. 그러한 재앙이 재차 와서는 안 된다는 강력한 희망이 있을 뿐이지 그것이 또 다시 올 것이라 보는 것이 일반적이다. 그러한 재앙은 한마디로 공포 그 자체이다. 이렇게 공포에 쌓여있는 일본국민이 일본의 핵무기 개발을 찬성할 리는 없다. 앞으로도 그럴 것이다.

그러나 북한이 핵무기로 일본영토를 사정거리 안에 두고 위협한다면 일본정부는 핵무장을 통해 북한에 대응하려 할 것이다. 일본정부는 원자력 발전소 파괴로 인한 방사성 물질 누출로 일본국민의 생명을 위협받는 것이나 핵폭탄으로 일본국민이 위협받는 것이나 이들을 동일선상에서 여길 수 있을 것이다. 그것이 결코 일어나지 않을 것이란 법은 없다. 북한의 제2차 핵실험 이후 일본은 북한이 핵을 포기하지 않을 경우, 핵무기를 개발할 수 있다는 가능성을 보인 것은 이를 시사한 것이다. 앞으로도 상당한 시간이 걸리겠지만 북한이 핵탄두를 장착할 수 있는 중장거리 미사일 개발을 성공할 때, 일본은 이것이 자국을 직접 위협한다고 판단, 핵무기 개발에 나설 가능성이 있다. 비록 일본국민의 대다수가 일본의 핵개발에 반대한다하더라도 자국의 방어와 안전을 위해 그리고 핵 억제력 강화를 위해 핵개발에 나설 가능성이 있는 것이다.

일본이 작정하면 얼마나 빨리 핵무기를 만들 수 있는가 그리고 얼마나 많이 보유할 수 있는가? 아마도 생각했던 것보다 훨씬 빨리 일본은 핵무기를 만들 수 있다. 일본은 우라늄 농축시설, 핵연료 재처리 공장, 고속증식로 2기를 보유하고 있다. 그리고 40여 톤 이상의 플루토늄을 비축해 놓고 있다. 이는 핵폭탄 2,000개를 만들 수 있는 분량이다. 일본은 30~40년 전 원폭제조에 필요한 모든 실험을 끝냈고, 핵폭탄을 만들어 대륙간탄도탄(ICBM) 수준의 미사일에 탑재 할 수 있는 기술적 능력을 이미 보유하고 있다. 따라서 일본이 정치적으로 결정만 한다면 언제든지 핵무장을 할 수 있다.

이러한 가능성은 북한의 제2차 핵실험 이후 아소 다로 일본 전 총리의 '일본 핵 무장론'에서 나타난 바 있다. 아소 전 총리는 "북한 핵문제가 심각해지면 일본 내부에서 핵무장을 해야 한다는 목소리가 강해질 것"[17]이라는 발언을 한·일 정상회담(2009. 6. 29)을 통해 비공식적으로 밝힌 바 있다. 이 발언은 일본의 핵무장에 관한 것이라기보다는 북한의 핵 포기를 위해 중국이 보다 확실하고 강경한 행동을 취해 줄 것을 강조한 것으로 볼 수 있다.

그러나 이러한 '핵무장론'에 대한 발언은 처음이 아니다. 이케다 하야토 전 총리는 1961년 11월 방일한 미국의 딘 러스크 국무장관에게 "내각에 핵 무장론이 있다"고 밝혔고, 후임인사 에이사쿠 전 총리도 중국이 핵실험에 성공한 직후인 1964년 12월, 주일 미국대사에게 "다른 사람이 핵을 가지면 자기도 갖는 것은 상식"이라고 한 바 있다.[18] 이러한 발언 모두 일본의 핵무장론을 언급한 것이며, 현재 일본 극우세력과 우파 정치인들은 이를 현실화해야 한다는 태도를 보이고 있다.

일본의 핵무장은 동북아시아 지역에서 군비경쟁을 가속화시키면서 일본의 군사대국화를 촉진할 수 있다. 이러한 현상은 중국을 더욱 자극할 것이다. 중국은 현재 400개 정도의 핵탄두를 보유하고 있다. 일본이 핵탄두 2,000개를 만든다고 가정할 때, 그 수는 일본의 5분의 1의 수준에 불과할 뿐이다. 이를 극복하기 위해 중국은 일본보다 더 많은 핵탄두를 보유하려 할 것이고, 이는 동북아시아 지역에서 핵 경쟁을 촉발시키게 된다.

일본이 핵무장을 할 경우, 한국 역시 핵무장을 모색할 수 있다. 한국은 재처리 농축시설이 없지만 원자력발전소 20곳을 보유하고 있고 핵개발 기술을 이미 보유하고 있다. 그러나 한국은 '한반도 비핵화' 선언(1991.

17) 2009년 한·일 정상회담, 『아사히(朝日) 신문』, 2009. 7. 31.
18) 임민혁, "북핵(北核) 심각해지면, 일(日) 핵(核) 무장론 고조," 『조선일보』, 2009. 8. 1.

11. 8)을 통해 "핵무기의 제조, 보유, 저장, 배비, 사용을 하지 않겠다"는 비핵의 5원칙을 천명한 바 있다. 그런데 한국은 1982년 플루토늄을 극소량 추출실험을 했으며, 2000년에는 우라늄 0.2g을 분리실험을 한 바 있다. 이러한 행동은 핵개발을 위한 움직임으로 오해를 받을 만 했다. 그렇다고 이러한 행동이 핵개발이라고는 결코 보기 어렵다.

그러나 북한의 핵실험 이후 한국 정치권 일각에서 '핵주권론'이 제기된 바 있다. 한반도 평화와 한국의 안전을 위해 자위용 핵무기를 개발해야 한다는 것이다. 이러한 주장은 동북아시아 평화체제를 위협하는 것이며, 현실성도 거의 없다. 그리고 이를 추진할 때 핵우산을 제공하고 있는 미국이 절대로 수용하지 않을 것이다. 이를 인지하듯 일부 전문가와 정치인들은 대안으로 북한의 핵무장 저지를 위한 국제 협상력과 외교력 강화 차원에서 핵주권론을 지렛대로 활용해야 한다는 내용을 제시하고 있다. 그러나 한국 여야 국회의원 대다수는 국익 저해와 주변국의 핵무장 촉발 등 역효과를 우려하며 핵주권론에 부정적이다.[19] 그러나 북한의 핵무기가 한국을 직접 겨냥하고 동북아시아의 주요국가들이 핵무기로 무장할 때, 한국은 자위력을 높이고 핵 억제력 차원에서 핵을 보유하려 할 가능성이 있다.[20]

일본, 한국에 이어 대만의 핵무장 가능성도 배제할 수 없다. 최근의 중국-대만 관계와 교류·협력 과정을 살펴 볼 때 대만의 핵무장 가능성을 생각하기 어렵다. 그러나 양안(兩岸) 관계가 지금과 같이 계속될 것인가에 대해선 확신하기 어렵다. 양안 관계는 고정적인 것이 아니라 유동적인 것이기 때문이다. 과거 적대 관계에서 현재 협력적 관계로 변하듯이 후자의 관계가 전자의 관계로 다시 변할 수 있다. 적대 관계로 돌

---

19) 이강은, "북 맞서 자위용 핵무기 가져야 ... 핵주권론 '고개'," 『세계일보』, 2009. 5. 27.

20) 최근 『동아일보』, 2013. 10. 30 발표한 "한국의 핵무기 개발에 대한 인식"에 관한 여론조사의 결과는 찬성 62.9% (매우 찬성 26.6%, 대체로 찬성 36.3%), 반대 37.1% (매우 반대 13.0%, 대체로 반대 24.1%)로 나타났다. 이는 북한의 핵무기 위협에 핵으로 대응해야 한다는 국민의 정서가 반영된 것으로 볼 수 있다.

아 설 경우, 대만의 핵무장을 완전 배제하기는 어렵다. 중국은 일찍이 대만이 독립을 선포하거나 핵무기를 보유할 경우 이를 사전에 차단한다는 입장에서 대대만 핵공격 가능성을 표명[21)]해 왔다. 그렇다하더라도 북한의 핵위협이 주변국들을 직접 겨냥하고, 반작용의 일환으로 일본, 한국이 핵무장화를 이룰 때, 대만은 방어적 현실주의에 입각해 핵 개발에 나설 수 있다. 대만은 이미 핵개발을 위한 과학적, 기술적 수단과 능력을 가지고 있다. 대만이 핵무장을 할 경우, 중국이 바라는 대대만 흡수통일은 기대하기 어렵고, 중국대륙이 대만의 핵공격 사정권에 놓이게 된다. 이는 중국이 절대적으로 바라지 않는다.

21) 최춘흠, 『중국의 대북 정책과 2·13합의에 대한 입장』, KINU 연구총서 07-14 (서울: 통일연구원, 2007), 10.

제5절 결론

공식·비공식 핵무기 보유국이 아니더라도 30여 개 국가들이 핵개발을 위한 과학적, 기술적 수단을 가지고 있다. 이 중 비핵 국가인 일본, 한국, 대만 등 동북아시아 국가들 역시 이러한 수단을 가지고 있다. 이러한 현황은 북한의 핵위협이 노골적이고 직접적일 때 이들 국가들의 핵무장을 부추길 수 있다. 그리고 NPT가 유효하게 가동이 되지 않을 경우, 예를 들어 외교적 수단이나 군비통제나 강제사찰이 핵확산을 제한하는 기능을 제대로 하지 못할 때, 핵 과학기술을 보유한 국가들이 핵개발에 나설 가능성이 있다. 이것이 현실화될 때 핵 확산과 핵 경쟁을 초래할 것이다.

북한의 핵보유는 NPT 체제를 위협 할 뿐만 아니라 동북아시아 지역에서의 핵도미노 현상과 군비경쟁을 부추길 수 있다. 북한과 같이 독재자가 지배하고 있는 빈곤 국가에서 핵을 보유할 경우, 그것은 핵 공갈의 빈도를 높여 지역의 안정을 불안하게 한다. 그것은 또한 핵기술의 확대와 핵탄원료의 불법거래 등의 문제를 야기할 수 있다. 때문에 미국은 NPT 체제를 굳건히 하기 위해 그리고 동북아시아 지역의 위협요인을 제거하기 위해 북한의 비핵화에 나서고 있다. 중국 역시 같은 논리를 수용하면서 북한의 핵보유를 저지하는 데 많은 노력을 기울이고 있다.

그러나 미국, 중국의 노력은 한계가 있다. 미국은 NPT 체제 유지란 범세계적 차원의 노력을 기울이고 있으나 북한과 협상에 있어서의 한계와 대북 제재의 한계성으로 바라는 효과를 거두기 어렵다. 중국은 북한의 비핵화를 위해 많은 역할을 해 왔지만 북한의 생존을 우선적으로 고려해야하기 때문에 한계성을 보이고 있다.

미국과 중국의 한계성으로 북한의 핵무장을 저지하지 못한다면 북한의 핵무기는 시간이 갈수록 증대할 것이다. 또한 시간의 흐름은 북한의 핵탄두 소형화와 경량화 그리고 운반수단의 문제를 해결해 줄 것이다. 이는 북한의 핵무기가 한국과 일본을 직접 사정권 안에 두게 되는 것이며, 일본, 한국의 핵무장을 촉발하는 계기를 형성할 것이다. 나아가 대만의 핵무장 가능성을 열어 놓게 한다. 동시에 동북아시아 지역의 군비경쟁을 촉발시킬 것이다. 동북아시아 지역에서의 핵도미노 현상과 군비경쟁은 결국 유일한 역내 핵보유국인 중국의 지위를 위협하면서 한반도에서의 중국의 영향력을 약화시킬 수 있다.[22]

동북아시아 지역의 핵도미노 현상은 바람직하지 않다. 하지만 북한의 핵능력과 운반수단이 완료될 때 배제할 수 없는 가능성이 될 수 있다. 그러므로 이러한 가능성이 현실로 닥아 오지 않기 위해 국제사회는 많은 노력을 해야 한다. 그동안 미국과 중국은 북한의 핵 포기를 위해 인내심 있고 적극적인 역할을 해 왔지만 앞으로 두 국가는 공식 핵보유국으로서, 유엔안보리상임이사국으로서, 그리고 국제사회의 책임 있는 주요국가로서 보다 주도적인 역할과 활동을 해야 하며, 이를 통해 북한의 비핵화를 이끌어야 한다. 이는 결국 NPT 체제 유지는 물론 동북아시아 지역의 핵도미노 현상을 막는데 기여할 것이다.

---

22) 이희옥, "중국의 북핵원칙과 비핵화 3단계에 대한 입장," 『비핵화와 남북관계, 선순환 해법은 없는가?』(평화문제연구소·한스자이델재단 한국사무소 정책토론회 토론문, 2008. 7. 10), 25.

제2부

북한의 핵위협과 북·미간 상호작용

제1장 공동성명이후 교착상태의 북핵문제와 선택적 대안*

제1절 서론

미·일·중·러와 남북한은 제4차 6자회담 2단계 회의에서 북한의 핵 포기와 북·미 관계정상화, 에너지 지원 및 경제협력, 동북아시아의 항구적인 평화와 안정 등에 합의하는 결과를 도출하였다. 이러한 결과는 미국과 북한의 전략적 결단에 의한 것이며 서로의 양보에 의한 것이었다. 그러나 북한이 핵을 포기하지 않는 한 합의사항은 이행되기 어렵다. 또한 공동성명에는 애매모호한 표현이 너무 많이 포함되어 있으며, 전반적으로 원론적 합의를 담고 있을 뿐 각론 부분의 합의를 도출한 것은 아니다. 게다가 공동성명에 핵 폐기와 경수로 공급의 우선순위에 대한 불명확성이 존재하고 있다. 이는 현재 가장 민감하게 대립하고 있는 부분이다.

설상가상으로 북한은 공동성명에 서명을 한 이후에도 영변 원자로를 가동하고 있으며, 선 핵 포기 요구에 여전히 응하지 않고 있다. 그것은 북한이 핵 포기를 무장해제라 보고 있으며, 또한 이것이 그들이 바라는 불가침, 체제보장, 에너지·경제 지원, 미국과의 관계정상화 등의 보상으로 이어질 것이라 믿음이 서지 않기 때문이다. 이는 불신으로 비롯되며 미국의 불신도 동시에 존재한다. 또한 북한과 미국은 합의의 이행에 있어서도 서로 의혹을 가지고 있다. 북한이 핵을 포기할 경우, 경수로 공급이 가능할 것인가에 대한 의혹도 가지고 있다.

---

* 본 장은 『한국동북아논총』 제11권 3호 (2006), 123-144에 게재한 논문을 수정·보완한 것임.

이런 상황에서 북한의 위조달러 제조 및 불법세탁 문제가 불거져 북·미간 갈등이 재연되고 있으며, 제6차 6자회담은 열리지 못하고 있는 실정이다. 미국은 북한의 금융불법 행위에 대한 법적 조치를 내세우면서 금융제재를 진행 중이다. 이는 북한이 핵을 포기할 때까지 목조기를 계속하겠다는 것이다. 반면 북한은 미국의 금융제재는 공동성명 자체를 부정하는 것이며, 6자회담을 무의미하게 하고 있다면서 미국의 제재 철회를 주장하고 있다. 그 와중에 북한의 미사일 시험발사와 유엔 대북 결의안은 북·미관계를 더욱 악화시키고 있다.

북·미간의 문제는 핵문제에만 한정되는 것은 아니다. 미국은 북한의 미사일, 재래식 군사력, 생물무기, 화학무기 등 군사문제 더불어 테러지원 문제를 염려하고 있으며, 북한은 미국의 선제적 공격 가능성을 우려하면서 안전보장을 요구하고 있다. 이러한 우려는 서로 맞물려 있으며, 사안마다 양보불가의 자세를 보이고 있다.

이러한 현실을 직시하면서 본 논문은 제4차 6자회담 공동성명(이하 '9·19 공동성명') 이후 교착상태의 북핵문제와 북·미간 걸쳐 있는 쟁점 사안들을 분석하고 이러한 문제들을 해결하기 위한 대안들을 제시하고자 한다.

제2절 교착상태의 핵문제

1. 핵 포기와 경수로 공급 문제

공동성명에는 애매모호한 표현이 너무 많이 포함되어 있다. 누가 먼저 조치를 취하고 그것이 어떤 조치일 것이냐를 놓고 합의가 안 되어 만일 한쪽이 어떠한 조치를 취하면 다른 쪽이 이에 상응하는 조치를 취할 것이라는 막연한 개념에만 합의했다.[1] 또한 경수로에 관한 '적절한'(appropriate)이란 용어의 해석을 둘러싸고 논쟁이 되고 있다.

'적절할 시기'는 북한과 미국의 타협적 표현으로 사용된 듯하다. 그러다보니 미국은 '선 핵 포기, 후 경수로 제공' 논의를 그리고 북한은 '선 경수로 제공, 후 핵 포기'의 주장을 각각 하고 있다. 구체적으로 미국은 제네바합의를 위반한 북한의 선 핵 포기는 절대적으로 우선되어야 한다는 강경한 입장을 고수하고 있다. 반면 북한은 선 핵 포기설을 무장해제를 실현시키려 하는데 그 목적이 있다고 본다.[2] 뿐만 아니라 미국은 북한이 사찰을 포함해 검증 가능한 비핵화 과정에 충실히 응할 경우, 경수로 공급에 협조할 수 있다는 입장이나, 비핵화 과정에 비협조적이거나 이행에 불성실할 경우, 경수로 공급엔 절대로 나설 수 없다는 자세이다. 반면 북한은 "신뢰 조성의 물리적 담보"이자 "평화적 핵 활동을 실질적으로 인정하는 증거로 되는" 경수로 제공이라는 신뢰조치가 있어야 하며, 그것이 이루어 질 때, "즉시 핵무기 비확산조약에 복귀하고 국제원자력기구와 담보협정을 체결하고 이행할 것"[3]이라는 분명한 입장을 가지고 있다. 이러한 입장 차이는 공동성명에 분명한 시기를 언급하지 않았기 때문이다. '제네바기본합의'는 제대로 이행되지 않았지만 경수로 공급에 대해 정확한 일정표를 제시하였다. 그러나 이번

---

1) Glenn Kessler, "What That Accord Really Says," Washington Post, September 25, 2005.
2) 『조선중앙통신』, 2006. 1. 28.
3) 북한 외무성 대변인 담화, 2005. 9. 20.

성명엔 그러한 일정표도 없이 애매한 표현으로 마무리 지었다.

핵 포기 과정에서 사찰의 문제도 심각하다. 「핵확산금지조약」(Nuclear Non-proliferation Treaty: NPT) 사찰에는 정기적 사찰을 포함해 임시 사찰이 있다. 북한이 NPT 복귀 후 모든 의심스러운 시설에 대한 검증을 모두 허용해야 국제적으로 핵투명성을 인정받게 된다. 그러나 사찰단의 모든 지역의 사찰 요구에 북한이 응하지 않을 경우 핵문제는 다시 벽에 부딪치게 된다. 북한이 핵시설에 대해 스스로 신고를 한다 해도 미국과 IAEA는 이를 완전히 믿으려 하지 않을 것이다.

뿐만 아니라 북한이 사찰단의 사찰을 받아 들여, 그들이 플루토늄을 생산하는 원자로에 대한 사찰활동에 나설 때, 우선적으로 핵시설과 장비를 없애고 그 동안 생산된 플루토늄의 양을 알아내는 작업부터 시작할 것이다. 이를 정확히 알려면 핵시설과 장비를 직접 조사하고 핵과학자들과 면담도 해야 한다. 그런데 북측이 제대로 협력할지 의문이다. 또한 핵과학자들이 정확하게 답변해 줄 것인가에 대한 의구심도 있다.

고농축우라늄 사찰은 플루토늄 원자로에 대한 사찰보다 더욱 어렵다. 우라늄 방식은 원자로나 핵재처리 시설 없이 우라늄을 농축시킬 수 있는 시설을 통해 우라늄을 정련해 핵연료를 가공할 수 있으며, 우라늄 농축은 200~300평 규모의 소규모 지하시설에서도 가능하기 때문에 이들 시설을 대상으로 사찰에 나설 경우, 북한의 실질적 협조가 없으면 많은 어려움이 예상된다. 의혹이 가는 지역 및 시설을 대상으로 사찰에 나서는 것은 바로 북한의 전 지역을 뒤지는 것이나 마찬가지이며, 그것은 군사시설 및 기밀지역에도 해당될 수 있어 평양지도부가 이를 완전하게 받아들이는 데는 어려움이 실지 있다. 이 문제를 어떻게 할 것인가가 핵사찰의 주 안건이 될 것이다.

북한은 핵 포기에 있어 핵무기에 한정하려 하며, 민수용 핵 프로그램을 가지려 한다. 핵무기 비보유를 전제로 한 평화적 목적의 핵개발은 NPT 규정에 위배되는 것이 아니기 때문에 북한은 이를 적용해 민수용 핵 활동을 계속하려 한다. 이것은 북한의 주장이 NPT 체제에 부합하는 것임을 알리면서 핵우산이 상실된 상태에서 무장해제를 당하지 않겠다는 것이다. 장기적으로 핵 억제력을 반드시 보유하려는 것이며, 민수용 핵 프로그램, 즉 경수로를 통해 이루겠다는 것이다. 단기적으로 경수로와 같은 민수용 핵 프로그램이 군사용으로 사용되기 어렵겠지만, 기술의 진전과 함께 그 전용이 가능할 것으로 북한은 판단하고 있다. 또한 경수로는 자급 차원에서 그리고 산업용으로 절대적으로 필요하다. 따라서 북한은 단기적으로 외부에 전력을 의존하더라도 중장기적으로 전력자급을 위해 경수로를 필요로 한다. 이러한 필요성은 제4차 6자회담에서 나타난 바 있으며, 경수로에 대한 모호한 합의로 일단 그 공급에 대한 가능성을 열어 놓고 있다. 그러나 핵 포기가 먼저냐 경수로 공급이 먼저냐를 놓고 험난한 과정이 예견된다.

2. 위조달러 문제

북한의 위조달러 제조 및 불법세탁 문제로 인해 북핵문제는 다시 난관에 처해 졌다. 미국은 9·11 테러사건관련 대량살상무기에 관한 알 카에다(Al-Qaeda)의 자금을 추적하다 북한위폐 흔적을 발견하게 되었다. 미국은 북한이 별도의 시설이 아닌, 북한 돈을 발행하는 곳에서 슈퍼노트(100달러짜리 초정밀 위조지폐)를 제조하는 것으로 파악하고 있다.[4] 이는 북한정권 주도하에 위조달러 제조와 유통이 이루어져왔음을 알리는 것이다.

위폐문제가 제기된 이후 미국은 2005년 9월 마카오의 중국계 방코 델타 아시아 (Banco Delta Asia) 은행이 북한의 위조달러 유통, 불법자금 세탁, 마약밀매 자금 등에 관련되어 왔다며 이 은행을 우선적 돈세탁 우려 대상으로 지정했으며, 미 대통령 행정명령(executive order)을 통해 11개 북한 무역회사들의 미국 내 자산을 동결하는 압박조치를

4) 이태식 주미대사 발언, 『동아일보』, 2006. 2. 16, 『한겨레신문』, 2006. 2. 17.

취해 왔다. 이와 더불어 미국은 2005년 6월 발표된 대통령령 13382에 근거, 대량살상무기를 지원했다는 이유로 북한, 이란, 시리아 등지에서 활동 중인 8개 기업과 스위스 공업물자 도매회사인 코하스 AG (Kohas AG)와 이 회사의 스위스인 사장의 미국 내 모든 자산을 동결하였다. 아울러 미 재무부는 북한의 불법 활동을 금융시스템으로부터 차단하기 위해 그들의 광범위한 네트워크를 계속 추적·소탕해 나가고 있다. 북한은 이러한 미국의 금융제재에 직면하고 있으며 이로 인해 주요한 외화 조달길이 막혀 어려움을 겪고 있다.

그 동안 미국은 위조달러 문제와 핵문제를 분리시키면서 북한의 6자회담을 촉구해 온 반면, 북한은 위조달러 문제가 해결되어야 6자회담에 복귀할 수 있다는 입장을 보여 왔다. 이러한 상황에서 북한은 미국의 금융제재를 "우리의 핏줄을 막는 것과 같은 속심"[5]이며, "6자회담장에 나올 수 없게 만들고 회담 파탄의 책임을 우리에게 넘겨 씌우려고 책동하고 있다"[6]고 지적하면서 미국이 6자회담의 재개와 전진을 위해선 그 제재를 풀어야 한다고 주장하고 있다.

한편 북한은 화폐위조와 돈세탁 증거 그리고 미국이 중심이 된 대북 금융제재가 대두된 시점에서 금융불법 행위 방지를 위한 국제 노력에 동참하겠다는 뜻을 전달한 바 있다.[7] 그러나 이는 선언에 그친 상태다. 최근 북한은 미국이 금융제재의 물질적 근거도 내놓지 못하고 있다고 비난하면서 미국의 금융제재를 당장 해제할 것을 촉구하고 있다.

---

5) 『조선중앙통신』, 2006. 1. 25. 북한이 위조달러와 마약 등 불법행위를 통해 벌이 들이는 연간 수입이 전체 외화수입의 40% (또는 10억 달러)에 달하는 데, 미국이 이를 차단시키려 하니 북한은 그것을 핏줄을 막는 것이라 본다. "미, 고강도 대북 금융제재 추진," 『조선일보』, 2006. 1. 27; Carol Giacomo, "N.Korea Hints at Curbing Money Laundering," Reuters, January 25, 2006; 『讀賣新聞』, 2005. 12. 17 참고.

6) 『평양방송』, 2006. 1. 28. 북한은 이날 논평을 통해 미국의 제재를 받으면서까지 6자회담장에 나가 우리에 대한 고립압살을 추구하는 상대와 마주앉아 제도수호를 위해 만든 핵억제력 포기문제를 논의한다는 것은 있을 수 없는 일이라 밝힌 바 있다.

7) 북한 외무성 대변인은 2006. 2. 9, "금융분야에서 온갖 비법행위들을 반대하는 것은 우리 공화국 정부의 일관한 정책이며 앞으로도 국제적인 반자금세척활동에 적극 합류해 나갈 것"이라 밝힌 바 있다. 『조선중앙통신』, 2006. 2. 9.

제3절 북·미간 쟁점 사안

1. 군사 문제

(1) 선제공격에 대한 두려움

공동성명은 미국이 북한을 핵무기 혹은 재래무기로 공격·침공의사를 보유하지 않기로 한 내용을 담고 있다. 이는 제네바합의에서 언급된 것보다 한층 더 일보 진전한 것이며 미군의 대북 군사공격에 대한 우려를 낮추게 하고 있다. 그러나 공동성명은 북한이 염원해 온 미국의 대북 적대정책 포기의 내용을 담지 않고 있다. 미국의 적대정책이 존재하는 한, 북한은 미국의 적으로 계속해서 남을 것이다.

미국의 침공에 대한 북한의 우려는 항상 존재해 왔다. 북한은 한미합동군사연습에 대해 경계해 왔고, 질적으로 북한보다 훨씬 뛰어난 무기로 무장한 미군의 우월성에 대해서 우려를 보여 왔다. 게다가 그들은 북·미간 군사적 충돌이 발생될 때, 미국이 땅속을 뚫고 들어가 폭발할 수 있는 Deep Digger 신형폭탄, 공대지 미사일의 개량종인 AGM-86D 등을 통해 북한의 땅속 군사시설을 공격하고, B-2 스텔스 폭격기, F-15E 전폭기, F-117 스텔스 전투기, 크루즈 미사일을 동원해 공격할 시 북한의 전력이 마비될 수 있음을 염려하고 있다. 뿐만 아니라 미 국방부의 OPLAN 군사계획과 전술핵무기 사용을 허용하고 있는 CONPLAN 8022와 같은 군사계획에 대해서도 두려움을 가지고 있다.

이러한 우려로 인해 북한은 안전보장의 일환으로 미국의 불가침을 문서로 보장받으려 했다. 미국은 미 대통령의 불가침 내용으로 가능하다는 입장을 표명하였지만, 북한은 줄곧 미 의회로부터 보장된 문서를 요구해 왔다. 북한의 요구는 가장 신뢰할 수 있는 불가침보장을 얻기 위한 것이다. 평양지도부는 부시 행정부가 핵문제의 외교적·평화적 해결을 운운하면서도 군사적 조치를 포함한 모든 조치수단을 테이블 위에 놓고 핵문제를 다루고 있고 선제공격 가능성이 언제든지 있다고 판단, 북한의 안전을 위해 미국으로부터 공신력 있는 문서보장을 받고자 하였다. 그러나 공동성명에서 불가침에 대한 합의는 없었으며 이로 북한은 앞으로 미국과의 협상과정에서 불가침을 보장 받으려 노력할 것이다.

(2) 정전협정의 지속

공동성명에서 한반도 평화체제 논의를 위한 포럼을 개최하기로 하였다. 한국전쟁은 정전협정을 통해 일시 중단되었으며 이는 지금까지 유지되고 있다. 이러한 상태를 타파하기 위해 북한은 남한을 배제시킨 채 실질적 위협의 근원으로 간주하는 미국과의 평화협정 체결에 노력해 왔다. 북한은 유엔사령부, 중국, 북한이 휴전협정에 서명했고 한국군의 작전권이 미군에 있기 때문에 평화협정 체결에 남한이 포함되는 것이 비현실적이라는 입장이다. 게다가 북한은 남북한 간 평화협정이나 평화조약이 맞지 않는다고 본다. 북한은 남한과는 이미 남북 기본합의서가 있으므로 남북문제는 별도의 장에서 논의되어야하며, 평화협정 체결이 북·미간 협상을 통해 성사되기를 바란다.

북한은 미국과 평화협정을 체결함으로써 미국과의 적대관계를 청산하고 새로운 관계를 창출하려 한다. 아울러 북한은 미국과의 적대관계가 청산되면 주한미군이 계속해서 한반도에 주둔하더라도 이들을 적이 아닌 '평화유지군'으로 간주할 수 있고 미국을 다른 시각에서 접하고자 한다.

(3) 미사일 개발·수출

북한의 미사일 문제는 6자회담 공동성명에서 언급되지 않았다. 그러나 이 문제는 부시 행정부가 계속해서 거론해 온 것으로 미국이 반드시 해결해야 하는 핵심 쟁점이다. 핵문제는 6자회담 공동성명이라는 원론적 합의내용이 있지만 미사일 문제는 기준 잣대가 없다. 핵문제와 함께 북한의 미사일 개발·수출문제는 미국의 동맹국 안보를 위협하고 동북아 지역과 중동 지역의 안보를 위협하는 만큼 풀어야 할 긴요성을 가지고 있다.

이러한 긴요성으로 미국은 제네바합의 이후 미사일문제로 북한과 장기간 협상에 임했다. 그 문제가 타결되기도 전에 제2차 핵문제가 터졌으며, 그것은 공동성명으로 일단은 봉합된 듯하였다. 그러나 그 봉합은 결국 북한의 미사일 발사(2004. 7. 4)로 완전 찢어지게 되었다. 북한은 스커드, 노동 1호, 대포동 2호 미사일을 발사하였다. 이 중 대포동 2호는 처음으로 시험발사 된 것이다. 그러나 기술적 결함으로 실패하였다. 미사일 발사 이전까지 미국은 대포동 2호 미사일이 알래스카에 있는 주요 도시와 군사기지 그리고 하와이에 있는 서쪽 작은 섬들에 도달할 수 있을 것이며, 가벼운 탄두는 10,000km까지 날아갈 수 있어, 포에닉스, 애리조나의 북서쪽으로부터 메디슨, 위스콘신까지 미 본토 서쪽을 위협에 빠뜨리게 할 것이라 보았다.[8] 이러한 분석은 맞지 않았다.

북한은 1999년 미사일발사 유예를 선언하고 2002년 일본에 이를 재확인한 바 있으나, 이를 지키지 않고 미사일을 발사하였다. 북한의 미사일 발사 목적은 미국의 금융제재에 대한 반발과 미국과의 양자협상을 이끌어내기 위함이다. 한·미 공조를 이간시키려는 목적도 있었다. 그러나 대포동 2호 시험발사가 실패함으로써 미사일을 대미 협상용으로 삼으려는 북한에 타격을 주고 있다. 1998년 대포동 1호 시험발사는 1,550km 정도 날아가 북한 미사일의 위협을 높이면서 대미 협상력을 높인 바 있다. 그러나 이번 대포동 2호 시험발사의 실패는 그 능력이

8) Members of the Commission to Assess the Ballastic Missile Threat to the United States, "Executive Summary of the Report of the Commission to Assess the Ballistic Missile Threat to the United States," July 15, 1998 (Pursuant to Public Law 201 104th Congress); "Major Concern If North Korea Launches Long-Range Missile: US," AFP, May 20, 2006.

없음을 보여 준 것이다. 따라서 미사일을 협상의 수단으로 삼으려 했던 평양의 목적은 오히려 역효과를 낸 것이다. 미국, 일본은 북한의 미사일 발사에 대한 대응 차원에서 대북 제재의 움직임을 보이고 있고, 중국은 그들의 만류에도 불구하고 미사일 발사를 시도한 북한에 대해 몹시 불쾌한 감정을 보이고 있다. 결국 북한의 미사일 발사는 '유엔대북결의안'(United Nations Security Council Resolution 1695, 2006. 7. 15)이 채택되는 결과를 나오게 하였다. 이 결의안은 중국, 러시아를 비롯해 유엔안보리 이사국 모두가 찬성한 것으로 국제사회가 북한의 미사일 문제를 얼마나 우려하는지를 잘 보여주고 있다.

비록 북한이 대포동 2호 미사일 능력을 입증하지 못했지만 대포동 1호 미사일을 개발해 왔음을 주목해야 한다. 이 미사일의 사정거리는 1,500~2,200km이며 위성발사체(space launch vehicle: SLV)를 대륙간탄도탄으로 개조할 경우 생화학 기제를 운반할 수 있는 소량의 유도탄 탄두(payload)를 운반할 수도 있다.[9] 이 외 스커드 B, C 그리고 노동 1호 미사일 등 북한의 중·단거리 미사일은 한국을 직접 사정권에 두고 있다.

북한이 이렇게 무모하게 미사일 발사를 시도하면서 역내 안정 및 국제사회를 위협하고 있지만 미국이 북한의 미사일 개발·수출을 강제로 저지하기는 어렵다. 제네바 합의 시 그리고 그 이후 북·미간 협상 시 미사일 개발·수출을 제한할 어떠한 메커니즘을 만들지 못했기 때문이다. 미국은 북한의 대중동적성국 미사일 기술·부품 수출이 동맹국 이스라엘의 안보를 직접 위협하고 있음을 우려하고 있다. 9·11 테러사건이후에는 북한의 미사일 수출이 테러조직들에게 직·간접적으로 전달될 가능성을 크게 우려하고 있으며 이를 저지하기 위해 총력을 기울이고 있다.

북한의 미사일 수출은 외화벌이 목적과 함께 수입국들로부터 개발자금원조를 받아 더욱 성능이 뛰어난 미사일을 개발하려는 목적도 있다.

---

9) National Intelligence Council, "Foreign Missile Developments and the Ballistic Missile Threat to the United States Through 2015" (September 1999).

또한 미사일이 현대 전쟁의 주요 군사적 무기로서 역할을 하고 있어 보다 효과적이고 파괴적인 미사일을 개발하려 한다. 따라서 미국은 북한의 미사일 수출·개발 모두를 저지하려 한다. 이에 북한은 미사일 개발을 주권사항 임을 내세워 미국의 요구에 강력히 맞서고 있다. 미사일 개발이 체제유지의 수단, 군사력 증강 및 외화획득에 절대적으로 필요한 북한으로서는 개발포기에 대한 충분한 대가없이 개발중단을 고려하지 않고 있다.

(4) 생화학 무기 생산

미사일 문제와 마찬가지로 북한의 생화학 무기 문제 역시 공동성명에 언급되지 않았다. 그러나 이 사안은 대량살상무기 확산 저지란 차원에서 미국이 쟁점화하고 있다.

북한은 함흥의 2. 8 비닐론 공장과 흥남·순천·안주·신의주·만포·청진·아오지 등 8개 비료공장에서 사린 등 신경성·수포성·혈액성·최루성 화학무기를 생산하고 있다. 생산능력은 평시에 연 4,500톤, 전시에 12,000톤까지 가능하며, 북한은 이를 황촌·신읍리·사리원·옥장봉·신흥동·삼산동 등 최전선의 전용 저장소에 비축하고 있다.[10] 게다가 북한은 연구소 4곳, 생산공장 8곳, 저장소 6곳 등의 화학무기 시설을 운영하고 있는데, 이를 근거로 분석한 북한의 화학무기 보유량은 전쟁 초기 소요량과 예비량을 합쳐 모두 1천 톤 이상이다. 그리고 하루 15.2톤(전시 40톤)의 생산능력을 갖추고 있으며 개전 초기 방사포나 유도탄, 야포 등을 이용해 70톤가량의 화학무기를 수도권 공격에 동원할 수 있다.[11]

뿐만 아니라 북한은 생물무기 확산에 나서고 있다. 북한은 콜레라, 탄저균, 페스트, 박테리아, 리켓차 등 세균무기로 규정된 바이러스 13종을

10) 이헌경, 『북한의 대량살상무기와 재래식 군사력 실태』 (서울: 통일연구원, 2001), 21.
11) 합동참모본부 분석내용, 『한국일보』·『조선일보』, 1997. 8. 18.

보유하고 있다. 함남, 흥남 등 6곳에[12] 위치한 대학, 의학연구소, 특별연구소 등지에서 생물무기 연구시설을 두고 있으며,[13] 결정한다면 몇 주일 안에 충분한 양의 세균무기를 군사적 목적으로 생산할 능력을 가지고 있다. 생물무기 생산은 평북 정주, 서해상의 한 섬, 강원 문천에서 이루어지고 있는 데,[14] 그 생산능력은 연간 약 1,000톤에 이른다.

북한의 생화학무기에 대한 애착은 단순한 제조기술과 저렴한 비용으로 쉽게 생산할 수 있고 막대한 살상효과 때문이다. 그 살상효과를 예를 들자면, 북한이 생화학 무기를 적재한 미사일을 50개만 발사해도 1,200만 명의 서울 인구중 400만 명이 희생될 것으로 추정되며 주한미군의 패트리어트 요격미사일은 북한 생화학탄의 일부만을 격추시킬 수 있을 뿐이다.[15] 이러한 대량살상 효과 때문에 북한은 생화학 무기에 매력을 가지고 있으며 이를 통해 군사적 능력을 과시하려 한다. 그러나 이러한 대량살상무기가 위협·공격수단으로 사용되어서는 안 되며, 비확산을 통해 그 무기가 지닌 공포를 제거해야 한다.

(5) 재래식 군사력

북한의 재래식 군사력 문제는 공동성명에 포함되지 않았다. 그러나 재래식 군사력 문제는 부시 행정부가 핵, 미사일, 테러지원이라는 기존의 3대 쟁점과 함께 제기한 것으로 지금까지 그 의제를 쟁점화하고 있다.

북한은 주민이 식량난·경제난에 처해 있는 데도 불구하고 선군정책을 내우면서 국민총생산액의 1/3을 군사비에 투입하고 있다. 북한군은 117만 여 명에 달하며 10만 명에 달하는 특수부대와 250문의 장거리포는 서울을 겨냥하고 있다. 실제로 휴전선에 전진 배치한 북한의 거대한

12) 국방부, 『대량살상무기(WMD) 문답백과』 (서울: 국방부, 2001), 32.
13) "Chemical and Biological Weapons Nonproliferation Project," 검색일 2006. 7. 15, www.stimson.org/cwc/bwprolif.htm.
14) 국방부, 『대량살상무기(WMD) 문답백과』, 32.
15) 『연합뉴스』, 1999. 11. 2.

군사력은 한국과 주한미군을 겨냥하고 있으며 지역의 안정에 위협을 주고 있다. 때문에 미국은 북한의 재래식 군사력 문제를 쟁점화해 왔다. 이에 맞서 북한은 대북무장해제 기도라 비난하면서 주한미군 철수를 군축의 선결조건으로 내세우고 있다.

실제로 북한은 재래식 전력 감축을 체제수호 차원에서 민감하게 여기고 있으며 미사일보다 더 강하게 주권사항으로 여기고 있다. 따라서 미국과의 협상에서 재래식 무기 문제에 대해 쉽게 양보하지 않으려는 자세를 가지고 있다.

2. 경제·외교 문제

(1) 경제제재

미국은 1999년 9월 수출, 금융, 투자, 항공기 및 선박 등 4개 분야에 부과해 온 대북 제재조치를 해제한 바 있다. 그러나 북한이 국제원자력기구의 안전조치 조항을 위반하고 있다면서 경제지원 금지 및 수출입 금지를 포함한 포괄적인 제재를 취하고 있으며, 공산주의국가 및 비시장 경제국가에 적용하는 사항을 들어 북한의 미국 수출입은행 사용을 제한하고 있다. 때문에 미 기업의 대북 교역과 투자진출이 가능하다하더라도 금융거래가 제약을 받고 있다.

또한 상업거래와 관련된 금융거래를 취급하고 있는 미 재무부가 「외국자산규제청」(Office of Foreign Assets Control: OFAC)을 통해 북한물품의 수입을 관장하고, 미 수입업자의 북한상품 수입에 있어 신고·허가를 받도록 하고 있어 사실상 수입에 규제를 가하고 있다. 수출에 있어 미국은 상무성 수출관리국을 통해 북한에 대한 수출을 규제 또는 담당하면서 사안별로 허가하는 권한을 가지고 있다. 특히 일부 미국상품들의 경우, 예를 들어 반도체·컴퓨터·통신장비·방산상품 등의 대북 수출은 수출규제법에 따라 수출통제국으로부터 수출허가나 사전 승인을 받도록 하고 있다.

뿐만 아니라 미국은 북한의 위조달러 제조 및 불법세탁 문제를 들어 금융제재 조치를 취하고 있으며, 유엔 대북 결의안 채택 이후 한 단계 높은 제재를 모색하고 있다. 구체적으로 미국은 결의안에 명시된 미사일 발사 유예 준수와 미사일과 미사일관련 물품, 재료, 제품, 기술이 북한에 이전되지 못하도록 한 사항을 이행하려 하고 있으며, 일본과 함께 금융제재의 강도를 더 높이려 하고 있다.

이렇듯 미국은 여전히 남아있는 규제사항에 따른 광범위한 제재조치들과 금융제재 등을 통해 북한의 목을 조이고 있다. 미국의 대북 경제제재조치의 효과성을 두고 많은 논쟁이 있지만 그 조치가 김정일 국방위원장의 검은 돈을 차단하고 정권유지에 필요한 돈줄을 막는 데 실효를 거두고 있는 것은 사실이다. 이러한 제재가 계속된다면 김정일 정권은 위기를 맞을 수 있다. 이 위기를 벗어나기 위해서라도 북한은 핵·미사일 문제 해결에 나서고 그 대가로 미국으로부터 경제제재완화조치를 이끌어내야 한다.

(2) 테러지원국 지정

테러지원국 명단 해제는 북한이 절실히 바라는 것이다. 그러나 공동성명 이후에도 미국은 북한을 테러지원국으로 지명한 바 있다. 미국은 북한이 테러조직과 연계되어 있고 이들에 대해 무기를 수출해 왔다는 이유를 들어 계속해서 테러지원국으로 간주하고 있다. 테러사건이전 미국은 테러지원국의 기준을 과거의 일정 기간을 토대로 테러행위를 했느냐 안했느냐에 초점을 두었다. 하지만 지금은 광범위하게 테러지원행위를 정의해 놓고 있다. 미국은 테러조직이나 테러국가에 대한 지원, 정보·기술 제공, 무기밀매 등을 테러지원행위에 포함시키고 있다. 미국은 테러나 테러지원 모두 악의 행위요 북한이 그 행위의 주체라고 밝히고 있다. 이러한 이유로 미 국무부는 매년 「세계 테러유형 보고서」(Patterns of Global Terrorism)를 통해 북한을 테러지원국으로 재지정해 왔다.

북한이 계속해서 테러지원국으로 분류되고 있는 한 긴급식량을 제외한 원조를 받을 수 없고 국제금융기구 및 선진국 유력은행의 차관을 받기 어렵다. 미 국내법은 테러국가에 대한 국제기구의 차관공여에 대해 절대 반대표를 행사하도록 규정하고 있다. 예를 들어, 세계은행(IBRD), 아시아개발은행(ADB) 등에 미국은 상당한 지분을 가지고 있어 북한이 이들 금융기구들로부터 차관을 얻으려 할 때 미국의 지지 없이는 불가능하다. 또한 미 의회는 수출입은행·해외민간투자공사·무역개발청 등 미정부기관의 대북 지원이나 자금공여에 제동을 걸 수 있다. 때문에 북한은 미국의 테러지원국 지정 해제와 그 지정에 따른 제재 해제를 절실히 바라고 있다.

(3) 미수교

북한과 미국은 미수교 상태이며, 관계정상화는 북한의 대미 목표이다. 관계정상화는 제네바합의에도 명기된 사항이나 이행되지 않은 것이다. 이번에 공동성명을 통해 다시 관계정상화 조치를 언급한 바 있다. 이는 유엔헌장의 원칙과 목적 및 국제관계에서 인정된 규범을 준수한다는 전제에서 북·미간 주권을 존중하고 평화적으로 공존하며 각자의 정책에 따라 관계정상화 조치를 취하기로 한 것이다.

그러나 미국은 북한의 핵 포기 없이는 관계개선 및 관계정상화를 전혀 염두에 두고 있지 않다. 핵을 가진 불량국가와의 관계개선을 미국이 고려하지 않기 때문이다. 북한은 이러한 미국을 대상으로 핵카드를 통해 관계개선과 관계정상화를 달성하려 하며, 정치·외교적 위기를 돌파하려 한다.

제4절 선택적 대안

1. 대안 A: 공동성명 이행

대안 A는 공동성명의 내용을 충실히 이행하는 것이다. 이는 위조달러 문제해결이 전제되어야 하며, 6자회담을 통해 공동성명 이행을 위해 노력해야 한다.

(1) 위조달러 문제 해결

핵이 북한의 카드로 작용해 온 반면, 위폐는 미국의 카드로 작용하고 있다. 미국의 금융제재는 북한의 돈줄을 막으면서 김정일 정권을 어렵게 하고 있다. 북한의 핵개발을 문제 삼아 미국이 대북제재에 나서려할 경우, 중국·한국이 반대하겠지만, 위조달러 문제에 대해선 이들 국가들이 내키지 않다하더라도 금융제재에 절대적으로 반대하기 어렵다. 북한의 위조달러 피해국은 달러제조국인 미국뿐만 아니라 중국·한국도 해당되며, 달러화를 기반으로 하는 많은 나라의 경제에 치명적 해를 끼칠 수 있다. 따라서 경제 질서를 어지럽히는 위조달러 문제 해결을 위해 나서는 미국의 조치를 중국·한국이 반대하기 어렵다.

그렇지만 미국의 금융제재 조치가 북한의 목을 조우거나 자존심을 손상시키는 방향으로 나가기도 어렵다. 따라서 그 해결방법은 비록 위조달러 제조·유포가 북한정권의 지시에 의해 이루어진 것이지만 처벌대상을 단체나 기업 또는 개인으로 국한시키고, 슈퍼노트를 인쇄할 수 있는 동판과 장비의 파기와 재발 방지의 물적 증거를 제시하고, 돈세탁에 대한 국제기준을 준수하겠다는 약속을 북한이 확실히 함으로써 이루어 질 수 있다. 이와 더불어 북한은 「아시아·태평양 자금세탁방지기구」(Asia/Pacific Group on Money Laundering: APG)에 가입해 자금세탁 방지를 위해 협조해야 한다.

(2) 핵 프로그램 포기 - 경수로 공급

미국은 선 핵 포기를 그리고 북한은 선 경수로 공급을 주장하고 있다. 어느 한 쪽의 주장이 물러서지 않을 때 북핵문제는 계속해서 교착상태에 있을 것이다. 이 문제 해결을 위한 대안은 핵 포기 과정과 경수로 공급의 동시 이행이다. 핵 포기 과정이 3~5년 정도, 그리고 경수로 공급이 신포 경수로라 하더라도 적어도 5년 이상 임을 감안할 때, 한 과정 후 다른 과정의 시작은 북한과 미국이 서로를 불신하는 상황에서 이를 받아들이기 어려울 것이다.

경수로 공급의 시작이나 재개는 북한이 핵사찰을 수용할 때 하는 것이 적절하다. 그것은 새로운 경수로가 될 수 있으며 신포 경수로가 될 수 있다. 또한 종전의 턴키(turnkey) 방식이 아니라 운영권을 KEDO가 가지면서 북한에 의한 플루토늄 전용을 막고, 북한에게는 전력사용권만 주는 새로운 운영방식을 적용할 수 있다.[16] 비용과 시간 등을 고려할 때, 새로운 형태의 경수로 보다는 신포 경수로를 건설하는 것이 바람직하다. 신포 경수로 건설을 재개할 경우, 5~6년 후 그 완성을 기대할 수 있지만 새로운 경수로일 경우, 10년 이상을 새로이 기다려야 한다. 때문에 북한은 빠른 시일 내 완공할 수 있는 경수로 건설을 바랄 것이다. 남한 역시 신포 경수로 건설을 바랄 것이다. 새로운 경수로 건설 비용을 5개국이 공동분담하기로 한다면 한국의 비용부담이 적어질 수 있지만 미·일·중·러가 그렇게 하지는 않을 것이다. 따라서 신포 경수로 건설을 재개하는 것이 한국으로서는 비용부담이 적다. 한마디로 시간과 비용 등을 고려할 때 신포 경수로 건설이 바람직하다.

16) 조성렬, 『한반도 비핵화와 평화체제 구축의 로드맵: 6자회담 공동성명 이후의 과제』, KINU 정책연구시리즈 2005-05 (서울: 통일연구원, 2005), 8.

(3) 에너지 제공과 경제제재 해제

북한이 핵 포기 방법, 범위, 대상, 일정 등에 동의한다면, 공동성명에 따라 중국, 일본, 남한, 러시아, 미국이 북한에 에너지를 공급해야 할 것이다. 남한은 합의에 따라 대북 전력공급에 나서겠지만 북한에 전력공급기반을 구축하는 송전시설 건설에 3년 남짓한 시일이 걸리기 때문에, 그 때까지 에너지 공급은 5개국에 의해 제공하는 것이 바람직하다. 아직까지 에너지 제공분담은 비율이 정해지지 않았지만, 중국, 러시아, 일본 등은 천연가스와 같은 에너지를 그리고 미국은 제네바합의에 명기된 전례에 따라 매년 50만 톤의 중유를 제공하는 것이 적절한 조치라 생각된다. 이러한 에너지 지원은 북한의 전력난 해소와 함께 생활과 산업에 활기를 줄 것이다.

뿐만 아니라 미 행정부는 지금 취하고 있는 금융제재를 해제하고, 추가 제재완화 조치에 나서야 한다. 일차적인 조치로 동결된 미국 내 북한자산을 해제하는 것이다. 그것은 약 1,400만 달러로 추정되고 있다. 대부분 은행예금 형태로 존재하고 있으며, 부동산·현금 등의 자산은 전혀 없는 것으로 알려지고 있다.

동시에 미국은 추가 대북 경제제재 완화조치를 취할 수 있다. 이를 위해 미 행정부는 관련법규의 개정 없이 행정적으로 가능한 부분을 우선적으로 고려할 수 있다. 그것은 미 행정부가 수출입 제한조치에 대한 포괄적 완화로 수출입 가능품목 확대로부터 시작해 수출입 규제를 전면 철폐하는 것이다. 이러한 조치는 북한의 상품·기술·서비스가 미국으로 수출입 되게 하며, 점진적으로 그 폭과 범위가 넓어질 수 있다. 이를 계기로 북한과 일본·서방국가기업들과의 교역이 활성화될 수 있으며, 외부투자를 기대할 수 있게 한다. 이는 북한의 무역과 산업을 활성화시키면서 경제회생을 이끌 것이다.

2. 대안 B: 포괄적 일괄타결

대안 B는 대안 A에 포함되어 있는 내용과 함께 공동성명에 논의하기로 되어 있는 부분과 그것에 포함되어 있지 않은 북·미간 쟁점사안들을 포괄적 일괄타결 방식에 의해 해결하는 것이다. 이번 절에서는 대안 A의 사안이 아닌 내용들을 중심으로 대안을 제시하고자 한다.

(1) 미사일 개발·수출 중단 - 테러지원국 명단 해제

북한의 미사일 발사로 야기된 유엔대북결의안은 국제사회가 북한의 미사일 문제를 얼마나 심각히 우려하는지를 단적으로 보여 준 것이다. 그 동안 북한의 미사일 개발·수출 문제는 한반도 및 동북아시아는 물론 역내의 범위를 넘은 지역까지 안정을 위협해 왔다. 따라서 북한의 미사일 문제는 핵문제와 마찬가지로 풀어야 할 긴요성을 갖는다.

북한의 미사일 문제가 해결되지 않는 한 북한이 미국으로부터 절실히 바라는 테러지원국 명단 해제는 어려울 것이다. 이는 미사일 기술·장비가 중동의 적성국가나 테러지원단체로 넘어 갈 수 있다는 함수관계가 작용하기 때문에 미사일 문제 해결은 테러지원국 해제와 연계성을 가지고 이루어질 수 있다.

북한의 장거리 미사일 개발 중단을 위해 맞교환식 해법을 생각할 수 있다. 이 때 미국은 클린턴 행정부시 모색된 '장거리 미사일 개발 포기 - 인공위성 대리발사' 방식을 생각할 수 있다. 북한이 이 방식을 수용하면, 미국은 북한이 발사체 자체에 접근하지 못하게 하고 대신 인공위성을 대리 발사하는 방식을 채택할 수 있을 것이다.

북한의 미사일 수출 중단은 보상을 통해 이루어질 수 있다. 북·미간 협상에서 북한은 대중동 국가에 대한 미사일무기 수출중단 대가로 3년간 10억 달러씩을 미국에 요구한 적이 있다. 이에 대해 클린턴 진영의 협상팀은 '현금보상 절대 불가'란 원칙하에 북한의 제의를 거절한 바 있다. 하지만 미국은 현금보상 대신 이에 준하는 보상, 예를 들어 식량·생필품지원, 추가 경제혜택 등을 고려할 수 있을 것이다. 미국은 북한의 미사일 수출 중단의 수혜국이 될 일본·이스라엘과 함께 보상을 마련할 수 있을 것이다.

미사일 문제가 해결되면 그 대가로 미국은 북한을 테러지원국 명단에서 해제해야 할 것이다. 이것이 이루어지면 미국은 테러지원국 지정에 따른 제재해제 조치를 취할 것이다. 그것은 구체적으로 원조금지, 미 군수품목에 포함된 상품 및 기술 수출 금지, 이중 용도로 사용 가능한 상품·기술 수출 금지, 농업무역 및 개발법, 평화봉사단법 및 수출입은행법에 따른 원조 금지, 국제금융기관의 대북 차관지원 금지, 전리품의 이전 금지, 대미 수출품에 대한 관세면제 금지, 재무장관의 승인을 받지 않은 미국인과 북한정부간의 금융거래 금지, 기업 또는 개인이 북한에서 얻은 소득에 대한 세금공제 요구 금지 등을 해제시키는 것이다.

특히 국제금융기관의 대북 차관은 선진국 유력은행의 차관과 다국적기업의 투자를 뒤따르게 한다. 이러한 차관과 투자는 궁극적으로 북한의 철도, 도로, 통신망 등 사회간접시설 건설 착수에 도움을 줄 수 있고 이를 토대로 북한은 경제회생을 추진할 수 있다. 더불어 테러지원국가에 대한 수출입은행 사용금지 조항을 규정한 대외원조령을 북한에 적용할 수 있으며, 미 기업이 북한에 상품을 수출할 경우, 미수출입은행의 지불보증과 수출신용공여를 받을 수 있다.

(2) 불가침과 안전보장

북한은 미국으로부터 공신력 있는 문서를 통해 안전을 보장 받으려 할 것이다. 그러나 현실적으로 불가능한 미 의회로부터 보장된 문서를 요구해서는 안 된다. 불량국가이자 악의 축의 국가로 간주하는 북한을 대상으로 미 의회가 불가침하지 않겠다는 것을 보장해 주지는 않으려

할 것이기 때문이다. 대신 미 대통령으로부터 불가침을 문서로 보장받고 다자해법에 따라 6자회담 참여국으로부터 불가침을 보장받는 대안을 받아 들여야 할 것이다.

그래도 북한이 불가침조약을 원한다면, 「캘로그-브리앙 조약」(Kellogg-Briand Pact, 1928. 8. 27)[17]에 가입하면 된다. 이 조약은 조약 당사국들 간에 국가의 정책수단으로 전쟁을 사용하지 않겠다는 것과 분쟁의 평화적 해결 의무를 주 핵심으로 하고 있다. 따라서 이 조약은 부전(不戰), 상호 불가침조약인 셈이다. 미국 등 69개국이 체약 당사국으로 되어 있으며 아직도 유효하다. 아직까지 남북한이 이 조약에 가입하지 않은 상태이며, 가입할 경우, 남북한 간은 물론 북·미간 상호 불가침도 효력이 발생한다.

나아가 북한은 미국의 적대정책 포기를 받아내려 할 것이다. 공동성명 내용엔 미국의 대북 적대정책 포기에 대해선 언급되지 않았다. 미국의 적대정책이 존재하는 한, 북한은 미국의 적으로 계속해서 남을 것이다. 따라서 불가침 조치와 함께 미국은 대북 적대정책을 포기해야 하며, 이는 안전에 대한 북한의 믿음을 보다 굳건히 하는 것이다.

(3) 평화체제 구축

한반도 평화체제 구축을 위한 논의는 한반도 전쟁종식과 평화와 안전을 위해 진행될 것이다. 전쟁을 종식시키고 적대관계 해소를 위해선 평화협정 체결이 필수적이고 이는 관계정상화의 필요조건이다. 궁극적으로 평화협정 체결은 북한에게 도움이 된다. 북한은 미국과 적대관계를 유지하면서 평화공존의 길을 걷기보다는 평화협정을 체결하고 적대

---

17) 이 조약은 1929년 7월 24일 발효되었다. 보다 자세한 내용은 "Kellogg-Briand Pact 1928," accessed July 10, 2006, http://www.yale.edu/lawweb/avalon/imt/kbpact.htm; "Treaty Providing for the Renunciation of War As an Instrument of National Policy," accessed July 10, 2006, http://www.lib.byu.edu/~rdh/wwi/1918p/kellogg-briand.html.

관계를 청산하는 것이 훨씬 유리하며, 이것은 곧 미국의 침략위협에 대한 북한의 우려를 현저히 낮추면서 안전보장의 제도적 장치를 마련할 수 있기 때문이다.

그러나 북한이 주한미군 및 유엔사 철수 등 여러 전제조건들을 내세울 경우 평화협정 체결은 어려울 것이다. 남한과 미국은 주한미군 및 유엔사의 완전 철수를 받아들이지 않으려 할 것이다. 게다가 남한은 자국이 배제된 평화체제 체결에 절대적으로 반대하며 미국 역시 이를 지지하고 있다. 따라서 북·미 관계정상화를 위해서라도 북한은 남한, 미국, 중국과 함께 평화협정을 체결해야 한다. 이는 한반도 문제에 남북한이 주체임을 분명히 하면서 동시에 남북기본합의서에 따른 남북 당사자 해결원칙을 이행하는 것이다.

한반도 평화체제 구축은 남북기본합의서의 이행을 축으로 해야 한다. 협정이 체결되고 북한이 합의서에 서명한다하더라도 합의가 실행되지 않으면 아무 소용이 없다. 일개 협정 또는 합의가 자동적으로 평화를 보장해 주지는 않는다. 따라서 남북기본합의서에 규정하고 있는 상호체제인정, 내정불간섭, 상호불가침을 실현해 나가야 한다.

(4) 북·미 관계정상화

평화협정 체결이후 북·미 관계정상화를 기대할 수 있다. 그러나 그것이 각자의 정책에 따라 조치를 취하기로 한 만큼 매우 험난한 과정이 예견된다. 북한은 관계정상화를 대미 정책의 목표로 삼고 있는 반면 미국은 북한의 핵, 미사일, 생화학무기, 재래식 군사력, 테러지원, 밀매, 인권 문제들에 대한 어떠한 해결책과 함께 이를 이루려 한다. 미국은 위의 문제들을 모두 해결하려 하겠지만 북한이 응하지 않을 때 미국의 수단은 제한적이다. 실제로 강제력이란 수단을 미국이 가지고 있지 않기 때문에 북한의 대량살상무기 확산 저지를 위한 미국의 노력은 한계가 있다. 때문에 미국은 핵·미사일 문제가 해결된다면 나머지 사안들에 대해선 북·미 관계정상화 이후에 다루는 것이 바람직하다.

북·미 관계정상화는 북한이 국제사회의 구성원으로 역할을 할 수 있게 도울 것이다. 북한은 탈냉전 시대 중국과 러시아가 남북한 등거리외교를 모색하듯 미국도 북한을 등거리외교 차원에서 대해 주도록 유도하고, 주변국들의 정책이 북한에게 유리하게 작동되도록 하고자 할 것이다. 또한 북한이 미국과의 관계를 확대 발전시키면서 다방면에 걸친 교류·협력을 전개시켜 나갈 것이다. 이로써 북한은 국제사회의 일원으로 역할을 할 수 있고, 불리한 외부환경을 극복하는 데 도움이 될 것이다.

3. 대안 C: 추가 접근

대안 C는 미국이 해결하고자 하는 북한의 생화학무기와 재래식 군사력 문제를 어떻게 풀어야 하는지를 제시하는 추가 접근이다. 이는 대안 A와 대안 B와 함께 모색되어지며, 주고받기 식에 의해 이루어질 수 있다.

(1) 생화학무기 비확산

북한의 생화학무기 문제 해결은 각각 다른 접근이 모색되어 진다. 생물무기 문제는 북·미간 공동의 노력이 요구되며, 화학무기 문제는 보상으로 접근하는 식이 제시된다.

생물무기 확산 저지는 기존의 협정을 실효성 있게 하고 이를 이행하는 것이다. 이미 미국과 북한은 「생물무기협정」(Biological Weapons Convention: BWC)에 가입한 상태이다. BWC는 1972년 4월 미국·영국·러시아의 주도로 체결된 국제 군축협정으로 생물·독소무기의 개발·생산·비축금지와 파기를 규정하고 있다. 그러나 이 협약은 현장검증과 협약이행을 강제할 수 있는 구체적 검증절차조차 마련되어 있지 않다. 협정내용의 불이행에 대한 제재방안이 없어 그 실효성이 미흡하다. 때문에 이 협약은 상징적이라 여겨질 수 있다.

한편 미국은 2001. 7 생물무기를 금지한 1972년의 초안에 힘을 실어주는 의정서 초안을 거부해 유럽 및 다른 나라들을 화나게 만들었다. 미국이 생물무기 생산 저지에 적극성을 보이지 않을 때 북한을 압박 할 이유와 명분을 상실하게 된다. 실제로 생물무기를 통제하는 것은 핵무기를 통제하는 것보다 훨씬 어렵다. 따라서 미국과 북한은 의정서 초안을 함께 수용하고 생물무기 확산 저지를 위해 공동으로 노력해야 한다.

북한의 화학무기 확산 저지를 위해 미국은 북한이 「화학무기협정」(Chemical Weapons Convention: CWC)에 가입하도록 해야 한다. CWC는 화학무기의 개발·생산·비축·이전·사용 등을 전면 금지하고 이를 감시하기 위한 사찰체제를 도입하고 있다. 그리고 화학무기 관련기술을 국제적으로 공유하도록 하고 있으며, 향후 10년간 화학무기와 생산시설 등을 모두 제거해야 한다고 규정하고 있다. 뿐만 아니라 회원국에 가입하면 다른 회원국에 국제 사찰팀을 파견할 수 있고, 화학무기 생산의혹이 있는 회원국 기업체에 대한 사찰도 실시할 수 있다. 따라서 북한이 이 협정에 가입하면 협정비준국들이 취하고 있는 것과 같이 화학무기 및 생산공장을 폐쇄해야 한다. 이러한 이유로 이 협약은 화학무기를 제한시키는 데 가장 효과를 발휘하고 있다. 때문에 미국은 북한의 화학무기 생산을 저지시키기 위해서라도 북한의 협약가입에 주력해야 한다.

CWC 가입을 위해 미국은 경제적 보상을 생각할 수 있다. 이를 위해 「정상교역관계」(Normal Trading Relations: NTR) 및 「일반특혜관세제도」(General System of Preferences: GSP)를 북한에 부여하는 것이 제시된다. NTR 부여는 북한상품의 미국수입을 장려하는 것이다. NTR 대우를 부여받지 못하면 GSP의 적용도 받지 못한다. 따라서 필요조건, 즉 NTR을 충족시킨 뒤 GSP를 부여해야 할 것이다. NTR과 GSP는 북한의 수출에 크게 기여하면서 북한의 외화획득에 상당한 도움을 줄 것이다.

(2) 재래식 군사력 감축

재래식 전력 감축의 대상이 남북한의 전력이기 때문에 미국이 직접 협상하기에는 많은 제한이 있다. 북한이 재래식 전력 감축에 동의한 뒤 주한미군 철수를 고집할 때 이에 대한 적절한 대안이 없는 것도 문제다. 따라서 재래식 군사력 감축문제는 미국과 한국의 원활한 역할분담 역할에 의해 풀어나가는 것이 바람직하다. 즉, 미국이 북한의 핵, 미사일, 생화학무기 문제를 주로 다루고 한국이 재래식 군사력 감축문제를 담당하는 것이다.

이미 남북한은 '군사당국자 간 직통전화 설치', '군축 협의', '무력불사용', '남북군사공동위원회 설치' 등 한반도의 냉전종식과 항구적 평화체제 보장을 위한 남북기본합의서의 복원과 이 기반 위에서 군비감축문제를 해결해 나가려는 의지를 보인 바 있다. 때문에 미국은 남북한이 이들을 이행할 수 있도록 도와주는 것이 당연한 것이다. 이와 함께 미국은 우발사태를 막기 위한 '운용적 군비통제'와 실질적인 병력감축을 위한 '구조적 군비통제'가 남북한 간에 진행될 수 있도록 측면 지원하는 역할을 하는 것이 바람직하다.

남북합의 하에 병력·무기 등의 군비통제 실현과 검증을 실질적으로 실행하고 한반도지역에서 군사적 긴장이 사라질 경우 미국은 주한미군의 단계적 철수를 진행해야 할 것이다. 제3차 4자회담(1998. 10)에서 한·미는 북한군·한국군·주한미군 등 한반도의 모든 군사력의 동시감축을 병행 논의할 수 있다고 밝힌 바 있다. 이는 주한미군을 포함한 한반도에 있는 모든 군사력 감축을 의미하며, 이것이 진행될 때 한반도의 군사적 긴장은 보다 완화될 수 있다.

제5절 결론

북·미간은 선 핵 포기와 선 경수로 건설을 두고 서로 팽팽히 맞서고 있으며, 위조달러 문제, 북한의 미사일 발사, 유엔대북결의안 등으로 양국 관계는 악화일로에 있다. 이러한 상태가 지속된다면 핵문제는 교착상태를 벗어나지 못할 것이다.

북한은 미국을 대상으로 핵 게임을 벌려 안전보장과 보상 등 최대한 많은 것을 얻고자 한다. 그것은 '중심고리 전략'과 '협상·실리전략'을 통해 미국으로부터 확보하고자 하는 것을 최대한 얻으려 하는 것이다. 이러한 전략은 그 동안의 협상과정과 6자회담을 통해서도 나타났으며 공동성명에서도 표출되고 있다. 따라서 북한의 대미 접근은 경수로 공급, 에너지 지원, 교역 및 투자 분야의 경제협력 등 합의의 이행과정과 관계정상화를 위한 조치 과정을 확인하면서 진행될 것이다. 이와 마찬가지로 미국 역시 핵 포기 과정에 상응하는 단계별 보상을 추진할 가능성이 있다.

북·미간 불신이 쌓여 있는 상황에서 앞으로의 과정은 서로의 약속 이행을 확인한 뒤 그 다음 단계로 나가는 길을 걸을 것이다. 그 과정은 공동성명 언급된 바와 같이 '공약 대 공약' 그리고 '행동 대 행동'의 원칙에 입각한 진행될 것이다. 그러므로 핵 포기와 보상 과정에 있어 상대가 문제를 제시할 때 행동 대 행동의 원칙에 입각해 합의내용이 지연되거나 지켜지지 않을 가능성이 있으며, 반면에 불신 속에 고통과 험난한 과정이 있다하더라도 어두운 긴 터널을 나온 후 햇빛을 보는 것과 같이, 길고 한편으론 고충이 있을 협상을 통해 합의를 도출해야 하며, 합의사항을 이행해 나간다면 서로가 목표하는 바를 점진적으로 성취할 수 있을 것이다.

제4절에서 제시된 선택적 대안은 핵문제를 비롯해 북·미간 걸쳐 있

는 쟁점사안들을 해결하기 위해 모색되어야 한다. 제시된 대안들 중 공동성명의 내용을 합의에 따라 이행하는 대안은 핵문제 해결의 중심이다. 그리고 포괄적 일괄타결의 대안은 북핵문제 해결뿐만 아니라 미사일 문제, 불가침, 평화체제 및 관계정상화를 한꺼번에 해결할 수 있는 안이다. 이 대안과 함께 추가 접근 대안까지 이루어진다면 북한의 대량살상무기 및 재래식 군사력 문제를 완전히 해결할 수 있을 것이다.

이들 대안들이 추진되지 않고 핵·미사일 문제가 악화된다면 대북 경제제재와 같은 북한을 압박하는 대안이 진행될 것이다. 북한이 그러한 압박을 받는 것 보다는 북한에게 도움이 되는 것을 찾아 가는 것이 훨씬 유리하다. 핵을 가지고 궁핍하게 사는 것보다는 핵을 포기하고 보다 나은 삶을 영유하는 것이 훨씬 바람직하며, 그것은 김정일 정권과 사회주의 체제 유지에 도움이 될 것이다.

결론적으로 비록 핵문제를 해결해 나가는 과정이 어렵다하더라도 상대에 대한 이해와 양보가 뒤따른다면 긍정적 결과를 이끌 것이다. 그렇지 않으면 북한의 핵문제로 비롯된 한반도의 긴장은 더욱 고조될 것이다. 이를 풀어 나가기 위해선 북한과 미국의 노력과 함께 6자회담 참여국 모두의 노력이 필요하며 국제사회의 관심과 노력이 함께 있어야 한다.

제2장 북한의 위기고조 행위와 미국의 대응*

제1절 서론

북한은 1993년, 2006년 위기고조 행위를 통해 대미 협상력을 강화한 바 있고, 결국 '북·미 제네바기본합의'(Agreed Framework between the United States of America and the Democratic People's Republic of Korea, 1994. 10. 21, 이하 '제네바합의')와 6자회담을 통해 '공동성명'(Joint Statement of the Fourth Round of the Six-Party Talks, 2005. 9. 19, 이하 '9·19 공동성명')을 도출한 바 있다. 전자의 합의는 북한의 핵동결을 그리고 후자의 성명은 북한의 핵 포기를 약속하고 있으며, 북한에게 대규모 경제적 보상을 약속한 것이다. 그러나 북·미간은 합의와 성명을 약속대로 제대로 이행하지 못했다. 약속 불이행에 대한 반작용으로 워싱턴 정책결정자들은 북한을 압박하는 행위를 추진한 반면, 평양 정책결정자들은 위기를 고조시키는 행위를 취하곤 하였다. 미국의 행위는 주로 금융제재였으며, 반면 북한은 미사일 시험발사, 로켓발사, 핵실험 등을 통해 위기를 고조시켰다.

그렇다고 북·미간 대립의 연속이 악순환을 이어오게 한 것만은 아니다. 공동성명 이후 핵문제는 북한의 위조화폐 문제와 미국의 대북 금융제재로 다시 대립을 보였다. 이러한 대립은 결국 북한의 핵실험으로 이어졌고, 핵문제는 최악의 상태에 빠져들었다. 그럼에도 불구하고 핵문제는 6자회담에서 '9·19 공동성명 이행을 위한 초기 조치'(Initial Actions for the Implementation of the Joint Statement, 2007. 2. 13, 이하 '2·13 합의')를 내놓음으로써 새로운 돌파구를 찾게 되었다.

---

* 본 장은 『평화연구』 제17권 2호 (2009), 73-99에 게재한 논문을 수정·보완 한 것임.

이는 미국의 양보로 이루어졌다. 그 내용은 공동성명을 실현하기 위한 과정을 현실화시킨 것이다. 그것은 핵 불능화라는 신조어를 창출하면서 비핵화라는 최종 목표를 설정하고 있다. 그리고 단계 별로 보상을 하고 행동 대 행동을 원칙을 강조하고 있다. '2·13 합의'에 따라 북한은 핵 불능화의 과정을 걸어 왔고, 나머지 6자회담 참여국들은 보상에 나서 왔다. 하지만 아직 핵 불능화가 완료된 것은 아니며, 이에 따라 핵 불능화 과정에 따른 보상이 중단된 상태이다. 이러한 상태가 지속된 가운데 미국의 정권이 교체되었고, 북한은 새로운 미 행정부를 대상으로 로켓발사와 핵실험을 하는 위기고조 행위를 저질렀다.

오바마 행정부는 북한에 대해 단호한 자세를 취하고 잘못된 행동에 보상이 없다는 강력한 태도를 보이고 있다. 하지만 평양지도부는 클린턴 행정부와 부시 행정부를 대상으로 많은 보상을 얻었던 것과 같은 정도의 기대치를 가지고 있다. 이를 위해 북한당국은 과거에 했던 것처럼 위기고조를 통해 가능한 많은 보상을 얻고자 하며 동시에 핵을 가진 국가로 인정받고자 한다.

북한의 위기고조 행위는 과거에도 반복된 것이지만, 오바마 행정부 등장이후 더욱 강도 높게 진행된 바 있어, 그 목적과 근원에 대해 살펴 볼 필요가 있다. 이러한 행위는 핵 불능화의 과정을 악화시키면서 역내 불안정성을 높이고 있어 연구의 새로운 접근이 필요하다. 기존 연구를 검토할 때, 이는 주로 제1차, 제2차 핵 위기와 위협 카드 등을 분석대상으로 삼고 이루어져왔는데, 이를 근거로 본 연구에서는 표출된 북한의 행태와 위협과 위기조성과 연관된 논리를 통해 최근의 위기고조 행위에 대한 사실분석에 나설 것이다. 이를 위해 오바마 행정부 출범이후 북한의 핵위협, 장거리 로켓발사, 핵시설 재가동과 폐연료봉 재처리, 핵실험 등이 분석대상이 될 것이다. 아울러 행위주체인 북한과 그 대상인 미국의 목표를 각각 살펴보고, 북한의 목적 추구를 위한 수단과 그리고 전략적 효용성과 위기관리 극복을 위한 방안 등에 대해 알아 볼 것이다.

제2절 위기고조 행위: 목적과 인지

북한은 핵 억제력 보유와 체제보장을 위해 핵보유를 추진해 왔고, 반면 미국은 「핵확산금지조약」 체제 유지와 한반도 비핵화를 위해 북한의 핵보유 저지를 위해 노력해 왔다. 이러한 과정은 협동과 경쟁이 혼합된 형태의 '혼합적 상호작용'(mixed interaction)[1]에 의해 진행되어 왔다.

주요 국가들, 특히 초강대국들의 정책들은 약소국들에게 세계를 지배하기 위한 것처럼 보여지곤 한다.[2] 북한은 경제적으로는 빈국이다. 그러나 군사적으로는 약국이 아니며, 오히려 강국이다. 그러나 북한은 군사강국인 이라크가 미국의 공격에 제대로 대응을 하지 못한 채 무너지는 것을 목격하고, 체제유지에 강한 집념을 보여 왔다. 그러면서 평양지도부는 미국의 세계지배 야욕이 크며, 공산주의권 국가들을 봉쇄정책으로 붕괴시키고, '악의 축'으로 간주한 이라크를 침공했던 것처럼 북한을 몰락시키려 할 것이라 보고 있다.

공산주의권 국가들의 몰락을 지켜보면서 북한은 체제유지를 위해 핵이란 군사적 카드를 꺼내들었다. 평양지도부는 이러한 핵카드를 1990년 초반부터 지금까지 사용해 오고 있으며, 나름대로 효과를 거두어 왔다. '제네바합의'와 '9·19 공동성명'은 서로의 목표를 교환함으로써 서로가 얻고자 하는 것을 추구해 왔다. 이는 보완적 이익을 추구함으로써 가능한 것이었다. 그러나 합의 이행과정에 있어 서로는 상대가 합의를 제대로 이행해 오지 않았다고 인식해 왔으며, 실제로 이는 인지의 문제라기보다는 합의가 부분적으로 이행해 오지 못한 데 따른 문제였다.

---

1) 혼합적 상호작용은 '경쟁적 상호작용'(competitive interaction)과 '협동적 상호작용' (cooperative interaction)의 혼합된 유형으로 볼 수 있다. Donald J. Puchala, International Politics Today (New York: Dodd, Mead & Company, 1971), 5.

2) Robert D. Cantor, Contemporary International Politics (St. Paul, MN: West Publishing Company, 1986), 359.

이러한 문제가 불거지면서 상대에 대한 위협적 태세는 상황을 악화시키곤 하였다. 이러한 상황에서 평양정책결정자들은 초강대국 미국을 대상으로 고비마다 벼랑 끝 전략을 통해 정면 승부를 벌여 왔으며, 이러한 전략은 목적 달성과 양보를 이끌기 위해 위기를 고조하는 식으로 진행되어 왔다. 미국은 이러한 북한을 상대로 대응해 왔다. 그럼에도 불구하고 북한은 무너지지 않고 오히려 생존할 수 있었다. 생존은 군사적 수단의 사용에 의한 외부 세계의 지원에 의해 가능한 것이었다.

평양정책결정자들이 미국과의 협상과정에 있어 처음부터 비타협적 태도를 취한 것은 아니었다. 뉴욕채널을 통한 상호 접촉과 고위 실무급 접촉 그리고 6자회담을 통해 대화·협상을 진행해 왔다. 그 과정에 상대에 대한 양보와 이해, 문제해결을 위한 제의와 방향제시 등이 있었는가 하면, 이와 반대로 상대에 대한 경고, 위협 등이 있었다. 전자는 협상을 긍정적으로 이끌게 할 수 있었다. 반면 후자는 협상을 부정적으로 가게 하였다.

평양정책결정자들은 협상을 그들이 의도하는 대로 그리고 유리한 대로 미국이 다가오도록 협상력을 배양시켜 왔다. 실제로 어떤 상황에서, 어떤 자원을, 어떻게 사용하여 상대방으로 하여금 상대방이 맨 처음 설정한 위치로부터 점점 자신이 의도하는 방향이나 위치로 옮겨오게 하는 힘이 협상과정이나 결과에 결정적인 영향을 준다.[3] 따라서 평양정책결정자들은 협상력을 높여 얻고자 하는 것을 위해 협상을 추진해 왔으며, 협상이 실패하거나 또는 다른 대안이 효과를 거두기 어렵다고 판단될 때 위기고조 전략을 추진해 왔다.

일반적으로 생각할 때 강한 국가와 약한 국가가 맞붙을 때, 전자가 이기는 것이 당연하다. 그리고 강력한 당사자가 상대적으로 훨씬 많은 이익을 얻을 수 있다.[4] 그렇기 때문에 상대적으로 약한 국가는 가용할

---

3) 이달곤, 『협상론: 협상의 과정, 구조, 그리고 전략』(서울: 법문사, 1995), 20.

4) H. H. Kelly et al., "A Comparative Experimental Study of Negotiation Behavior," Journal

수 있는 수단을 사용해 손실을 줄이고 이익을 얻을 수 있도록 노력한다. 그것을 위해 또는 상대적으로 강한 상대를 제압하기 위해 위기를 고조하기도 한다.

위기는 놀라운 사건, 중요한 가치에 대한 상당한 위협, 그리고 짧은 정책결정의 상황으로,[5] 그리고 충돌 직전의 상황으로 묘사되어진다. 때문에 위기는 전쟁의 전조로 여겨지곤 한다.[6] 따라서 적대국가간 또는 대립 국면에 있는 국가 간에는 위기가 많으면 많을수록 전쟁의 가능성은 높아질 수 있다. 그러나 양국의 정책결정자들이 전쟁을 원하지 않기 때문에 각 국가는 모종의 대안을 보유하고 있을 정도의 행동자유를 가지고 움직이는 경향이 있다.[7] 행동자유는 협상을 포함하고 있다. 북한은 위기를 고조시킨 뒤 협상을 모색하는 전술을 즐겨 사용하고 있다. 이를 볼 때, 위기는 전쟁·대립의 전조로 보기 어려우며, 오히려 협상을 유도하는 전조로 볼 수 있다.

긴장·위협·경쟁·가해의 소용돌이 속에서 발생하는 지각 및 심상의 문제는 정책결정과 어떠한 관련성이 있는 것인지 정확하게 추적하기 어렵다.[8] 그러나 위기에 대한 지각(perception)과 심상(image)은 향후 행동을 결정하는 데 중요한 역할을 한다. A국가가 상대국인 B국가의 의도와 행위를 위협적으로 인지할 때, A국가는 대응태세를 취하곤 한다. 따라서 상대국의 행위를 어떻게 인지하느냐는 국가 간의 관계에 있어 매우 중요하다. 결국 A와 B 상호 간의 위협적이며 가해적인 행위의 교환이 계속될 때 악순환을 가져올 수 있다.[9]

---

of Personality and Social Psychology 16 (1970), 411-438.

5) Charles F. Hermann, "Some Consequences of Crisis Which Limit the Viability of Organizations," Administrative Science Quarterly 8 (June 1963), 61-82.

6) Quincy Wright, A Study of War (Chicago: University of Chicago Press, 1965), 1272.

7) Karl W. Deutsch, "Mass Communications and the Loss of Freedom in National Decision-Making: A Possible Research Approach to Interstate Conflicts," Journal of Conflict Resolution 1 (June 1957), 200-211.

8) 구영록, 『인간과 전쟁: 국제정치이론의 체계』(서울: 법문사, 1989), 147.

9) Robert C. North, R. A. Brodie and O. R. Holsti, "Some Empirical Data on the Conflict

하지만 대립국면에 있는 국가 간이더라도 사안의 인식에 따라 대응의 방향이 달라질 수 있다. 예를 들어 A국가가 위기에 직면해 있다고 인식하더라도 B국가가 위기가 아니라고 인식할 경우, 그들 간의 직접적 충돌의 가능성은 줄어들 수 있다. 따라서 상대에 대한 작용(action)과 반작용(reaction)의 행위는 상호간 인식에 의해 상당 부분 영향을 받는다.

북한의 대미 '영상'(mirror images)은 미국에 대한 부정적 인식이 자리 잡고 있다. 북한은 평화지향적이나 미국은 "기만적이고 제국주의적이고 호전적"이며 "믿을 수가 없으며, 그들의 정책은 광기에 가까워지고 있다"[10]고 생각한다. 이러한 영상을 따라 평양지도부는 미국의 있을 수 있는 호전적 공격행위를 크게 우려하고 있다. 의심이 고조될 때, 일방의 방어적인 움직임은 다른 쪽에서 도발적으로 보여 더 심한 방어적인 반작용을 불러일으킨다.[11] 따라서 북한의 작용에 대한 미국의 방어적 움직임이 도발적으로 여겨질 수 있으며, 이에 대응한 북한의 방어적인 반작용이 있을 수 있다. 이러한 진행은 상황에 대한 정확한 판단이 부재할 때, 위기고조로 이어질 수 있고, 작용-반작용 행위가 전개될 수 있다.

Spiral," Peace Research Society Papers 1 (1964), 1-19.

10) Urie Bronfenbrenner, "The Mirror Image in Soviet-American Relations: A Social Psychologist's Report," Journal of Social Issues 17(3) (1986), 46-48. See also William Eckhardt and Ralph K. White, "A Test of the Mirror Image Hypothesis: Kennedy and Khrushchev," Journal of Conflict Resolution 11 (September 1967), 325-332.

11) Ross Stagner, "The Psychology of Human Conflict," The Nature of Human Conflict, ed. Elton B. McNeil (Englewood Cliffs, N.J.: Prentice-Hall, 1965), 46.

제3절 위기고조 수단: 핵무기

약소국은 국가안보를 군사적 수단보다 비군사적 수단에 더 많이 의존한다.[12] 그러나 북한은 비군사적 수단보다 군사적 수단을 통해 직면한 총체적 위기를 돌파해 나가려 한다. 그 유용한 수단으로서 북한은 핵무기를 사용해 오고 있다. 이 절에선 그 수단인 핵을 플루토늄과 고농축 우라늄으로 나누어 그 현황에 대해 살펴보고자 한다.

1. 플루토늄 프로그램

플루토늄을 근거로 한 북한의 핵능력은 여러 국가와 정보기관에서 다양하게 평가되어 왔다. 그러나 북한의 핵능력을 정확하게 파악할 수 없었다. 이러한 가운데 북한이 미국에 제출한 18,822쪽 분량의 핵자료와 6자회담 의장국인 중국에 2008년 6월에 제출한 핵 신고서는 북한의 핵 현황을 파악하는데 도움을 주고 있다. 핵자료는 북한이 37kg의 플루토늄을, 그리고 핵 신고서는 30kg의 플루토늄을 추출한 것이라 기술하고 있다. 또한 핵 신고서는 북한이 핵개발에 약 25.5kg을 그리고 2006년 10월 시행된 지하핵실험에 2kg을 사용했다고 명기되어 있다.[13] 이 자료들에 의해 명기된 플루토늄 분량은 미 정보기관들이 추정했던 40~50kg[14]에 비해 훨씬 적은 양이다. 더욱이 추출한 플루토늄

---

12) 이석호, "약소국 외교정책론," 『현대국제정치학』, 이상우·하영선 편 (서울: 나남, 1992), 471.

13) "N. Korea Says Used 2kg of Plutonium in 2006 Nuke Test: Source," Kyodo News, June 28, 2008; "N. Korea Says 25.5kg of Plutonium for Nuclear Weapons: Sources," Kyodo News, July 4, 2008. 미국의 저명한 핵과학자는 북한의 제1차 핵실험에서 6kg 정도의 플루토늄이 사용되었을 것이라 본다. 이에 대해선 Siegfried Hecker, "Report on North Korean Nuclear Program," Center for International Security and Cooperation, Stanford University (November 15, 2006) 참조.

14) 이를 기준으로 할 때, 북한은 플루토늄 프로그램을 통해 6~7개의 핵무기를 만들 수 있는 능력이 있다. 이에 대한 다양한 평가는 다음으로부터 참고할 수 있다. Robert S. Norris and Hans M. Kristensen, "North Korea's Nuclear Program, 2005," Atomic Scientists 61(3) (May/June, 2005), 64-67; Office of the Director of National Intelligence,

외에도 미추출 플루토늄과 핵시설의 장비 내에 남아있는 플루토늄까지 합산하면 추출한 플루토늄의 전체 분량은 신고한 양보다 훨씬 더 늘어난다. 그러나 2009년 5월 실시한 제2차 핵실험에서 북한이 5~7kg 정도 플루토늄을 사용한 것으로 추정[15]되기 때문에 플루토늄 추출량은 이전에 산출한 추출량에서 사용한 추출양을 빼면 된다. 플루토늄 분량이 정확하게 산출되지 않은 가운데, 북한이 플루토늄 30.8kg을 무기화했다는 정보가 있다.[16] 핵무기 1개를 만드는 데 필요한 무기급 플루토늄이 5~7kg 정도인 점을 감안하면 북한이 보유하고 있는 플루토늄으로 핵무기 4~5개를 만들 수 있다.

북한의 핵실험은 플루토늄탄의 능력을 보여주었다. 이와 관련, 부시 행정부는 핵실험이 핵장치(nuclear device)를 폭발시킨 것으로 결론지으며, 미완의 실험으로 여겼다. 그러나 오바마 행정부 등장이후 북한의 핵능력은 재평가되고 있다. 그것은 파네타(Leon Panetta) 중앙정보국(CIA) 국장 지명자의 서면자료를 통해 나타난다. 그는 "북한이 지난 2006년 핵무기를 폭발시켰다"고 증언한 바 있다.[17] 이는 핵장치가 아닌 핵무기 폭발실험을 의미하는 것이다.

핵무기 폭발실험으로 받아들여질 경우, 이는 곧 북한이 핵무기를 보유한 것으로 간주할 수 있다. 이를 반영하듯 미국 국방부 산하 합동군

"Unclassified Report to Congress on Nuclear and Missile Programs of North Korea" (August 8, 2007). 총체적 평가는 Mary Beth Nikitin, "North Korea's Nuclear Weapons," CRS Report for Congress RL34256 (February 12, 2009).

15) 북한의 핵무기에는 5~7 kg 정도의 플루토늄이 들어가고, 핵실험에도 비슷한 양이 필요한 데서 추산한 것이다.

16) 이는 해리슨 미 국제정책 아시아 프로그램 국장이 북한 고위 관계자로부터 들은 것에 기준한 것이다. Selig Harrison, "North Korea Claims to Have Weaponized Plutonium," CNN, January 19, 2009.

17) Leon Panetta, Director of Central Intelligence. Confirmation Hearing before US Senate Intelligence Committee, February 5, 2009. 파네타 지명자의 발언을 근거로 할 때 앞으로 미국의 정책목표는 북한의 핵 불용이 아닌 비확산이 될 수 있음을 예견하고 있다. 그렇다고 비확산 정책이 처음으로 시작되는 것은 아니다. 부시 행정부는 북한의 핵실험 이후 비확산 정책으로 나갔다. 그러나 공식적으로는 핵 불용 정책으로 나갔다. 그것은 북한의 핵보유를 공식적으로 인정하지 않으려는 부시 행정부의 정책에 따른 것이었다.

사령부와 미 국가정보위원회는 북한을 핵무기 국가로 보고 있다.[18] 엘바라데이(Mohamed ElBaradei) 국제원자력기구(IAEA) 사무총장 역시 그렇게 보고 있다.[19] 그렇지만 미 국방부와 오바마 행정부는 북한을 공식 핵보유국으로 인정하지 않고 있다. 이는 부시 행정부·때도 마찬가지였다. 북한이 사실상의 핵보유국이라 하더라도 그것은 소형 핵무기를 제조한 것에 불과하다.

2. 고농축 우라늄 프로그램

핵자료와 핵 신고서는 우라늄 프로그램과 핵확산 활동에 대해서는 언급이 없다. 오래 전부터 북한은 우라늄 프로그램을 부인해 왔다. 그것은 지금까지 부인되고 있다. 북한은 우라늄농축용 원심분리기에 쓰이는 고강도 알루미늄 튜브 140톤을 러시아 업자로부터 수입한 사실을 미국 측에 시인했지만 로켓탄 등 우라늄 농축 프로그램과 무관한 용도에 사용됐다는 입장을 유지하고 있다.[20] 미국이 믿지 않자 북한은 해명을 위해 미국의 북한 핵 불능화 실무 팀에게 알루미늄 튜브를 전달하자 거기서 농축 우라늄의 흔적이 발견되었다.[21] 이 흔적은 바로 북한이 농축 우라늄 프로그램을 가동했다는 것을 증명하는 것이다.

이 외 추가 증언은 북한의 농축 우라늄 프로그램의 가동을 알리고 있다. 무사라프(Pervez Musharraf) 파키스탄 대통령의 자서전은 "북한이 파키스탄으로부터 20여 개 정도의 원심분리기를 구입했으며, 그 목적은 이를 역설계해 2~3천 개의 원심분리기를 제작하는 것이다"[22]라

18) US National Intelligence Council, "Global Trends 2025: A Transformed World," NIC 2008-003 (November 2008), 62.

19) Jee-ho Yoo, "IAEA Head: North is Nuclear-armed State," JoongaAng Daily, April 22, 2009.

20) 주준형, "북, UEP 부인 일관, 성 김 과장에도 부인," 『연합뉴스』, 2007. 12. 23.

21) Glenn Kessler, "Uranium Traces Found on N. Korean Tubes," Washington Post, December 21, 2007.

22) 유미정, "전문가들, 원심분리기 이용한 북한의 우라늄 농축 계획에 엇갈린 의견," 『Voice

고 밝히고 있다. 뿐만 아니라 칸(Abdul Quadeer Khan) 박사는 파키스탄이 2000년 우라늄농축 핵 프로그램에 사용되는 원심분리기 설계도와 소규모의 완성된 원심분리기와 수천 개의 원심분리기를 만들기 위해 필요한 물품 구매목록을 북한에 제공했다[23]고 증언하고 있다. 이는 북한이 소규모 농축시설과 가스 원심분리기를 이용해 고농축 우라늄 생산을 시도했다는 것을 알리는 것이다. 뿐만 아니라 미 국가정보국은 북한이 과거에 우라늄 농축활동을 추진했으며, 이러한 활동이 지금도 계속되고 있다고 확신하고 있다.[24]

상기 증언과 발언을 뒷받침하기에는 관련 정보가 상당히 부족해 북한의 농축 우라늄 프로그램을 확실하게 평가하기는 어렵다. 그러한 가운데 북한이 우라늄 농축시설을 건설하고, 이를 완전히 가동할 시 매년 두 개의 우라늄탄을 생산할 수 있다[25]는 신중한 예측이 있다. 그러나 아직 농축우라늄을 이용한 핵개발 수준이 실험단계로까지 접어들지 않았다. 그리고 고농축 실험을 못했기 때문에 우라늄 핵폭탄 개발은 시간이 더 걸릴 것이다.

---

of America』, 2008. 2. 8.

23) "파키스탄의 칸 박사가 밝힌 북한 핵의 실체", 『Radio Free Asia』, 2004. 4. 17; Munir Ahmad, "Scientist Says Pakistan Knew of Korea Nuke Deal," Associated Press, July 4, 2008.

24) Michael McConnell, Director of National Intelligence, Confirmation Hearing before US Senate Intelligence Committee, February 5, 2008.

25) Christoph Bluth, "Between a Rock and an Incomprehensible Place: The United States and the Second North Korean Nuclear Crisis," Korean Journal of Defense Analysis 17(2) (Fall 2005), 90.

제4절 핵보유와 비핵화 목적

1. 핵 억제력 보유

핵무기는 "국가들의 군사전략 자체의 변경을 가져올 만큼의 힘을 가지고 있으며 외교적 수단으로서 활용되고 있다."[26] 북한은 그들의 생존과 권력유지의 군사적 수단으로서 그리고 주권과 안전보호를 내세우면서 핵무기 보유를 정당화하려 한다. 북한은 핵무장이 국제적 위상을 고양하고 외부로부터 오는 위협을 억지할 수 있다면서 "자위를 위해 핵 억제력을 더욱 강화해 나갈 것"[27] 임을 역설하고 있다. 요컨대, 북한은 핵무기 보유가 자위권의 원칙에 부합되며, 국제법상으로 합법적이라 보는 것이다.

뿐만 아니라 북한은 핵무기가 자국의 낡고 정체된 재래식 군사력을 대체할 수 있으며, 미국의 핵공격 및 선제공격을 저지시키는 유효한 수단이라 여기고 있다. 특히 평양지도부는 미국이 이라크를 대상으로 선제공격 하였듯이 북한을 대상으로 침공할 가능성이 있다고 여긴다. 유엔사찰팀이 이라크 내 대량살상무기관련 사찰을 상당 차례 실시했으나, 위배사실을 발견하지 않았는데도 불구하고, 미국은 유엔의 승인 없이 주도적으로 이라크를 선제공격[28] 한 선례는 미국의 다음 번 주 공격표적이 북한이 될 수 있다고 생각한다.

북한당국은 미 국방부의 OPLAN(Operation Plan, 작전계획) 5026, 5027, 5028, 5029, 5030과 CONPLAN (Operations Plan in Concept Form Plan) 8022의 군사계획이 자국을 겨냥하고 있다고 본다. 특히

---

26) 길병옥, "북한의 핵보유국 지위 획득전략과 한국의 정책대응방안," 『한국동북아논총』제 12권 4호 (2007), 9.

27) "천만번 정당한 자주권 행사," 『로동신문』, 2009. 4. 29.

28) 이헌경, "미국의 대외 정책과 국제사회의 대응," 『한국동북아논총』 제10권 1호 (2005), 211.

CONPLAN은 선제공격과 전술핵무기 사용을 허용하고 있어 북한의 우려를 더욱 가중시키고 있다. 게다가 2시간 이내에 한반도에 도달할 수 있는 괌 배치 스텔스 전투기와 크루즈 미사일에 대한 우려가 크다. 이러한 우려로 북한은 정당한 자위권과 억지를 위하여 핵을 보유하고자 한다.

적대국가로부터 핵위협을 받고 있다는 인식을 가진 국가가 상대에 대응하기 위해 핵으로 맞서려는 것은 작용과 반작용의 논리에서 정당화될 수 있다. 제2차 세계대전이후 치러진 현대전쟁의 전례에서, 소련의 체코슬로바키아(1968), 아프가니스탄(1979) 침공과 미국의 그레나다(1983), 파나마(1989), 베트남(1965~73), 이라크(1991 & 2003) 침공 등은 엄청난 핵과 가공할만한 무기체계를 가진 강력한 군사대국이 상대적으로 군사역량이 훨씬 약하고 핵을 가지고 않은 국가를 대상으로 한 공격이다. 만약에 공격을 받은 국가들이 핵무기를 가지고 있었더라면 침략국이 그들의 잣대에 따라 함부로 침공하기가 결코 쉽지 않았을 것이다.

이러한 경험에서 북한은 핵무기 보유의 필요성을 절실히 인식하고 있으며, 핵무기를 가지고 있어야 확고한 안보를 구축할 수 있다고 여긴다. 이는 왈츠(Kenneth N. Waltz)의 '상호 억제력'(mutual deterrence)과 '방어적 현실주의'(defensive realism)[29]에 논리적 토대를 두면서 핵 억제력을 보유하고자 하며, 핵무기 보유를 억제력 강화 차원에서 정당화하려는 것이다.

2. NPT 체제 유지

오바마 미국 행정부는 '핵무기 없는 세계'를 지향하고 있다.[30] 그러

29) Kenneth N. Waltz, "Nuclear Myths and Political Reality," *American Political Science Review* 84 (1990), 740-741.

30) The White House, "The Agenda, Foreign Policy," accessed June 10, 2009, http://www.whitehouse.gov/agenda/foreign_policy.

나 핵무기 제조 기술이 널려 알려져 있는 상황에서 모든 핵무기를 제거하기는 사실상 어렵다. 특히 미국으로부터 있을 수 있는 선제공격을 예방하고자 핵 억제력을 보유하고자 하는 북한의 핵보유 의지를 꺾기란 매우 어렵다.

북한의 핵보유에 대해 공식 핵 그룹은 강한 거부감을 보이고 있다. 공식 핵 그룹은 오직 미국, 러시아, 중국, 영국, 프랑스이다. 이들 국가들은 「핵확산금지조약」(Non-proliferation Treaty: NPT) 체제하에서 특례적으로 핵무기 보유를 인정받고 있다. 비공식 핵 그룹은 NPT 체제하에서는 인정을 받지 못하고 있지만 사실상 핵보유국이다. 인도, 파키스탄, 이스라엘이 비공식 핵 그룹에 속한다. 이들 국가들은 NPT 체제 밖에서 핵을 개발했다. 인도의 핵개발이 결국 파키스탄의 핵개발을 야기 시켰으며, 작용과 반작용 그리고 핵 억제력 보유 차원에서 설명되어 질 수 있다. 이스라엘의 핵개발은 주변 아랍권 국가들의 반발을 초래했고 이란의 핵개발에 대한 빌미를 주고 있다. 이렇게 공식·비공식 핵 그룹이 존재하는 현실은 히로시마, 나가사키에 원자폭탄이 투하된 이후 어느 강대국도 비핵국이 핵보유국이 되는 것을 막지 못했음을 나타내고 있다.

북한은 두 차례에 걸친 핵실험을 통해 핵보유국으로 인정받으려 하고 있다. 그러나 공식 핵보유국이자 유엔안보리상임이사국인 미국, 영국, 프랑스, 러시아, 중국이 북한을 공식 핵보유국으로 인정할 리 없다. 중국과 러시아는 6자회담에서 북한의 입장을 많이 배려하고 있지만 북한의 핵보유에 대해서는 강력히 반대하고 있다. 이러한 반대가 있기 때문에 북한은 공식 핵보유국의 위치에 올라서기가 어렵다는 것을 잘 알고 있다. 그래서 차선책으로 북한은 공식 핵 그룹이 아니더라도 인도, 파키스탄, 이스라엘과 같이 비공식 핵 그룹에 포함되려 한다.

미국을 비롯한 공식 핵보유국들은 이마저 인정하지 않으려 할 것이다. 이를 수용할 경우, NPT 체제는 그 존재 자체가 위협을 받을 수밖에 없다. 1968년 조인된 NPT는 핵무기 경쟁을 종식시키고 비핵국가의 핵무기 생산을 저지시키는 데 그 목적을 두고 있다. 현재 공식, 비공식 핵보유국을 제외하더라도 세계의 많은 국가들이 핵개발을 위한 과학적·기술적 수단을 보유하고 있다. 따라서 이들 국가들이 핵 억제력을 내세우고 결정만 한다면 언제든지 핵개발을 추진할 수 있다.

여전히 우려되고 있는 사안이지만 국제사회의 경고와 반대에도 불구하고 이란과 북한은 NPT 체제 밖에서 핵을 개발·보유하려 하고 있다. 북한은 1985년 12월 NPT를 가입하였으나, 1993년 3월 그것을 탈퇴하였다. '제네바합의'를 통해 NPT에 복귀하였으나, 2003년 1월 탈퇴를 재선언하면서 핵개발을 본격화해 왔다. 핵실험이후 북한은 국제적으로 인정을 하든 안하든 이에 개의치 않고 스스로 핵보유국임을 보이고 있다. 공식 핵보유 국가들은 북한의 핵보유를 애써 인정하지 않으려 하고 있지만 이를 무시하기는 사실상 어렵다. 이러한 현실을 내세우면서 북한은 사실상의 핵보유국임을 국제사회에 알리고 있는 것이다.

북한의 핵보유는 NPT 체제를 위협 할 뿐만 아니라 동북아시아 지역에서의 핵도미노 현상과 군비경쟁을 부추길 수 있다. 더군다나 북한과 같이 독재자가 지배하고 있는 빈곤 국가에서 핵을 보유할 경우, 그것은 핵 공갈의 빈도를 높여 지역의 안정을 불안하게 한다. 그것은 또한 핵기술의 확대와 핵탄원료의 불법거래 등의 문제를 야기할 수 있다. 때문에 미국은 NPT 체제를 굳건히 하기 위해 그리고 동북아시아 지역의 위협요인을 제거하기 위해 북한의 비핵화에 나서고 있다. 같은 이유로 동북아시아 지역의 공식 핵보유국인 중국, 러시아조차 북한의 핵무장화에 대해 강력히 반대하고 있다.

제5절 북한의 위기고조 행위와 미국의 대응

1. 장거리 로켓발사

북한의 로켓발사는 장거리 발사능력 과시,[31] 대량살상무기 운송수단 확보, 정치군사적 효과와 내부 체제결속 강화와 함께 북·미간 직접 협상을 유도하면서 대미 협상력을 고조시키려는 배경과 원인에 의해 추진되었다. 북한은 위기고조 행위를 통해 한반도 및 동북아 지역의 안정을 위협하면서 미국과 국제사회를 압박해 북·미간 양자협상을 조속히 실현하려는 강경 기조를 취하고 있다. 그것은 오바마 행정부 등장이후 미국이 대북문제를 정책 우선순위에서 뒤로 하고 '무시'(benign neglect) 정책을 취한 데 따른 조급증에서 비롯된 것이다.

이는 오히려 북·미 협상을 유도한 것이 아니라 방해한 결과를 낳고 있다. 미국은 '유엔상임이사국 결의안 1718'을 위반한 북한의 로켓발사 추진에 단호한 자세를 취하고 있다. 미국은 일본과 함께 결의안 채택을 추진하였지만 새로운 결의안 채택을 원하지 않는 중국과 러시아의 반대에 부딪혀 이를 성사시키지 못했다. 그 대안으로 '유엔 안전보장이사회 의장성명'(Presidential Statement)이 채택되도록 많은 노력을 기울였다. 그리고 '결의안 1718'과 '의장성명'을 토대로 대북제재에 나서왔다. 그 일환으로 유엔안보리는 핵미사일 개발과 깊은 연관성을 가진 북한의 세 기업 – 조선광업개발무역회사, 단천상업은행, 조선용봉종합회사 – 을 선정해 제재하기로 하였다.[32] 이 조치의 일환으로 미국 재

31) 북한의 로켓발사를 통해 장거리 미사일 사정거리 능력을 추정할 수 있다. 북한이 발사한 로켓은 1단과 2단이 정상 작동함으로써 단 분리와 엔진제작, 추력조절, 자세제어 등의 문제를 대부분 해결한 것을 보여줬으며, 2단과 3단의 개량을 통해 성능이 우수한 로켓을 제작할 수 있다. 이춘근 과학기술정책연구원 남북협력팀장의 분석·전망, 장용훈, "북, 핵능력 제고후 대미협상 새판시도 전략,"『연합뉴스』, 2009. 4. 29.

32) 유엔 안전보장이사회 산하 제재위원회는 그동안 제재기업 수를 놓고 논쟁이 있었다. 미국과 일본은 각각 11곳과 14곳씩 북한 기업 제재를 요구하였고, 6자회담 등을 감안해 대북 제재에 신중해야 한다는 입장을 보여 온 중국과 러시아는 제재기업 지명에 반대했었

무부는 3개 기업에 대한 자산동결 조치를 취했다. 이들 기업의 자산동결 액수는 3천 170만 달러에 이르는 것으로 파악되고 있다.[33] 더군다나 이 조치에 따라 유엔회원국들은 이들 기업과 금융경제거래를 금지하는 의무가 부여된다. 이러한 제재조치가 효과를 거둘 것이라는 데 대한 확신은 없다. 그러나 이는 북핵문제 해결을 위한 국제사회의 단호한 의지를 보여주고 있는 것이다.

북한은 국제사회의 대북제재를 수용할 수 없다는 반응을 보이면서 6자회담을 거부하고 있다. 또한 반작용의 일환으로 핵시설 재가동과 폐연료봉 재처리 방침과 추가 조치로 제2차 핵실험과 대륙간탄도미사일 시험발사를 하겠다는 의지를 보이면서 맞대응했었다. 이러한 북한에 대해 오바마 행정부는 단호한 자세를 취해 왔다. 결코 도발에 보상하지 않겠다는 강력한 입장을 취하고 있다. 그렇다고 협상의 문을 닫아 놓은 것은 아니다. 위협행위가 있다하더라도 외교적 접근을 추구하며, 대화의 문을 열어 놓겠다는 것이다.

비록 단기적으로 6자회담이 개최되기가 어렵겠지만, 북한이 핵 회담을 완전히 거부하지는 않을 것이다. 미국이 무시전략에서 대화·협상을 위한 극적인 상황반전을 취할 시 평양정책결정자들은 극단적 행위보다는 실리추구를 위한 협상에 나설 가능성이 있다. 협상이 전개될 시, 북한은 핵보유국의 위상을 가지고 미국을 대상으로 흥정을 하려 할 것이다.

2. 핵시설 재가동과 핵실험

북한의 로켓발사에 대해 유엔 안전보장이사회가 의장성명을 취하자 북한외무성은 "핵시설 재가동과 폐연료봉 재처리 방침"을 밝힌 바 있으며, 유엔안보리가 북한기업 3곳을 제재대상기관으로 지정하자 "즉시 사

다. 결국 타협안으로 핵미사일개발관련 북한의 3개 기업이 선정되었다. 『YTN』, 2009. 4. 25.; 김현준, "안보리, 대북제재 기업 3곳 선정," 『연합뉴스』, 2009. 4. 25.

33) 장용훈, "대북제재 북기업 '제2경제위' 소속," 『연합뉴스』, 2009. 4. 25.

죄하지 않으면 자위적 조치"로 핵실험과 대륙간탄도미사일 시험에 나서겠다는 입장을 표명해 왔다. 그러면서 북한 외무성은 "경수로발전소 건설을 결정하고, 첫 공정으로 핵연료를 자체로 생산보장하기 위한 기술개발을 지체없이 시작할 것"[34] 임을 밝힌 바 있다. 경수로의 핵연료로는 저농축 우라늄이 사용되며, 경수로 가동에는 연료봉에 필요한 저농축우라늄 기술이 있어야 한다. 기술을 더욱 개발할 경우, 고농축 우라늄 생산이 가능하다. 따라서 북한의 천명은 핵무기 프로그램으로 전용될 수 있는 우라늄 농축 기술개발에 착수할 것임을 시사하고 있는 것이며, 이는 곧 경수로를 통해 우라늄을 만들겠다는 것이다.

이행과정에 있어 북한은 핵 불능화[35] 작업을 중단하고 핵시설 원상복구와 폐연료봉 재처리에 나서고 있다. 이를 통해 무기급 플루토늄 생산에 나서겠다는 것이다. 북한은 2007년 원자로 가동을 중단한 후 폐연료봉을 빼내 수조에 보관하고 있었기 때문에 따로 냉각기간이 필요하지 않아 재처리 시설만 가동되면 즉각적인 재처리가 가능하다.[36] 이는 북한의 로켓발사에 대한 유엔 안전보장이사회 의장성명과 북한 3개 기업에 대한 제재조치에 대응한 반발조치로 핵무기 제조를 가속화시키겠다는 의지를 보이고 있는 것이다. 그것은 또한 국제사회의 외교적 압박에 대해 비타협적이고 대립적 태도를 보이고 있는 것이다. 이렇게 북한은 사용가능한 카드를 꺼내 미국을 압박하고 있으며, 핵위협을 최대한 극대화하려 한다. 뿐만 아니라 기술적으로 미비 되었던 핵실험과 로켓발사를 추가로 실시할 가능성을 보이면서 미국에 대해 협상을 촉구해 왔다.

---

34) 북한 외무성 대변인 성명, 2009. 4. 29.

35) 불능화는 "핵무기를 분해하고 핵심부품을 분리하여 감시상태에 둠으로써, 필요시에 즉각적으로 사용할 수 없는 상태로 하는 것"을 의미한다. 사용이 불가능하게 만드는 폐기(dismantlement)와는 다른 의미인 것이다. 이춘근, "핵실험 7~8회 가능한 플루토늄 보유," 『통일시대』, 2009. 6. 30, 23.

36) 장용훈, "북 재처리로 '핵억제력 강화' 위협 행동화," 『연합뉴스』, 2009. 4. 25.

북한의 핵실험 위협은 공언대로 추진되었다. 북한은 국제사회의 강력한 경고에도 불구하고 2009년 5월 25일 핵실험을 감행하였다. 그것은 제1차 실험 때보다 향상된 폭발력과 기술수준을 보인 것이다. 핵실험은 로켓발사이후 북한을 압박하고자 하는 미국에 강력한 메시지를 보내면서 위기를 고조시킨 것이다. 이는 김정일 국방위원장의 건강문제에 직면한 북한에서 핵을 수단으로 군부가 밀어붙이기 식 행위를 통해 대내결속을 강화하고 후계문제를 군부 주도로 이끌어가고자 하는 목적도 있다. 뿐만 아니라 북한은 핵실험을 통해 핵 억제력을 강화하고 국제사회로부터 사실상의 핵보유국으로 인정받고자 하였다.

핵실험에 대한 대응조치로 유엔 안전보장이사회는 대북 결의 1874를 내놓았다. 이는 무기금수 및 수출통제, 화물검색, 금융경제 제재 등을 주 내용으로 하며, 제재 범위는 안보리 대북 결의안 1718보다 넓어지고 수위도 한층 올라 간 것이다.[37] 북한당국은 그러한 제재조치를 강력비난하면서 우라늄농축 작업 착수, 새로 추출한 플루토늄의 전량 무기화, 봉쇄 시 군사적 대응 등 3개 대응조치를 선언하였다. 이는 다시 위기고조 행위를 통해 맞대응하겠다는 북한의 의지를 국제사회에 천명한 것이다.

미국은 북한의 위기고조 전략에 과거와 같이 끌려가지 않으려 하고 있다. 지난 16년 간 미국은 북한의 위협과 위기고조전략에 말려들어간 적이 수차례 있었다. 그러나 그러한 잘못된 경험과 선례는 이제 미국이 앞으로 어떻게 나아가는 것이 바람직한 것인지에 대한 방향을 제시하고 있다. 북한의 위기고조 행위가 협상을 이끌었던 나쁜 선례를 평양정책결정자들이 다시 선택할 가능성은 앞으로 얼마든지 있다. 워싱턴정책결정자들이 과거와 같은 행태로 북한의 행위를 받아들인다면 북핵문제는 또 다시 미궁에 빠질 수 있으며, 악순환이 계속될 것이다. 이 점을

---

37) United Nations Security Council Resolution 1874, June 12, 2009.

그들도 충분히 인지하고 있다. 때문에 북한의 위기고조 전략과 행위는 상대국인 미국의 맞대응에 의해 효과를 거두지 못할 수도 있다.

그러므로 북한은 상황을 더욱 복잡하게 만든 뒤 수위를 점점 높여가는 위기고조 행위를 통해 미국과의 협상을 촉구할 가능성이 크다. 그러나 북한이 이러한 전략을 통해 미국으로부터 희망하는 것을 얻을 수 있을지는 실제로 의문이다. 새로이 등장한 오바마 행정부가 북한의 잘못에 보상을 제공한다는 것은, 곧 북한의 핵위협에 세계 최다 핵보유국인 미국이 움츠리는 것을 의미하며, 핵문제를 더욱 꼬이게 할 수 있다. 그것은 또한 다른 위험한 국가들의 핵위협과 핵보유를 부추기면서 NPT 체제를 위태롭게 할 수 있다.

제6절 결론

북한에 있어 핵무기는 정치적·심리적 측면에서 효과를 볼 수 있으며, 이를 통해 대미 협상력을 높이고 대내 결집을 유도할 수 있다. 또한 핵카드는 북한이 직면한 정치적·외교적·군사적 문제를 풀어나가고 식량난·에너지난 등 심각하게 직면한 경제난을 풀어나가는 데 도움을 제공해 왔다. 때문에 북한은 생존과 체제보장 그리고 안전을 위해 핵무장을 지향해 왔다. 그 일환으로 북한은 두 차례에 걸쳐 핵실험까지 하였다. 북한은 핵실험을 통해 핵보유국이 되고자 하며, 이를 국제적으로 인정받고자 한다. 북한이 핵실험을 계속해서 진행해 핵기술을 인정받는다면 국제사회는 어쩔 수 없이 북한을 핵보유국으로 인정해야 할 것이다. 하지만 미국을 비롯한 공식 핵보유국들은 NPT 체제를 유지하기 위해 북한을 공식 핵보유국은커녕 비공식으로도 인정하지 않으려 할 것이다.

북한이 핵실험을 통해 핵무기 보유를 가시화시키기는 그리 어렵지 않다. 그러나 효과적인 핵 국가가 되기는 실제로 어렵다. 북한이 핵무기를 보유하더라도 운송수단이 현재로선 없다. 국제위기그룹(International Crisis Group)은 북한이 노동 미사일(사정거리 1,300km)에 장착할 수 있는 소형 핵탄두 제조에 이미 성공했다고 본다.[38] 하지만 이는 확인된 바 없다. 북한은 대륙간탄도미사일(ICBM)에 장착할 수 있는 핵탄두 소형화에 주력하고 있다. 하지만 아직까지 핵탄두 소형화와 ICBM을 완성하지 못하고 있다. 현재의 기술로선 북한의 ICBM 실험이 성공하기 어렵다. 북한이 최근 실시한 로켓발사가 실패했기 때문에 단기간 내에 ICBM 기술이 획기적으로 발전하기란 실제로 어렵다. 더군다나 ICBM에 1톤 미만의 핵탄두를 부착하기란 더욱 어렵다. 그래서 단기적으로 북한이 상대를 위협할 수 있는 효과적인 핵 국가가 되기는 어렵다. 그러나 북한이 핵실험을 한 상태

38) 유용원·김민구, "북(北), 소형 핵탄두 이미 개발," 『조선일보』, 2009. 4. 1. 만약에 그것이 사실이라면 소형 핵탄두를 대륙간탄도미사일(ICBM)에 장착할 수 있을 것이다.

에서 북한의 핵보유와 그로 파생되는 위험을 마냥 외면하기는 어렵다. 그것이 비록 소형 핵무기라 하더라도 핵 공갈과 핵기술 전파 등으로 핵공포를 줄 수 있다.

북한의 위기고조 행위는 미국의 맞대응에 한계가 있음에 따른 것이다. 미국은 정부적 차원의 대북지원 중단, 금융제재와 같은 제재를 취할 수 있지만 이라크를 대상으로 한 군사적 행동을 취하기는 어렵다. 대북 봉쇄를 취해 북한의 경제에 타격을 줄 수 있지만 북한의 생존을 염려하는 중국이 비밀리에 북한을 지원한다면 봉쇄의 효과는 한계가 있을 것이다. 6자회담에서 중재자의 역할을 잘 수행해 왔고, 북한의 입장을 상당 부분 반영해 온 중국조차 핵실험 같은 북한의 위기고조 행위에 적절한 대응책을 찾지 못하고 있다. 중국은 유엔안보리 결의안에 동참하면서 북한을 압박하였지만 북한의 생존을 위태롭게 하는 제재는 반대하며, 군사적 제재는 생각할 수 없는 조치로 여긴다. 이러한 한계에 대한 인식이 결국 평양정책결정자들이 위기고조 행위를 선택하게끔 한 것이다.

북한은 위기고조 행위를 통해 미국과의 직접 협상을 촉구하고 있지만 미국으로선 북핵문제를 우선적으로 다룰 여유가 없다. 현재 미국은 자국으로부터 발생한 글로벌 경제위기를 우선적으로 해결해야 하며, 외교적으론 아프가니스탄, 이라크, 파키스탄 등지의 문제에 더 심혈을 기울여야 할 입장이다. 이라크 및 아프가니스탄은 여전히 치안문제와 함께 국내정세가 불안정하고, 파키스탄 정권은 위협받고 있는 실정이다. 이러한 상황 하에서 북한은 위급하게 돌아가고 있는 중동과 서남아시아 문제에 우선적으로 처리하고자 하는 미국을 대상으로 위기고조 행위를 통해 최대한 실리를 얻고자 한다. 다시 말해 북한은 핵문제를 극대화시켜 미국과 맞상대하려하지만, 미국은 북한 핵문제보다 더 중시여기는 다른 국가문제에 우선적 비중을 두고 있다. 때문에 단기적으로 북·미간 양자 협상은 어려울 것이며, 북한의 위기고조 행위는 계속될 가능성이 있다.

북한의 도발적 행위에 대해 부시 행정부 시절의 대북 금융제재를 부활하고 강화하자는 일부 전문가의 주장이 대두되고 한다. 그리고 일부 미 의원은 북한을 테러지원국으로 재지정해야 한다고 역설하고 있다. 미국은 제2차 핵실험까지 한 북한을 대상으로 금융제재를 비롯해 강도 높은 제재를 취할 것이다. 이에 대응, 북한은 핵능력 강화와 함께 대륙간탄도미사일 시험발사 움직임을 보이는 등 위기국면을 이어나가려 할 것이다. 이는 긴장국면을 고조해 협상을 유도하고 흥정을 유리하게 이끌려는 평양의 전략적 선택에 의한 것이다. 이러한 북한을 대상으로 미국이 계속해서 외면하기는 어려울 것이다. 시간이 지나면 북한의 핵능력은 더욱 강화될 것이며 평양정책결정자들은 협상에서 더 많은 요구를 할 가능성이 크다. 따라서 미국은 냉각기가 어느 정도 지나면 6자회담의 틀 속에 북·미 양자회담을 추진해 북한의 핵 불능화와 비핵화 작업에 대해 계속해서 논의할 것이다.

미국과 북한이 서로 상대의 입장을 외면하고 감정적 대립으로 대응할 때 양자회담의 과정은 순탄하지 않을 것이다. 그렇다하더라도 미국과 북한은 양자회담과 6자회담을 통해 그동안 막혔던 문제들을 풀어나가야 한다. 이견이 있으면, 논쟁을 하더라도 합의점을 찾아야 한다. 이견을 풀어나가는 데 있어 상대의 견해와 입장을 철저히 배제하는 방법을 추구해서는 안 된다. 이견이 있을 경우, 서로가 합의점에 도달할 수 있는 것부터 풀어나가고 그렇지 않은 것들은 해결의 난이도를 고려하면서 점진적으로 풀어나가야 할 것이다. 직접 협상이 난관에 처하면 중재의 방법이 있다. 그 때 중국은 중재자의 역할을 수행할 수 있다. 나아가 중국이 문제의 해결방안까지 제시하여 갈등을 조정하는 거중조정의 역할을 수행할 수도 있을 것이다. 그 때 중국의 해결방안이 북한에 일방적으로 유리한 차원에서 제시되어서는 안 된다.

북한과 미국이 치킨 게임에 있다면 서로 협조하거나 양보를 해야 한다. 또는 벼랑 끝에서 서로 위협적 행위를 중단해야 한다. 그렇지 않으면 서로 얻고자 하는 목표를 이루기 어렵다. 더군다나 상호위협과 상호가해가 어느 수준을 넘어서면 갈등당사국들은 전쟁이라는 극한적 수단으로 상대를 굴복시키는 이외에는 아무런 대안을 찾지 못할 수도 있을 것이다.[39] 따라서 전쟁이라는 극한적 수단을 사용하기에 앞서 대안을 찾아야 한다. 국제정치의 역동성을 감안하여 협상과정의 실태를 취급함에 있어서 비록 대안은 고정되어 있더라도 보상의 효용은 협상과정에서 변경될 수 있어야 할 것이고, 또 나아가 대안의 증가·수정 또는 제거 등이 허용될 수 있어야 한다.[40]

위기를 일상화할 경우,[41] 전략적 효용성은 떨어진다. 상대국의 행위가 위기고조를 통해 목적을 달성하려하고, 그러한 전략을 수시로 사용하려 할 때 이를 일상적인 행태로 보고, 상대국의 전략에 빨려 들지 않는다. 위기가 높을수록 대립과 갈등의 가능성은 높아지지만, 위기를 일상화할 때, 그리고 그 전략을 상대가 인지할 때, 더 이상의 효과는 거두기 어렵다. 북한이 제2차 핵실험을 한 직후에도 외국투자자들은 한국의 주식을 계속해서 사들였다. 그들은 북한의 행위를 심각한 위기로 인식하는 게 아니라, 하나의 사건으로만 여길 뿐이다. 따라서 북한의 위기고조 행위가 반복될 때 전략적 효용성이 떨어질 수밖에 없다. 이를 인지해 평양지도부는 위기를 일상화해서는 안 된다.

북한위기상황을 약하 시키는 방법은 위기를 잘 관리하거나 또는 극복하는 것이다. 위기관리의 주 임무는 서로의 관심과 요구에 대해 가능한 분명하게 대화를 하는 것이며, 상대국의 잘못된 계측을 사전에 방지하는 것이다.[42] 미국은 위기고조 행위를 통해 실리를 얻으려는 북한을

---

39) 구영록, 『인간과 전쟁: 국제정치이론의 체계』, 44.

40) 구영록, 『인간과 전쟁: 국제정치이론의 체계』, 81.

41) 위기를 불러일으키려는 반복된 행위는 일반 전쟁의 발발 가능성을 줄이게 한다는 견해도 있다. Charles A. McClelland, "The Acute International Crisis," World Politics 14 (October 1961), 200.

대상으로 한 위기관리를 잘 해야 한다. 북한의 위기고조 행위에 대해 반작용의 일환으로 정면으로 맞설 경우 승자와 패자가 있는 영의 결과를 도출할 것이다. 북한은 핵카드를 통해 살아남으려 하는 것이지 몰락하고자 하는 것은 아니다. 반면 미국은 북한의 핵을 불용하려는 것이지 북한을 몰락시키고자 하는 것은 아니다. 그러므로 북한의 위기고조 행위에 대해 미국이 정면으로 맞대응하는 반작용으로 나와서는 안 된다. 대신 대화와 협상을 통해 절충점과 타협안을 찾아야 하며, 서로에게 윈-윈을 줄 수 있는 결론을 도출해야 할 것이다.

42) Ole R. Holsti, "Theories of Crisis Decision Making," in International Relations Theory: Realism, Pluralism, Globalism, eds. Paul R. Viotti and Mark V. Kauppi (New York: Macmillan Publishing Company, London: Collier Macmillan Publishers, 1987), 249.

제3장 북한과 미국의 핵정책 대안의 선택과 상호작용: 정책결정과정과 경험적 접근*

제1절 서론

제1차 핵 위기는 '북·미 제네바기본합의'를 통해 타결되었다. 그 이후 북한과 미국 관계는 그 합의를 이행하는 과정에서 이루어졌다. 그 과정에서 북한의 미사일 발사, 금창리 의혹 건이 제기되고 미국이 약속한 경수로 공급이 지연되는 문제가 있기는 했지만 북·미간 큰 마찰은 없었다. 그러나 북한의 농축우라늄 핵개발 사실이 알려지자 북핵문제는 새로운 국면에 접어들었으며, 지금까지 난관에 처해 있다.

그동안 북핵문제는 북한과 미국의 작용–반작용의 과정으로 전개되어 왔다. 그것은 상대에 대한 부정적 인식과 불신, 합의내용의 결함, 합의이행의 문제 등을 안은 채 진행된 것이다. 북한과 미국은 2005년 공동성명을 통해 핵문제 해결의 접점을 찾았음에도 불구하고 그 이행이 제대로 되지 않았으며, 그 과정 속에 상대를 향한 작용–반작용의 악순환이 계속되어 왔다. 왜 이러한 악순환이 계속되었는지를 분석하기 위해 본 논문은 제2차 핵 위기 이후 진행된 북한과 미국의 상호작용의 과정을 분석하는 데 초점을 맞추고 있다.

이를 구체화하기 위해 본 논문은 제2절에서 각 행위자의 상대에 대한 인식을 파악하고자 한다. 동시에 정책결정자들이 상황을 어떻게 인식하는 가를 살펴볼 것이다. 정책의 행위는 국가에 의해 이루어지지만 그 행위의 결정은 정책결정자의 정책결정으로부터 비롯되기 때문에 그

* 본 장은 『동서연구』 제22권 1호 (2010), 243-272에 게재한 논문을 수정·보완한 것임.

들의 상대에 대한 인식과 정책결정에 중점을 둘 것이다. 그리고 제3절은 정책목표와 그 수단을 살펴 볼 것이다. 이는 북한과 미국의 정책목표의 선택이 무엇이며 이를 달성하기 위한 가용수단이 무엇인지를 파악하는데 초점을 둘 것이다. 그리고 제4절은 작용과 반작용을 연구하고 이를 토대로 제5절과 제6절에서 북한과 미국의 상호작용의 과정을 분석할 것이다.

연구방법은 행위자, 인식, 목적, 수단 등의 개념과 논리적 틀을 토대로 상호작용의 전개과정을 살펴보는 것이다. 그 과정의 분석은 경험적 접근을 통해 이루어질 것이다. 대부분의 정책결정은 내·외적 환경과 변수의 작용에 의해 이루어진다. 따라서 독립변수와 매개변수의 작용은 북·미간 상호작용의 전 과정을 통해 진행되어 질 것이며, 입력과 출력 등이 기본 변수로 작용할 것이다. 그리고 상호작용의 경험적 접근은 사실-분석에 기초해 진행될 것이다.

분석대상은 주로 국가 단위체인 북한과 미국의 핵관련 행위가 될 것이다. 따라서 그동안 북한과 미국 간 진행된 작용과 반작용 그리고 타협과 협력은 주요 분석대상이 되고 있다. 그 과정에 있어 국가의 상황인식과 목적 그리고 목적달성을 위한 수단과 행위 등이 분석의 범주에 포함될 것이다. 또한 북한과 미국의 내·외적 환경과 변수에 대한 것도 상호과정의 범위에 포함되어 분석될 것이다.

분석 시기는 제2차 핵 위기가 발생한 2002년 이후부터 현재까지를 대상으로 한다. 북·미간 상호작용은 제1차 핵 위기 때부터 시작된 것이지만, 몇 건으로 인해 마찰을 보인 것 외에는 북한과 미국이 큰 대립을 보인 적이 거의 없었다. 그러나 북한의 농축우라늄 핵개발 의혹이 불거진 제2차 핵 위기부터는 북한과 미국의 작용-반작용의 악순환이 이루어져 왔기 때문에 그 시점이후를 시작으로 분석시기를 잡고 있다.

제2절 정책결정의 행위자와 인식

현실주의적 시각과 국제관계에서 주권 국가는 핵심적 행위주체이다. 비록 주요 정책결정자들이 국가의 정책결정에 상당한 영향을 미치기는 하지만 엄연히 국제관계에서 국가가 주 행위자로 등장한다. 따라서 국가의 행위는 그 국가의 특성과 능력 그리고 지향하는 목표에 따라 이루어질 수 있다.

대립국면상태의 국가들은 이상주의적 시각보다는 현실주의적 시각에서 국제정세를 받아들이며, 국가는 주요 행위자로서 활동한다. 본 연구에서 주 행위자는 북한과 미국이다. 여기서 두 국가를 상징하는 정부가 행위자로 나선다. 미국의 경우, 정부의 정책에 영향을 미치는 즉, 여론, 전문가들의 견해와 분석 등 주변 행위자들의 변수가 영향을 미친다. 그러나 이들이 정책결정에 미치는 영향은 미미하다. 대부분의 국가의 경우, 외교정책에서 주변 변수가 정책을 바꿀 만큼 큰 영향을 주지는 않는다. 이와 달리 북한의 경우, 정책에 영향을 주는 주변 행위와 변수는 절대로 존재하지 않는다. 그것은 북한사회에 개인의 자유 박탈, 정책반영의 부재, 시민단체의 부재, 여론의 부재 등이 있기 때문이다. 북한에선 오로지 국가를 대표하는 당국만이 국가정책의 주 행위자로 등장한다. 여기서 정책결정에 영향을 미치는 기관은 정책결정을 주관하는 행정부서보다 국방위원회와 조선노동당이다. 김정일은 국방위원장과 조선노동당 총비서직을 가지고 정책결정에 있어 봉건시대의 왕과 같은 절대적 힘을 가지고 역할을 한다. 실제로 북한과 같이 국가규모가 작고, 폐쇄적인 국가에서 지도자라는 개인변수는 대외정책에 중요한 변수로 작용[1]하며, 정책결정은 그들의 가치, 태도, 인지에 의해 영향을 받는다.

---

1) James N. Rosenau, "Pre-theories and Theories of Foreign Policy," The Foreign Policy, ed. Emmanuel N. Amadife (New York: Nochols Publishing Company, 1980), 130.

특히 정책결정자의 상황인식은 중요하다. 인식은 심리학적 개념에 속하지만 정책결정에 주요한 역할을 한다. 어떠한 상황이 발생하면, 정책결정자와 해당 정부가 그 상황을 어떻게 인식하는 가에 의해 정책결정은 영향을 받는다. 이와 관련, 스나이더(Richard Snyder)는 관찰자의 판단에 의해 내려질 수 있는 객관적 상황을 다루지 말고, 정책결정자가 보는 세계로 국한시켜야 한다[2]면서 그들의 인식에 상당한 비중을 두고 있다.

행위자의 인식은 합리적 요인과 비합리적 요인 모두에 영향을 받는다. 어느 사회에서나 합리적인 것이 비합리적인 것보다 우세하게 작용하는 것은 아니다. 오히려 후자가 전자보다 더 우세하게 작용하는 경우가 더 많을 수도 있다. 정책결정과정 속에서도 합리적 요인과 비합리적 요인이 서로 작용하고 있다. 정책결정이론에서도 이를 인정하고 있다. 그러나 정책결정자들은 국익을 위해 비합리적 요인보다는 합리적 요인에 더 쉽게 접근하려 한다. 그러나 불확실한 상황이 계속되면 비합리적 요인에 초점을 맞추기도 한다.

합리적 인식의 관점에서 볼 때, 오직 이해관계만 존재하므로 갈등 상황에선 이해관계의 충돌이 있을 수 있다.[3] 한 쪽의 이익은 다른 쪽이 손해를 감수해야 충족될 수도 있고, 양쪽 간에 타협이 이루어질 수도 있다. 따라서 갈등 해결에 있어 여러 방식 중 어느 한 가지만 정당하고 다른 방식은 정당하지 못하다고는 할 수 없다.

국가 간의 관계에 있어 상대국의 행위를 어떻게 인지하느냐는 정책결정에 상당한 영향을 미친다. 두 국가 간 협력적 관계일 때는 호의적

---

2) Richard C. Snyder, "Decision-Making as an Approach to the Study of International Politics," in Foreign Policy Decision-Making, eds. Richard C. Snyder, H. W. Bruck, and Burton Sapin (New York: The Free Press, 1963), 65. 판단보다 객관적인 환경을 더 중시하는 상반된 견해도 있다. 이는 Joseph Frankel, The Making of Foreign Policy: An Analysis of Decision-Making (New York: Oxford University Press, 1963), 4 참조.

3) Kenneth N. Waltz, Man, The State, and War (New York: Columbia University Press, 2001), 190.

인식을, 대조적으로 적대적 관계일 때는 부정적 인식을 보인다.[4] 그러므로 적대적 관계가 지속되고 있는 북한과 미국은 각각 상대의 의도와 행위를 위협적이라 인식할 때, 다른 상대는 대응태세를 마련하곤 한다. 노스(Robert C. North), 브로디(R. A. Brodie), 홀스티(O. R. Holsti)의 경험적 연구결과에서 나타나듯,[5] 만약에 북한과 미국의 태도가 상대를 향해 위협적이 되고 가해적인 행위가 계속될 때 악순환을 가져올 것이다.

이와 달리 적대관계에 있는 국가 사이라도 사안을 어떻게 인식하느냐에 따라 정책결정이나 대응방향이 다르게 나타날 수 있다. 예를 들자면 국가 간에 어떠한 상황이 발생하였을 때, 한 국가가 위기라 여기더라도 다른 한 국가가 위기국면이 아니라고 인식할 경우, 그들의 직접 충돌의 가능성은 확연히 줄어들 것이다.

그러므로 부정확한 인식이나 잘못 인식된 제 문제는 정책결정자들이 상대에 대해 협력을 할 것인가 안 할 것인가를 결정하는 데 중요한 요인으로 작용한다. 제대로 정확히 인식할 때 효과적인 전략 또는 행동이 나올 수 있다. 하지만 그러지 못할 때 부정적이고 비효과적인 결과를 초래할 수 있다.

---

4) Robert Jervis, Perception and Misperception in International Politics (Princeton: Princeton University Press, 1976), 121.

5) Robert C. North, R. A. Brodie and O. R. Holsti, "Some Empirical Data on the Conflict Spiral," Peace Research Society Papers 1 (1964), 1-19.

제3절 정책대안의 선택: 목적과 수단

정책결정과정의 주요한 결정체로서 정책결정자의 동기와 목표 역시 중요하다. 동기는 행동을 결정하는 요소로 작용한다. 그리고 각국의 정책목표는 자국의 관점에서 국가이익과 다른 국가들 간의 관계를 고려하면서 정해진다. 국가이익이란 외교정책 결정과정에서 정책결정자들의 지표가 되는 핵심적 목표이며 궁극적 결정 요소이다.[6] 따라서 국가이익은 한 국가의 정책목표와 그 목표를 달성할 수 있도록 초점을 맞추어야 한다.

국익 추구에 있어, 그 행위가 국내에서는 바람직한 성과를 창출하는 방향으로 통제될 수 있는 반면 이러한 통제가 가능하지 않는 국제관계에서는 확실히 바람직하지 못한 결실을 만들어낸다.[7] 그렇기 때문에 한 국가의 국익 추구는 통제되지 못하는 여러 변수의 작용이 바람직하지 못한 결과를 이끌 수 있다. 그렇게 될 경우 국익의 극대화를 목표로 하는 국가의 방향은 성공을 거두지 못할 수 있다.

정책상의 국가행위는 목적 추구에 있다. 이는 포괄적인 국익에 기초해서 형성된다. 포괄적 국익은 로우르케(Johne T. Rourke)의 영역 구분에 따라 안보적 이익(security interest), 경제적 이익(economic interest), 정치적 이익(political interest), 국민적 단합(national cohesion) 등으로 상정 할 수 있다.[8] 여기서 국익은 국가의 안보와 번영에 보다 초점을 둔다. 때문에 각 국가는 자국의 안보와 번영을 위해 필요한 것이 무엇인지를 스스로 해석한 바에 기초하여 행위하므로 국가는 다른 나라들의 의향을 정확히 예측해야 한다.[9] 그러한 예측에 기

6) 박한규,『외교정책의 이해 』(서울: 경희대학교 출판국, 2006), 17.

7) Waltz, Man, The State, and War, 193.

8) Johne T. Rourke, International Politics on the World Stage, 3rd ed. (Guilford, CT: Dushkin Publishing Co., 1991), 215-216.

9) Waltz, *Man*, The State, and War, 211.

초하여 국가는 최소한의 희생으로 최대한의 국가이익을 실현하는 것을 목표로 한다. 그러나 국가의 대내외적 조건에 따라 외교정책 목표(국가이익)들 간의 상대적 중요도나 위급성의 정도, 목표추구의 유연성, 그리고 내용까지도 다르게 나타날 수도 있다.[10)]

이론적으로 목적이 수단을 결정한다. 목적은 일을 이루려고 하는 목표나 나아가야 할 방향을 의미한다. 따라서 목적을 성공적으로 달성할 수 있느냐 아니면 실패하느냐는 목표와 방향이 잘 설정되어야 하며, 가용수단이 얼마나 효과적으로 작용하느냐에 달려 있다. 때문에 목적달성과 국익실현의 수단으로서 상황에 따라 국가는 군사력을 사용하고도 하고, 보상이나 원조 혹은 경제제재 등 경제력을 이용하고도 한다. 또한 국제여론에 호소하거나 문화적·선전적 힘을 사용하기도 한다.

그리고 목적은 수단을 정당화한다. 그래서 목적 위계를 따르다보면 불안정하고 변화가 심한 수단 위계를 비하하거나 무시할 수 있다.[11)] 마키아벨리는 '로마사 논고'와 '군주론'에서 목적을 위해 수단을 사용하는 것을 정당화시키고 있다. 그러나 이를 타당하다고 볼 수는 없다. 만약 국가 안에서 목표가 자신의 권력과 여러 국가들 간 자국의 생존유지를 위한 것이라면 대부분의 경우 비양심적인 것으로 일컬어지는 행위들도 정당화될 수 있다.[12)] 그러나 대부분의 목적이 수단을 정당화하는 것은 결코 아니다. 단 일부의 목적들만이 수단을 정당화하고 있을 뿐이다. 상황의 필연성에 따라 일부의 목적이 수단을 정당화하는 경우가 있다. 이는 생존과 직결되거나 어쩔 수 없이 취해야 할 목적일 경우에만 그 타당성을 확보할 수 있을 것이다.

미국의 대북 목적은 비핵화이다. 이를 위해 미국은 북한의 핵 포기란

---

10) 박한규, 『외교정책의 이해 』, 19

11) Friedrich August Hayek, "The Fatal Conceit: The Errors of Socialism," in The Collected Works of Friedrich August Hayek, vol. Ⅰ, ed. W. W. Bartley Ⅲ (London: Routledgek 1988), 96.

12) Waltz, Man, The State, and War, 212.

목표를 가지고 당근과 채찍의 수단을 가지고 목표달성을 위해 달려 왔다. 당근은 주로 대규모 식량·에너지 지원, 경제제재 완화 등이며, 채찍은 금융제재, 정부적 차원의 식량·중유 제공 중단, 유엔을 통한 제재조치 등이 사용되어 왔다. 이외 봉쇄, 군사적 제재 등을 수단으로 고려해 왔지만 현실적으로 실현하기 어려운 것이었다. 한편 북한의 목적은 핵보유와 보상이다. 목적달성을 위해 북한은 핵 억제력 보유, 체제보장, 대미 관계정상화, 대규모 경제적 혜택 확보 등을 목표로 삼고, 미사일 시험발사, 핵실험, 핵시설 재가동, 협박 등의 수단을 사용해 왔다.

미국의 목표는 거의 변하지 않아 왔다. 북한의 경우, 그들의 목표가 초기부터 정해져 있거나 다양한 목표를 동시에 가지고 있는 것이 아니라 상대의 대응에 따라 목표를 수정[13]해 왔다. 북한은 목적을 향해 수단을 사용해 왔는데, 그 수단은 전략적 목표와 전략적 변화에 따라 움직여 왔다.[14] 그것은 마키아벨리의 정치적 사상과 같이 수단을 목적을 달성하기 위한 도구로 활용되어 온 것이다.

---

13) 박상현, "북한 대외정책의 합리성에 관한 고찰: 약소국의 전략적 상호작용과 인지심리학적 함의를 중심으로," 『통일정책연구』 제18권 1호 (2009), 45.

14) 이헌경, "북한의 핵무장 목적과 대미 전략적 목표," 『세계지역연구논총』 제26집 3호 (2008), 145.

제4절 작용과 반작용

국제정치체제는 이기적인 단위들의 상호작용에 의해 형성된다. 따라서 그것은 상호작용의 과정으로 볼 수 있다. 그 체제는 경제시장처럼 이기적인 단위들의 상호작용에 의해 형성되며, 그 본질은 개체주의적이고 동시 발생적이며, 의도되지 않은 것이다.[15] 그리고 상호작용은 단선적 인과론이 아닌 다양한 상황들의 호혜적 관계에 초점을 두고, 부수적이고 사소할 수 있는 상호영향 대신에 상호결정의 구조화된 양식을 지칭한다.[16] 그것은 자발적으로 이루어지며 반사성을 보인다. 또한 그 체제 안에 있는 국가들 간의 행위와 변수들의 작용에 의해 영향을 받는다. 이에 카플란(Morton A. Kaplan)은 '행동체제'(system of action)를 통해, 일련의 변수들로 구성되는 것을 체제라 보며, 상호교섭 작용이 변수들과 그 체제에서 움직이는 변수에 의해 이루어지고 있음을 설명하고 있다.[17]

상호작용은 '경쟁적 상호작용'(competitive interaction), '협동적 상호작용'(cooperative interaction), '혼합적 상호작용'(mixed interaction)에 의해 이루어지곤 한다.[18] 경쟁적 상호작용은 각각이 상대에 대해 승리하거나 이득을 추구하기 위해 움직이지만, 협동적 상호작용은 서로 승리하기 위해 움직인다. 혼합적 상호작용은 경쟁과 협동이 혼합된 유형이라 볼 수 있다. 이러한 상호작용에 있어 각 행위자는 정책조정을 통해 보상예측에 대해 다른 행위자들이 그들의 목표를 인지할 수 있도록 돕는다.[19]

---

15) Kenneth N. Waltz, Theory of International Politics (Addison-Wiseley Publishing Company, 1979), 91.

16) Erving Goffman, Encounters (New York: Bobbs-Merrill, 1961), 35.

17) Morton A. Kaplan, Systems and Process in International Politics (New York: John Wiley & Sons, 1967), 4.

18) Donald J. Puchala, International Politics Today (New York: Dodd, Mead & Company, 1971), 5.

로제크란스(Richard N. Rosecrance)의 '작용-반작용'(action and reaction) 이론[20]은 개인, 사회, 국가 간의 작용과 반작용의 가설, 배경, 원인, 국가대상행위 등을 체계적으로 묘사하면서 이론적 틀을 제공해 왔다. 그리고 싱거(J. David Singer)의 '반작용 과정'(reaction process)[21]은 갈등을 심화시키는 국가 간의 작용과 반작용을 잘 묘사하고 있다.

상호간 인식은 상대에 대한 '작용'(action)과 '반작용'(reaction)의 행위를 초래할 수 있다. 따라서 상호작용은 서로 상대의 행위와 연계해 이루어진다. A국가가 B국가에 대해 어떤 특정행위를 했을 때, 그 행위에 대해 B가 A를 대상으로 어떤 행위를 했기 때문이라고 설명할 수 있다. 이에 대해 B는 A의 행위를 대상으로 어떤 행위를 시도할 수 있다. 이 모든 과정이 상호작용이라 볼 수 있다.

리차드슨(Lewis Fry Richardson)의 군비축소(arms reduction) 모델은 상호작용의 행위를 잘 묘사하고 있다. 이는 상호민감도에 따라 작용한다. 즉, 만약에 X가 Y에 반작용한다면, Y는 X에 반작용한다.[22] 물론 이 모델은 양자 관계에 제한된다. 여러 국가가 개입되었을 때, 이 모델은 위 공식이 적용되는데 한계가 있다.

게임이론의 분기라 볼 수 있는 라이커(William Riker)의 자극-반응(stimulus-response model)[23] 역시 상호작용의 과정을 잘 표현하고

---

19) Helen Milner, "International Theories of Cooperation among Nations' Strengths and Weaknesses," World Politics 44 (1992), 468.

20) Richard N. Rosecrance, Action and Reaction in World Politics (Boston: Little, Brown, 1963).

21) J. David Singer, "The Political Science of Human Conflict," in The Nature of Conflict, ed. E. B. McNeil (Englewood Cliffs: Prentice-Hall, 1965), 139-144.

22) Lewis Fry Richardson, Arms and Insecurity (Pittsburgh: Boxwood, 1960); David L Wagner, Ronald T. Perkins and Rein Taagepera, "Complete Solution to Richardson's Arms Race Equations," Journal of Peace Science 1(2) (1975), 159-172.

23) William H. Riker, The Theory of Political Coalitions (New Haven: Yale University Press, 1962).

있다. A국가가 B국가에 대해 어떠한 자극적 행위를 하였을 때, 후자는 전자에 대해 반응을 보이는 것이다. 그리고 A국가가 B국가를 위협적으로 인식할 때, 전자는 방어적 태세를 취할 것이고, 이를 후자는 위협적으로 인식할 수 있다. 따라서 상대의 행동을 어떻게 인지하느냐에 따라 받아들이는 태세가 정해질 수 있으며, 그 태세가 상대에게 도전으로 받아질 때 결국 갈등을 유발하게 하며, 상황을 악화시킨다.

이러한 상호작용은 상대의 행위에 대해 반응을 보일 때 이루어진다. 그렇지 않을 경우 그 행위를 예상할 수 없다. 예를 들어 A라는 사람(또는 국가)이 B라는 사람에 대해 자극적 행위를 하였을 때, 후자가 반응을 보이지 않는다면, 상호작용은 이루어지지 않는다. 반응을 보이지 않는 것이 전략적이 될 수가 있지만, 속성적으로 될 경우 그것은 속성이론적 차원에서 설명되어 질 것이다. 그러나 본 연구에서 국가행위자로 등장하는 미국과 북한의 국가행위는 속성이론적으로 설명할 수 없다. 그것은 오히려 상호행위나 전략적 차원에서 살펴보아야 하며, 작용–반작용의 과정에서 설명되어진다.

제2차 핵 위기가 불거진 이후 북한과 미국은 작용과 반작용의 연속선상에 있었다. 한 쪽의 행위나 상대를 자극하는 행위는 다른 쪽의 반작용을 불러 일으켜왔다. 그러한 반작용의 순환은 상대에 대한 불신, 합의이행에 대한 의혹을 보이면서 상황을 어렵게 하여 왔다. 이러한 북·미간의 작용–반작용은 다음 장에서 '사실'(fact) – '분석'(analysis)에 의한 경험적 접근을 통해 파악될 것이다.

제5절 북한과 미국의 상호작용

북·미간 상호작용은 정책결정자의 정책결정으로부터 나온다. 여기서 정책결정의 기본 변수는 '입력', '출력', '이익', '목적' 등을 통해 나타난다. 상호작용은 내·외적 환경에 의해 영향을 받는다. 그리고 종속변수(dependent variable)와 독립변수(independent variable) 그리고 그 사이에서 움직이는 매개변수(intervening variable)의 역할에 의해 이루어진다. 이러한 역할에 의해 하나의 입력은 출력을 산출하고, 그 출력은 상대의 입력으로 되는 순환의 과정을 밟는다. 북·미간 작용–반작용은 본 장을 통해 묘사되어진다.

1. 작용–반작용(1)

제네바합의에 따라 무기급 플루토늄 핵무기 개발이 어렵게 된 북한이 비밀리에 농축우라늄 핵개발을 시도하였다. 2002년 10월 방북한 캘리(James Kelly) 미국 대통령 특사가 북한 협상팀에 이러한 내용을 추궁하자 북측은 이를 시인하였고, 이로써 북핵문제는 새로운 국면에 접어들기 시작하였다. 그 이후 북·미간은 작용과 반작용을 거듭하는 과정을 거쳐 왔다.

이러한 상호작용은 아래의 전 과정을 통해 나타난다. 상호작용과 관련, '미국의 작용'(또는 '반작용')은 'US Action'(또는 'Reaction')으로 '북한의 작용'(또는 '반작용')은 'NK Action'(또는 'Reaction')으로 표기하면서 그 과정을 다음과 같이 묘사하고자 한다.

[US Action] 북한의 농축 우라늄 핵개발이 알려진 이후 미국은 2002년 10월 제네바합의 폐기를 선언하고 그 합의내용에 포함되어 있는 대북 경수로 건설 및 에너지 제공을 중단하였다.

제네바합의는 북한의 핵개발을 동결하는 대가로 북한에 두 기의 1,000MWe급 경수로를 건설해 주고, 한 기의 경수로가 완성될 때까지 매년 50만 톤의 중유를 북한에 제공하는 것이다. 그 이행과정에 있어, 경수로 공급이 지연되었으나, 몇 년 후 완공을 기대할 수 있었다. 그 과정에 북한은 비밀리에 농축우라늄 핵개발을 시도하였다. 이는 제네바합의, 한반도 비핵화, 국제원자력기구의 안전조치협정, 핵확산금지조약 등을 위반한 것이다.

[NK Reaction] 북한은 2002년 12월 핵동결해제 조치를 취하고, 2003년 1월 「핵확산금지조약」(Nuclear Non-Proliferation Treaty: NPT) 체제를 탈퇴하였다.

북한은 2002. 12. 12. '핵동결해제' 선언과 함께 5MWe 원자로, 폐연료봉 저장시설, 핵재처리시설인 방사화학실험실, 영변의 핵연료봉 제조공장에 대한 봉인제거 및 감시카메라 작동불능 조치를 차례로 취하였다. 또한 국제사회의 강력한 경고에도 불구하고 2003. 1. 10, NPT 체제 탈퇴를 선언하였다. 나아가 북한은 2003. 4. 24. 핵무기 보유 선언을 하고 핵실험·핵기술 수출·핵사용 가능 등 미국의 조치에 반응하였다.

[US Reaction] 미국은 2005. 9. 15. 북한의 위조달러 제조 및 불법세탁 문제를 제기하고 대북 금융제재에 나섰다.

미국은 북한의 금융불법 해당행위와 관련된 마카우 방코 델타 아시아(BDA)의 북한계좌를 동결하고, 북한의 불법 활동을 금융시스템으로부터 차단하기 위해 그들의 광범위한 네트워크를 추적·소탕해 나갔다. 이러한 미국의 제재조치로 북한은 외화조달길이 막히게 되었다.

2. 타협(1)

미국의 대북 금융제재에 맞서 북한이 핵시설을 재가동하면서 대립국면에 놓여 있었던 핵문제가 양국이 일순간에 타협의 태도를 보이면서 돌파구를 찾기 시작하였다. 이는 6자회담을 통해 이루어졌다. 이 회담에서 회원국들은 2006. 9. 19. 공동성명을 발표하고 이를 따르기로 하였다. 주 내용은 '핵 포기와 보상'인데, 북한이 핵을 포기하는 대가로 북한을 제외한 6자회담 회원국이 보상에 나서는 것이다. 북한은 에너지 지원이 있으면 핵무기 계획을 포기하겠다는 입장을 보였고, 미국은 대북 군사행동을 취하지 않겠다는 약속을 함으로 절충안이 타결되었다. 따라서 이는 타협의 결과로 볼 수 있다.

합의 도달 이전까지 미국은 대북 에너지 제공에 반대하는 입장이었다. 그것은 북한이 제공될 에너지를 가지고 군사력에 사용할 수 있다는 판단이 있었기 때문이다. 이러한 이유로 미국은 남한의 대북 전력공급 계획에도 반대의 입장을 보였다. 그러나 돌연히 미국은 북한에 에너지를 제공하는 쪽으로 가닥을 잡았었다. 그 이유는 국내적 요인이 국외적 요인보다 더 중요하게 작용하였기 때문이었다. 그 당시 부시 행정부는 이라크 정세 및 허리케인 카트리나(Katrina) 문제에 직면해 있었는데, 후자는 해결해야 할 가장 우선순위에 놓여 있었다. 때문에 부시 행정부는 국내 위기극복을 위해 북핵문제를 일단 뒤로 한 것이다. 한편 북한은 위협·협박 전술이 미국에게 제대로 적용되지 못하고, 중국이 핵문제 해결에 적극성을 보이는 상황에서 미국을 비롯한 국제사회의 압박이 북한을 경제적·외교적으로 타격을 가할 수 있다는 점을 우려해 적절한 수준에서 타협을 보았다.[24] 이러한 결과는 미국과 북한이 각각 직면한 국내외적 환경변수로 더 이싱 맞대응하기 어려운 시점에시 시로가 다

24) 이헌경, "북핵문제 해결을 위한 동북아시아 국가 간 협력," 『한국동북아논총』 제13권 3호 (2008), 41.

협안에 동의한 셈이다. 따라서 이 타협안은 미국과 북한이 각각 고수한 정책목표를 성사시킨 것이 아니며, 모두를 만족시킨 것은 더욱 아니다. 하지만 이러한 타협안의 수용은 대체로 윈-윈(win-win)의 결과로 여길 수 있다.

3. 작용-반작용(2)

공동성명을 통해 핵문제 해결에 희망을 가졌으나 이 문제는 다시 미궁에 빠지기 시작하였다. 그 이유는 공동성명의 내용이 원론적 합의만 있고, 각론적 합의가 없어 그 실행에 있어 분명한 것이 없기 때문이다. 특히 핵포기와 경수로 공급의 우선순위에 대한 나름대로의 해석은 공동성명의 이행을 방해하는 결정적 요인으로 작용하였다. 이러한 상황에서 북한이 국제적 반자금세탁 활동에 적극 협력하겠다는 자세를 취하고, 위폐문제 검사를 위한 북·미 합동테스크 포스를 구성하자면서 유화적 태도를 보였다. 그러나 미국은 다음과 같은 행동을 취하였다.

[US Action] 미국은 북한의 금융활동에 대한 유화적 제의를 거부하고 북한의 위조달러 제조 및 불법세탁 문제 등 금융불법 행위에 대한 강도 높은 조치를 취했다.

[NK Reaction] 미국의 조치에 대응해 북한은 2006. 7. 5. 미사일 시험발사를 실시하였다.

북한은 단·중·장거리 미사일 6발을 발사하였다. 이 중 대포동 2호 미사일 시험발사가 있었는데, 이는 40초 만에 공중폭발 하였다. 이러한 행동은 미국을 자극하기에 충분한 요인으로 작용하였다.

[US Reaction] 북한의 미사일 시험발사에 대한 대응조치로 미국은 자국의 주도 하에 '유엔안보리 결의 1695'(United Nations Security Council Resolution 1695)를 2006. 7. 15. 채택하였다.

'유엔안보리 결의 1695호'는 미사일과 미사일 관련 물자·자재·상품·기술이 북한의 미사일이나 대량살상무기 프로그램에 사용되지 않도록 하고, 이와 관련한 금융자산의 북한 이전을 금지하도록 모든 회원국에 권고하고 있다. 이는 북한을 자극하면서 반응이 예견되었다.

[NK Reaction] 북한은 '유엔안보리 결의'(1695호)에 대한 반작용으로 2006. 10. 9. 핵실험을 감행하였다.

북한의 핵실험은 미사일 시험발사이후 유엔안보리가 대북 결의안을 채택하자 이에 맞대응하기 위해 감행된 것이다. 핵실험은 국제사회의의 강력한 경고가 있었음에도 불구하고 실시된 것이며, 한반도 및 동북아시아 지역의 안보환경을 크게 위협한 것이다. 북한의 핵실험은 대북결의라는 자극 요인에 의해 촉발된 것이다. 그러나 근본적으로 북한은 인도, 파키스탄과 같이 국제사회의 제재를 받더라도 핵보유국이 되고자 하며, 미국의 금융제재로부터 벗어나고, 불가침 및 안전보장을 확보하고, 충분한 경제적 보상을 얻기 위해 취해진 행동이다.

[US Reaction] 북한의 핵실험에 대한 대응조치로 미국은 자국 주도하에 2006. 10. 14. '유엔안보리 결의 1718'(United Nations Security Council Resolution 1718)를 채택하였다.

북한의 핵실험은 국제사회를 격분하게 하였으며, 미국의 주도 하에 유엔 대북 결의안이 채택되었다. 그 결의안은 (1) 전차, 중화기, 미사일 등 무기거래 금지, (2) 무기관련 기술 지원 금지, (3) 불법행위에 쓰일 금융자산 동결, (4) 대북 핵관련 물자 수출입 금지, (5) 핵·미사일 관련자 입국 거부, (5) 북한화물 검색 협력, (6) 결의이행 감독을 위한 제재위원회 구성하되, 안보리 이사국으로 구성, (6) 북한 대응에 따라 추가조치 등의 내용을 담고 있다.[25] 이는 특히 유엔 헌장 7장을 적용한 결

25) United Nations Security Council Resolution 1695, July 15, 2006.

의이다. 그것은 평화에 대한 위협·파괴·침략행위를 규정하면서 대응조치를 언급하고 있다. 비록 군사적 강제조치는 제외하고 있지만 외교적·경제적 제재 등 비군사적 강제조치를 담고 있다. 이러한 결의를 통해 국제사회는 북한의 도발적 행동에 대해 제재하고, 새로운 도발적 행동에 대해 강력히 조치해 나갈 것임을 분명히 하고 있다.

4. 타협(3)과 협력

북한의 핵실험이후 핵문제가 난관에 처해 어떠한 돌파구를 찾을 수 없는 상황에 직면해 있었다. 그러한 상황에서 미국은 강경에서 유화적 변화의 움직임을 보이기 시작하였다. 이러한 자세는 결국 '9·19 공동성명 이행을 위한 초기조치'(이하 '2·13 합의')에 도달한 결과를 도출하였다.

그 배경과 요인에 있어 일부 전문가들은 다음과 같은 견해를 표명하고 있다. 부시 행정부의 대내외적 입지 약화, 북한의 핵실험 이후 위기의식의 고조, 김정일 정권의 핵 포기 불가능 인식, 미사일·핵실험 이후 대북 영향력의 증대[26] 등에서, 그리고 '어느 한 군데 답이 안 나오는 중동'(이라크·이란·팔레스타인)과 달리 '거래할 의사 하나는 뚜렷한 북한'과 빅딜을 할 수 있다는[27] 등에서 찾고 있다. 이 외 날로 증대되는 북한의 핵능력과 협상력 강화에 심리적인 부담을 갖지 않을 수 없어,[28] 미국은 정책변화의 움직임을 보이기 시작했다. 그 이후 미국은 유연한 태도로 협상에 임하고 양보와 포용의 자세로 북측에 다가가 결국 타협안을 도출한 것이다.

그 타협안은 3단계로 되어 있는 '2·13 합의'를 통해 나타난다. 이는 공동성명 이행을 위한 단계별 실현을 명기한 것으로 '핵 포기-보상'의

---

26) 통일연구원, 『부시행정부의 북핵정책 변화 분석』 (서울: 통일연구원, 2007), 3-4.
27) 서재진, "북한 핵문제에 대한 포괄적 접근법으로서의 2·13합의: 형성배경과 이행전망," 『통일정책연구』 제16권 1호 (2007), 16.
28) 채규철, "북한의 대미 핵전략에 관한 고찰," 『국제문제연구』 제7권 1호 (2007), 87.

단계별 과정을 분명히 하고 있는 것이다. 이 외 한반도 항구적 평화체제 협상을 위한 포럼 구성, 한반도 비핵화와 동북아 평화와 안정을 위한 메카니즘 구성, 북·미, 북·일 관계정상화 등의 내용이 포함되어 있다.

'2·13 합의'의 비핵화 1단계 이행에 있어 북한은 영변 핵 단지를 폐쇄하였고, 남한은 중유 5만 톤을 북한에 공급하였다. 북한의 이행은 늦게 이루어졌다. 북한은 1단계 완료이후 2007년 11월부터 2단계 작업을 진행해 왔지만 그것은 아직 완료되지 않았다. 2단계 이행 과정에 있어 북한은 핵 불능화 작업에 나섰고, 미국, 중국, 러시아, 남한이 북한에 중유를 제공하였다. 핵 불능화 작업은 6자회담이 교착상태에 있고, 북한 핵 신고 내역 검증문제에 대한 이견이 있었음에도 불구하고 이루어져 왔다. 전반적으로 핵 불능화가 80% 이루어진 반면 6자회담 5개국의 대북 중유 제공은 40%만 이루어졌다.[29] 이 점에 대해 북한은 불만의 목소리를 내어 왔고, 균형 있는 동시 이행을 부각시켜 왔다.

한편 북한은 2단계 이행을 위해 60쪽의 핵 프로그램 신고서를 6자회담 의장국인 중국에 제출한 바 있다. 이는 약속한 제출일자인 2007년 12월 31일보다 6개월 늦은 2008년 6월 26일에 제출되었다. 그 이전에 북한은 18,822쪽에 달하는 분량의 핵자료를 미국에 제출한 바 있고, 이에 대한 답례로 미국은 50만 톤의 곡물을 북한에 제공하였다. 이는 협력의 산출로 볼 수 있다. 북한이 제출한 핵 신고서에는 핵시설 목록, 플루토늄 추출량과 사용처, 천연우라늄 재고량 등이 포함되어 있다.[30] 하지만 우라늄농축 프로그램과 핵무기 수에 대한 내용은 포함되어 있

29) Hyung-jin Kim, "NKorea Says US, Other Parties Slow on Nuclear Pact," Associated Press, July 4, 2008; "N. Korea Says It has Completed 80% of Nuclear Disablement Actions," Kyodo News, July 4, 2009. 북한의 핵원자로 폐연료봉 제거조치는 8천개의 폐연료봉 가운데 6천100개가 제거돼 보관용 수조로 옮겨졌다. CRS, "North Korea's Nuclear Weapons" (February 12, 2009).

30) Hun Kyung Lee, "Corresponding Steps and Further Approaches for North Korean Nuclear Solution through Application of Game Theory, Bargaining Theory, and Prospect Theory," The Journal of Peace Studies 9(4) (2008), 70.

지 않았다. 그것은 그 내용에 대해 북한과 미국이 비공개 양해각서로 다루기로 하였고, 제3단계 과정에서 다루기로 약속한 것이기 때문이다.

북한의 핵 신고에 따라 부시 행정부는 2008년 10월 11일 북한을 테러지원국 명단에서 삭제하였다. 그 과정에 있어 검증문제가 거론되었지만 시료채취에 대한 구두 합의에 따라 테러지원국 명단 삭제조치가 취해진 것이다. 이러한 이행은 북한과 미국의 협력과 향후 북한이 합의사항을 충실히 이행해 줄 것에 대한 기대로 이루어진 것이다.

5. 작용-반작용(3)

북·미간 협력이 이어져 온 뒤 북한은 오바마 행정부 등장이후 미국과의 협상을 기대하였다, 그러나 오바마 행정부가 북핵문제를 미국의 정책 우선순위에서 뒤로하고 무시 정책을 취하자 북한은 대응조치를 취하였다.

[NK Action] 북한은 미국의 무시 정책에 반발해 2009. 4. 5. 장거리 로켓발사를 실시하였다.

북한의 로켓발사는 미국의 무시 정책에 의해 촉발되었다. 동시에 장거리 발사능력 과시, 대량살상무기 운송수단 확보, 정치군사적 효과와 내부 체제결속 강화와 함께 북·미간 직접 협상을 유도하면서 대미 협상력을 고조시키려는 배경과 원인에 의해 추진되었다.[31] 북한은 이러한 행위를 통해 역내 안정을 위협하고 미국과의 양자협상을 성사시키려 하였다.

[US Reaction] 북한의 로켓발사에 대응해 미국은 자국의 주도 하에 2009. 6. 12. '유엔 안전보장이사회 의장성명'(Presidential Statement)을 채택하고, 대북 제재조치에 나섰다.

---

31) 이헌경, "북한의 위기고조 행위와 미국의 대응," 『평화연구』 제17권 2호 (2009), 85-86.

북한의 로켓발사는 '유엔안보리 결의 1718호'를 위반한 것이다. 이러한 북한의 도발적 행동에 대해 미국은 자국의 주도 하에 '유엔 안전보장이사회 의장 성명'이 채택되도록 하였다. 미국은 새로운 유엔안보리 대북 결의안 채택을 추진하였지만 북한의 자극을 우려한 중국과 러시아의 반대에 부딪쳐 이를 성사시키지 못하고 대안으로 의장성명이 채택되도록 하였다. 그 이후 미국은 '유엔안보리 결의 1718호'와 '의장 성명'을 토대로 강도 높은 대북 제재조치를 취해 나갔다.

그 일환으로 유엔안보리는 핵·미사일 개발과 연관이 있는 북한의 조선광업개발무역회사, 단천상업은행, 조선용봉종합회사에 대해 제재조치에 나섰으며, 동시에 미국 재무부는 이들 기업에 대한 자산동결 조치를 취한 바 있다. 제재조치의 효과는 미미하다. 그러나 이러한 조치는 국제사회의 확고한 제재의지를 보여주는 것이다.

[NK Reaction] 미국의 제재조치에 대한 반작용으로 북한은 영변 핵시설 재가동, 폐연료봉 재처리 작업을 시작하고, 2009. 5. 25. 제2차 핵실험을 실시하였다.

북한은 로켓발사에 대한 국제사회의 대응에 반발해 영변 핵시설에서 폐연료봉 재처리작업을 시작했다. 북한은 재처리를 통해 핵무기의 원료가 되는 무기급 플루토늄을 얻겠다는 것이다. 실제로 북한이 그동안 보관해온 폐연료봉을 재처리함으로서 플루토늄을 추출할 수 있다. 북한은 폐연료봉을 8천개 보유하고 있으며, 이를 모두 재처리 할 경우, 약 7kg 정도의 무기급 플루토늄을 얻을 수 있다.

로켓발사에 이어 핵시설 재가동 및 재처리 작업에 나섰음에도 불구하고 미국이 도발에 보상하지 않는다는 입장을 확고히 하고 단호한 태도를 취하자 북한은 무기급 플루토늄 생산을 위해 핵 불능화 작업을 중단하고 핵시설 원상 복구와 폐연료봉 재처리에 나섰다. 이는 핵무기 제조를 가속화하려는 것이다. 미국에 대한 반작용의 연장선에서 북한은 공언한 대로 제2차 핵실험을 감행하였다. 이는 핵실험을 통해 핵 억제력을 보유하려 하며, 인도, 파키스탄, 이스라엘과 같이 비공식 핵 그룹으로 인정받고자 한데서 기인된다. 이러한 이유 외 김정일 국방위원장의 건강문제에 직면한 북한에서 핵을 수단으로 군부가 밀어붙이기 식 행위를 통해 대내결속을 강화하고 후계문제를 군부 주도로 이끌어가고자 하는 목적도 있다.[32)]

[US Reaction] 북한의 핵실험에 대한 대응조치로 미국은 자국의 주도 하에 2009. 6. 13. '유엔안보리 결의 1874'(United Nations Security Council Resolution 1874)를 내 놓았다.

북한의 핵실험은 국제사회의 강력한 경고에도 불구하고 이루어졌다. 이에 대한 대응조치로 미국은 무기금수 및 수출통제, 화물검색, 금융경제제재 등을 담은 '유엔안보리 결의 1874호'를 내놓았다. 이는 '유엔안보리 결의 1718호'보다 제재범위가 더 넓으며, 제재수위도 더 높은 것이다.

이러한 조치에 강력 반발하면서 북한은 우라늄농축 작업 착수, 새로 추출한 플루토늄의 전량 무기화, 봉쇄 시 군사적 대응에 나서겠다는 대응조치를 천명한 바 있다. 이러한 가운데 북한과 미국은 협상의 문을 완전히 닫아 놓지 않으면서, 북·미간 양자회담 및 6자회담을 통한 대화·협상을 모색해 왔다.

32) 이헌경, "북한의 위기고조 행위와 미국의 대응," 88.

제6절 결론: 상호작용에 대한 분석과 결과

일반적으로 국가 간에 있어 과거의 협력은 미래의 협력을 그리고 과거의 갈등은 미래의 갈등에 영향을 준다.[33] 이는 북한과 미국의 협력은 더 많은 협력을 그리고 갈등은 더 큰 갈등을 초래할 수 있다는 것을 보여준다. 제2차 핵문제가 불거진 이후 북한과 미국은 문제 해결 과정에 있어 많은 대립을 보여 왔다. 이는 갈등을 야기하고 새로운 갈등을 만드는 계기를 만들어 왔다.

북한과 미국의 경쟁적 상호작용은 '영상'(mirror images) 이미지와 함께 진행되어 왔다. 상호작용에 있어 위협이나 두려움은 하나의 척도가 된다. 위협은 파괴적 힘의 비축이 될 수 있으며,[34] 두려움은 상대에 대해 위축성을 느끼게 한다. 그렇기 때문에 상호작용은 상대에 대한 불신과 상대로부터의 위협을 인지하면서 시작된다. 그것은 대부분 작용-반작용의 순환을 거친다. 때때로 타협과 협력의 태도를 협동적 상호작용을 보이기도 한다.

제2차 북핵문제가 시작된 이후 북한과 미국의 첫 번째 상호작용은 제네바합의 위반에 대한 미국의 선공으로 시작되었으며, '북한의 반작용' - '미국의 반작용'으로 이어졌다. 그 뒤 양국은 타협을 했다. 이는 내·외적 요인의 작용에 의해서 이루어진 것이다. 두 번째 상호작용은 '미국의 작용' - '북한의 반작용' - '미국의 반작용' - '북한의 반작용'으로 진행되었다. 이는 라이커의 '자극-반응'의 논리 하에 리차드슨의 '군비축소 모델'과 싱거의 '반작용 과정'의 공식이 어김없이 적용되었다. 이러한 경쟁적 상호작용에 의해 북한과 미국의 관계는 상당히 악화

33) 김종표, "외교정책의 심리적 모형,"『외교정책의 이론과 이해』, 김달중 편 (서울: 오름, 1998), 132.

34) Richard W. Chadwick, "Richardson Processes and Arms Transfers, 1971-1980: A Preliminary Analysis," Journal of Peace Research 23(4) (1986), 243.

되었고 불신과 함께 협상의 기미를 기대할 수 없었다. 그럼에도 불구하고 북한과 미국은 타협과 협력의 태도를 보이면서 돌파구를 찾아 갔다. 이는 미국의 정책변화에 기인한 것이다. 이러한 협력의 분위기는 오래 가지 않았고 북한과 미국은 세 번째 경쟁적 상호작용에 돌입하였다. 그것은 '북한의 작용' – '미국의 반작용' – '북한의 반작용' – '미국의 반작용'으로 진행되었다. 이 역시 전형적인 경쟁적 작용–반작용의 형태로 이루어졌다.

경쟁적 상호작용의 세 과정을 통해 북한과 미국은 작용과 반작용의 악순환을 진행했었다. 대부분 북한의 작용은 도발적이고 나쁜 행동에 해당된다. 이러한 행동에 대해 미국은 대응하고 이에 북한의 반작용과 미국의 반작용으로 이어졌다. 그 과정에 있어 미국과 북한이 대화를 택함으로써 대결 국면을 충분히 피할 수 있었음에도 서로를 압박하는 방법을 선택, 긴장을 고조시켰다는 면에서 죄수의 딜레마 게임에 참가한 경기자들과 비슷한 행태를 취했다고 볼 수 있다.[35)]

그리고 북한과 미국의 작용–반작용의 순환에 있어 양국의 수단은 다양하지 않았다. 북한의 수단은 미사일 발사, 핵실험, 핵시설 재가동, 폐연료봉 재처리 등 주로 핵개발과 관련된 것이었으며, 미국의 수단은 대북 금융제재, 자국 주도 하에 유엔안보리 결의 채택 등이다. 이는 영상 이미지를 지닌 상대를 향해 치고받기 식으로 나아간 것이지만 가용수단이 그리 다양하지 못했다는 것을 의미한다. 목적은 수단을 정당화하기도 한다. 그러나 북한과 미국의 수단이 상대를 완전히 굴복시킬 수 있을 만큼 강력한 것이 아니었다. 때문에 핵문제는 북한과 미국이 서로 버티는 가운데 여전히 난관에 처해 있는 상태이다.

경쟁적 상호작용에 있어 북한과 미국이 '영합'(zero sum) 게임의 논리 하에 끝없이 치고받기를 한 것은 아니다. 첫 번째 경쟁적 상호작용 뒤

35) 송은희, "제1·2차 북핵 위기를 통해 본 미·북 핵위기 게임분석 및 해법," 『국제문제연구』 제8권 3호 (2008), 15.

타협이 있었고, 두 번째 뒤 또 다른 타협이 있었다. 만약 타협 없이 북한과 미국이 작용-반작용의 악순환을 이어갔다면 북핵문제는 걷잡을 수 없는 순간에까지 도달하였을 것이다. 그러나 그렇게 진행된 것은 아니었다. 이는 북한과 미국이 경쟁적 상호작용을 하더라도 때때로 혼합적 상호작용을 통해 파국으로까지 몰고 가지 않겠다는 것을 예시한다.

북·미간 상호작용의 과정 속에 변수의 작동에 의해 발생한 변동은 다른 변수의 변동을 이끌어 왔음을 알 수 있다. 뿐만 아니라 경쟁적 상호작용 뒤 타협은 주로 미국의 국내외 요인과 정책변화로 기인되었다. 일반적으로 타결의 성과를 급하게 필요로 하는, 즉 '더 몸이 달은' 측이 더 많은 양보를 하게 된다.[36] 바로 미국이 그러한 처지에 놓였던 것이다. 동시에 생각할 수 있는 것은 북한이 먼저 타협의 손을 내밀지 않는다는 것이다. 그렇다고 북한이 타협에 생각이 없다는 것을 의미하지는 않는다. 북한은 군사강국인 미국을 상대로 강력하게 맞대응할 수 없다는 것을 알고 있다. 때문에 미국이 위기의 상황이나 접점을 찾기 어려운 상황에서 양보와 타협적 자세를 보이면 북한은 내외적 체면과 모양새를 갖춰 타협에 임하곤 하였다.

정책결정자들의 상대의 전략에 대한 올바른 이해는 그들의 전략의 효율성을 높이는 데 기여할 수 있다. 정치가들은 상대가 협력한다고 믿을 때 그들은 선택이 그리 많지 않다고 믿는다.[37] 마찬가지로 미국이 타협과 협력의 태도를 보였을 때 북한의 선택은 그리 많지 않았다. 정책결정자들은 결점이 있는 상대의 능력을 저평가하기도 하기도 하는데, 북한은 미국의 양보와 타협의 자세에 대해선 대내외적 요인에 기인한 것으로 분석하면서 후자의 능력에 대해 한계성을 간파하면서 타협에 임해 온 것이다.

---

36) 모종린, "합리적 선택이론과 외교정책," 『외교정책의 이론과 이해』, 김달중 편 (서울: 오름, 1998), 194.

37) Robert Jervis, "Realism, Game Theory, and Cooperation," World Politics 30 (1988), 338.

이러한 형태는 북핵문제가 미국이 적절한 해결책을 가지고 북한에 접근하면 북핵문제 해결이 가능하다는 것을 예시한다. 그러나 그 해결은 북한의 핵 포기가 전제되어야 한다. 이는 6자회담 공동성명에서 분명히 나타나고 있으며 북한은 이를 반드시 준수해야 한다. 그 다음 북한이 수용할 수 있는 미국의 해결책과 접근이 필요시 된다.

이러한 접근에 있어 정책결정자의 역할은 매우 중요하다. 국가가 주요 행위자로 활동하지만 최고 정책결정자인 김정일 국방위원장과 오바마 대통령의 미국과 북한에 대한 인지는 정책결정에 직접적인 영향을 미친다. 상대를 협력대상으로 여기면 타협과 해결책이 나오고, 불신 상대로 여기면 갈등을 계속해서 유발할 것이다. 이는 호의적 인식을 가질 때 협력적 관계를, 역으로 부정적 인식을 가질 때 적대적 관계를 유발할 수 있는 것과 같다. 적대관계의 지속은 악순환을 다시 가져 오게 한다. 이는 본 연구의 경험적 접근을 통해서도 나타난 바 있다. 따라서 협력관계를 형성하는 것이 중요하며 이를 위해선 상대에 대한 호의적 인식을 가지는 계기가 창출되어야 할 것이다.

이러한 인식을 형성하기 위해선 합리적 요인과 비합리적 요인 모두를 반영해야 할 것이다. 합리적 대안은 상호주의를 지향한다. '핵 포기와 보상'의 해법은 상호주의를 전제로 하고 있기 때문에 이 안은 합리적이다. 다만 이행과정에 있어 합리적 요인과 비합리적 요인 모두가 작용할 것이다. 북한과 미국은 정책목표를 추구하는 차원에서 합리적 접근을 시도하려 하겠지만 불확실한 상황에서는 비합리적 접근을 시도하는 것도 한 방안이라 여겨진다. 그것은 대립과 갈등이 아닌 타협의 방향으로 나아갈 수 있도록 해야 한다.

제3부

북한 핵문제 해결을 위한 다자주의적 접근과 대안

제1장 북한 핵문제 해결을 위한 동북아시아 국가 간 협력*

제1절 서론

2002년 10월 북한의 고농축우라늄 핵개발 의혹이 미국에 의해 제기된 이후 핵문제 해결을 위한 협상은 북·미간을 비롯해 6자회담을 통해 이루어졌다. 그 과정에서 많은 진통과 난관이 있었지만 제4차 6자회담 2단계 회의(2005. 9. 19)에서 미·일·중·러·남북한이 합의에 이르러 '공동성명'(이하 '9·19 공동성명')을 발표할 수 있었다.

그러나 공동성명에서 핵 포기와 보상의 이행에 있어 문서상 해석의 차이, 이행의 불확실성 등으로 합의내용이 제대로 이행되지 않았다. 그런데다 북한의 위조달러 문제와 돈세탁, 그리고 미사일 시험발사와 핵실험은 북핵문제를 더욱 난관에 빠뜨렸으며, 북·미 관계를 악화시키면서 한반도의 긴장을 고조시켰다. 이는 핵 포기 과정이 얼마나 어려운지를 잘 알리는 것이다.

북한의 핵실험은 북·미 관계를 최악의 대립국면으로 몰고 갔으나 미국의 정책변화와 양보로 6자회담에서 '9·19 공동성명 이행을 위한 초기조치'(이하 '2·13 합의')를 도출하는 성과를 거두었다. 그 합의의 제1 단계는 5개 핵관련 시설의 불능화, 제2단계는 모든 핵 프로그램의 완전한 신고와 모든 핵시설 불능화 그리고 제3단계는 핵 검증과 폐기에 초점이 맞추어져 있으며, 6자회담 5개국도 북한의 조치에 맞춰 경제·에너지·인도적 지원을 하기로 하였다.

---

* 본 장은『한국동북아논총』제13권 3호 (2008), 29-52에 게재한 논문을 수정·보완한 것임.

제2 단계 과정 중 북한의 핵 프로그램 신고가 지연되어 6자회담은 공전을 거듭했으나 북한이 늦게나마 핵 신고를 해 북핵문제는 교착상태를 벗어나 새로운 국면에 놓여 있다. 이에 미국은 북한이 핵 신고를 하면 당초 제3단계에서 해주기로 했던 적성국 교역법과 테러지원국 지정을 해제해 주기로 하였다. 뿐만 아니라 미국은 당초 일정을 바꿔 대규모 식량지원을 제공하기로 하고 그 지원에 나서고 있다. 이토록 북한의 핵문제는 우려 속에서도 일부 진전된 상황을 보여주고 있다. 그러나 핵 신고가 완전한지를 철저히 파헤치는 작업이 남아 있다. 그것이 불완전할 때 북핵문제는 다시 교착상태에 빠질 것이다. 그러나 그것이 만족스럽다고 인정될 때 핵문제는 다음 단계인 검증에 진입할 것이다. 그러나 검증은 지금까지의 과정보다 더욱 어려운 과정을 걷게 될 것이다.

현재 북핵문제는 진전을 보이고 있지만 향후 과정을 낙관하기는 어렵다. 그리고 북·미 두 나라가 일방적으로 해결할 수 있는 문제도 아니다. 검증과 보상은 6자회담 참여국 모두가 관련되어 있다. 따라서 6자회담 참여국이자 동시에 동북아시아 주요 국가인 미국, 일본, 중국, 러시아, 남북한 모든 국가의 참여와 노력·협력이 있어야 한다. 이러한 기대와 함께 본 논문은 북핵문제 해결을 위한 동북아시아 국가 간 협력을 살펴보는 데 초점을 둘 것이다. 이를 위해 먼저 북한의 핵 억제력과 핵 개발 현황을 파악하고, 북핵문제에 대한 동북아시아 국가들의 우려를 살펴 볼 것이다. 그리고 북핵문제 해결을 위한 동북아시아 국가 간의 협력을 6자회담을 통해 살펴 볼 것이다.

제2절 북한의 핵 억제력과 핵 현황

1. 핵 억제력 보유 의욕

북한은 군사제일주의의 기조와 함께 국방력 강화에 주력해 왔으며 자주권과 생존권을 지킨다는 명분하에 핵무기를 개발해 왔으며, 북한의 핵보유 의욕은 사회주의권 몰락이후 더욱 강하게 나타났다. 특히 북한에 대한 중국과 러시아의 방어적 지원 움직임과 러시아로부터의 핵우산 상실은 군사적 차원에서 북한의 핵개발 동기를 가져다주었다.

더군다나 핵을 사용할 수 있고 한반도에 막강한 군사력을 배치하고 있는 미군을 상대해야한다는 그 자체가 북한으로서는 큰 우려일 수밖에 없다. 여전히 북한은 미군의 핵무기 철수를 믿지 않고 있다. 북한은 1,720여 개의 전술핵무기가 남한에 실전배치[1]되어 있다고 믿고 있으며, 이러한 무기들이 북한을 겨냥하고 있다고 본다. 러포트(Leon J. Laporte) 전 주한미군사령관은 전술핵무기가 배치되어 있지 않음을 재차 강조하였지만 북한은 이를 그대로 믿지 않고 있다. 북·미간 군사적 충돌이 심화될 때, 북한은 미국이 괌에 배치된 B-52 장거리 핵미사일과 태평양을 순회하는 미 핵잠수함을 이용해 자국을 향해 핵무기를 발사할 수 있을 것이라 생각하고 있다. 게다가 북한은 미 국방부의 군사계획에 대해서도 두려움을 가지고 있다.

제네바 핵합의에 따라 미국은 북한에 대해 핵무기 사용 및 사용위협을 가하지 않겠다는 약속을 한 바 있다. 하지만 북한은 미국의 선제공격에 대한 우려를 가지고 있다. 이는 로동신문의 논평을 통해 단적으로 나타나고 있다: 미 군부가 '전략적 유연성'의 간판 밑에 남조선 강점 미군을 해·공군력을 위주로 개편하며 전력증강을 다그치고 있는 사실과 핵 선제공격 전략으로 이행하여 핵무기를 '최후의 전략수단이 아닌 상

1) "북 남한에 핵무기 1천720개 배치," 『중앙일보』, 2005. 7. 15.

용 전쟁수단'으로 사용할 것이라고 떠들어 대면서 소형 핵무기의 대량 생산에 박차를 가하고 있는 사실은 미국의 호전세력들이 무모한 북침 야망을 핵전쟁 도발로 실현하려 한다는 것을 명백히 실증해 주고 있다.[2] 이러한 우려와 함께 북한은 한·미 합동군사연습에 대해 경계해 왔고, 질적으로 북한보다 훨씬 뛰어난 무기로 무장한 미군의 우월성에 대해서 염려해 왔다. 그것은 "그 어떤 첨단무기에 의한 공격도 압도적으로 격퇴할 수 있는 막강한 군사적 억제력을 갖출 때에만 전쟁을 막고 국가의 자주권과 민족의 안전을 수호할 수 있다는 것이 이라크전쟁이 세계에 준 교훈"[3]이라는 주장에서 단적으로 나타난다.

북한은 미국의 핵위협 제거를 급선무라고 보며 핵무기 보유가 미국의 핵 선제공격 전략을 좌절시키는 유일한 수단으로 본다.[4] 따라서 그 수단을 통해 핵 억제력을 보유하고자 한다. 북한은 핵 억제력 보유가 자위권의 원칙에 부합되며, 국제법상으로 합법적이며 정당하다고[5] 역설하면서 이를 억제력 강화 차원에서 정당화하려 한다. 이는 북한 외무성 대변인 성명(2002. 10. 25)을 통해서 구체적으로 나타난다: "부시 행정부가 우리를 악의 축으로 규정하고 핵 선제공격 대상에 포함시킨 것은 명백히 우리에 대한 선전포고로써 조미 공동성명과 조미 기본합의문을 완전히 무효화시킨 것이다... 미국의 가중되는 핵압살 위협에 대처하여 우리가 자주권과 생존권을 지키기 위해 핵무기는 물론 그보다 더한 것도 가지게 되어 있다는 것을 명백히 말해 준다."[6] 그리고 북한은 "우리를 반대하는 적대세력의 책동이 극도에 달하고 있는 현실은

---

2) "감출 수 없는 핵 범죄자의 흉악한 정체," 『로동신문』, 2008. 1. 29.

3) "조선반도의 비핵화 과정을 파탄시킨 미국의 범죄행위를 고발한다," 『조선중앙통신』, 2003. 5. 13.

4) "미국의 핵위협 제거가 급선무이다," 『민주조선』, 2005. 4. 17. 또한 리찬복 북한군 상장은 미국의 침공이 있을 경우, 자위를 위해 핵무기를 사용할 것임을 강조하고 있다. CBS, January 14, 2006.

5) "북한의 '핵억제력 보유' 정당성 논리," 『연합뉴스』, 2005. 1. 10.

6) 북한 외무성 대변인 성명, 2002. 10. 25.

우리로 하여금 자위를 위해 핵억제력을 더욱 강화해 나가지 않으면 안 되게 만들고 있다"[7] 면서 핵보유 의지를 보인 바 있다.

이러한 자위권 주장과 함께 북한은 낡고 정체된 재래식 군사력을 대체할 수 있는 강력한 억제력을 보유하기 위해 핵무기를 보유하고자 한다. 따라서 북한은 핵우산에 대한 대비와 미군의 핵공격과 선제공격에 대비한다는 자위권을 내세워 핵보유를 정당화하려 한다. 이는 즉, 핵억제력을 갖춰 미군의 군사적 위협에 대응하겠다는 것이다.

이 외 북한은 다음과 같은 이유로 핵개발을 지속하려 한다. 첫째, 총체적 위기에 직면한 북한이 정치적·이념적 단합을 이끌고 내부의 위기를 외부를 돌리기 위해서다. 둘째, 군사적 위상을 강화하려는 것이다. 셋째, 핵능력, 핵 공갈, 벼랑 끝 전략 등을 통해 체제보장 및 대규모 지원을 획득하려는 것이다. 또한 핵무장을 통해 북한은 국가적 위신, 자신감, 협상력, 군부에 대한 자주적 지위 등을 얻어내려 한다.[8]

2. 핵개발 현황

북한의 핵무장을 저지하기 위한 국제사회의 노력은 지금까지 계속되고 있다. 그러나 그 어느 국가도 북한의 의욕을 꺾지 못했다. 그 결과 북한은 핵보유국에 근접하는 단계에 까지 와 있다. 그렇다면 북한의 핵 실태는 어떠한가? 아직까지 그것을 정확히 알기는 어렵다. 그 이유는 북한이 비밀리에 핵을 개발해 왔고, 그것을 계속해서 은폐해 왔기 때문이다.

그러나 북한이 제출한 핵자료와 핵 신고서를 통해 북한이 그동안 생산한 플루토늄 양을 추정할 수 있다. 먼저 미국에 제출한 18,822 쪽 분량의 핵자료에 의하면, 북한이 지금까지 37kg(81파운드)의 플루토늄을

---

7) 『조선일보』, 2006. 1. 31.

8) Torsten Krauel, "김정일의 위협 풍금," Die Welt, December 30, 2002, 『북한 핵문제 어떻게 해결할 것인가?』, 주독일 대한민국대사관 문화홍보원 편 (Berlin, Germany: 주독일 대한민국대사관 문화홍보원, 2003), 65에서 재인용,

생산한 것으로 나타나고 있으며, 무기 생산을 위한 플루토늄 재처리의 주요 3단계(1990, 2003, 2005년)에 대한 정보를 담고 있다.[9] 북한이 6자회담 의장국인 중국에 제출한 핵 신고서를 살펴보면, 약 30kg의 플루토늄을 추출했으며, 그 중 약 25.5kg을 핵개발에 그리고 2kg을 2006년 10월 실시한 지하핵실험에 사용한 것으로 나타나고 있다.[10] 6자회담 소식통에 의하면, 추출한 플루토늄 외에도 8kg의 미추출 플루토늄이 있는 것으로 추정되고 있으며, 핵시설의 장비 내에 남아있는 플루토늄까지 합산하면 추출한 플루토늄의 전체 분량은 44kg으로 늘어난다.[11] 보고된 플루토늄만을 기준으로 할 때 미 정보기관들이 이전에 추정했던 40~50kg[12]에 비해 적은 양이지만, 추정된 전체 분량을 고려할 때 미 기관들의 추정치와 비슷하게 나온다. 이를 보다 정확히 알기 위해선 핵자료와 핵 신고서를 보다 세밀하게 검토·분석해야 한다.

북한이 제출한 핵자료와 핵 신고는 우라늄 프로그램이나 핵확산 활동에 대한 정보는 포함되어 있지 않다. 예나 지금이나 북한은 우라늄 프로그램을 부인해 오고 있다. 북한은 우라늄농축용 원심분리기에 쓰이는 고강도 알루미늄 튜브 140톤을 러시아 업자로부터 수입한 사실을 미국 측에 시인했지만 로켓탄 등 우라늄 농축 프로그램과 무관한 용도에 사용됐다는 입장을 유지하고 있다.[13] 해명 차원에서 북한은 미국의

9) 핵자료에는 영변 소재 5MW 원자로와 사용 후 연료봉 재처리 시설의 운영 기록이 포함되어 있다. Helene Cooper, "In Disclosure, North Korea Contradicts U.S. Intelligence on Its Plutonium Program," New York Times, May 31, 2008.

10) "N. Korea Says Used 2kg of Plutonium in 2006 Nuke Test: Source," Kyodo News, June 28, 2008; "N. Korea Says 25.5 kg of Plutonium for Nuclear Weapons: Sources," Kyodo News, July 4, 2008.

11) "N. Korea Says Used 2kg of Plutonium in 2006 Nuke Test."

12) 북한이 플루토늄 프로그램을 통해 6~10개의 핵무기를 만들었을 것으로 추정해 왔다. 이에 대해선 IAEA Director-General Mohammad el-Baradei's Interview on CNN on May 8, 2005; 미 과학국제안보연구소, "북한 2-9개 핵무기 보유," 『Radio Free Asia』, 2004. 10. 12; Robert S. Norris and Hans M. Kristensen, "North Korea's Nuclear Program, 2005," Atomic Scientists 61(3) (May/June 2005), 64-67; US Chairman of the Defense Science Board, William Schneider's Interview on Nihon Keizai Shimbun on July 5, 2005.

핵 불능화 실무 팀에게 알루미늄 튜브를 전달 한 바 있다. 그러나 거기서 농축 우라늄의 흔적이 발견되었다.14) 이러한 흔적은 북한의 농축 우라늄 프로그램의 가동을 알리는 것이다. 그것은 몇 증언을 통해 노출된 바 있다. 먼저 무사라프(Pervez Musharraf) 파키스탄 대통령이 자서전에서 나타난다. 그에 의하면, "북한은 파키스탄으로부터 20여개 정도의 원심분리기를 구입했으며, 그 목적은 이를 역설계해 2~3천 개의 원심분리기를 제작하는 것이다."15) 보다 구체적으로 칸(Abdul Quadeer Khan) 박사는 파키스탄이 지난 2000년 우라늄농축 핵 프로그램에 사용되는 원심분리기 설계도와 소규모의 완성된 원심분리기와 수천 개의 원심분리기를 만들기 위해 필요한 물품 구매목록을 북한에 제공했다고 한다.16) 이는 북한이 비밀리에 소규모 농축시설과 가스 원심분리기를 이용해 고농축우라늄 생산을 시도했음을 알리는 것이다.

그러나 미 국가정보국은 북한이 과거에 우라늄 농축활동을 추진했다고 평가하고 있으며, 이러한 활동이 지금도 계속되고 있다고 보고 있다.17) 이와 관련, 미 과학국제안보연구소는 북한이 고농축우라늄 생산을 시도했다 하더라도 실제 생산량은 없었을 것이라 추정하고 있다.18) 이 역시 관련 정보가 턱없이 부족해 확실하지는 않다. 단, 북한이 우라늄 농축시설을 건설하고, 이를 완전히 가동할 시 매년 두 개의 우라늄탄을 생산할 수 있다.19) 그러나 아직 농축우라늄을 이용한 핵개발 수준

---

13) 주준형, "북, UEP 부인 일관.. 성 김 과장에도 부인,"『연합뉴스』, 2007. 12. 23.

14) Glenn Kessler, "Uranium Traces Found on N. Korean Tubes," Washington Post, December 21, 2007.

15) 유미정, "전문가들, 원심분리기 이용한 북한의 우라늄 농축 계획에 엇갈린 의견,"『Voice of America』, 2008. 2. 8.

16) "파키스탄의 칸 박사가 밝힌 북한 핵의 실체,"『Radio Free Asia』, 2004. 4. 17; Munir Ahmad, "Scientist Says Pakistan Knew of Korea Nuke Deal," Associated Press, July 4, 2008.

17) Michael McConnell, Director of national Intelligence, Hearing before the Select Committee on Intelligence, Senate, February 5, 2008.

18) 미 과학국제안보연구소, "북한 2-9개 핵무기 보유."

19) Christoph Bluth, "Between a Rock and an Incomprehensible Place: The United States

이 실험단계로까지 접어들지 않았고, 고농축 실험을[20] 못했기 때문에 우라늄 핵폭탄 개발은 더 시간이 걸릴 것이다. 때문에 미국은 우라늄 핵개발 계획에 대해선 간접 시인하는 식으로 마무리 짓고 그 검증에 나서려 한다.

---

and the Second North Korean Nuclear Crisis," Korean Journal of Defense Analysis 17(2) (Fall 2005), 90.

20) 플루토늄 핵개발은 사전 실험이 필수적이다. 이와 달리 고농축우라늄 핵개발은 고성능 컴퓨터와 충분한 기술이 있을 경우, 컴퓨터를 통한 가상 핵실험이 가능하다.

제3절 동북아시아 국가들의 북한의 핵무장 우려

1. 동북아시아 지역의 핵도미노 현상

동북아시아 주요 국가들 - 미국, 일본, 중국, 러시아, 남한 - 모두 북한의 핵무장을 크게 우려하고 있다. 그것은 동북아시아의 핵도미노 현상과 군비경쟁을 우려하고 이 지역의 평화와 안정을 위협하기 때문이다.

북한이 핵보유를 공식화할 때 동북아시아 지역에서 핵도미노 현상이 발생할 수 있다. 일본은 1967년 이후 핵무기를 보유·제조·반입하지 않는다는 비핵 3원칙을 지키고 있으나 북한이 핵탄두를 장착할 수 있는 대포동 1호 미사일 개발을 성공할 때, 이것이 일본을 직접 위협한다고 판단, 핵개발에 나설 수 있다. 일본은 우라늄 농축시설, 핵연료 재처리 공장, 고속증식로 2기를 보유하고 있다. 그리고 50여 톤 이상의 플루토늄을 비축해 놓고 있다. 이는 핵폭탄 2,000개를 만들 수 있는 분량이다. 일본은 30~40년 전 원폭제조에 필요한 모든 실험을 끝냈고, 핵폭탄을 만들어 대륙간탄도탄(ICBM) 수준의 미사일에 탑재 할 수 있는 기술적 능력을 이미 보유하고 있다. 그럼에도 일본이 핵무장을 하지 않는 것은 국민적 정서 때문이다. 일본의 일부 정치인들이 자국의 핵무장을 주장하고 있으나 일본국민의 90% 이상이 자국의 핵무장을 반대하고 있다. 그러나 북한이 핵으로 일본영토를 직접 위협한다면 일본은 단기간 내 핵무장을 통해 북한에 대응하려 할 것이다.

일본의 핵무장은 동북아시아 지역에서 군비경쟁을 가속화시키면서 일본의 군사대국화를 촉진할 수 있다. 이러한 현상은 중국을 더욱 자극할 것이다. 중국은 현재 400개 정도의 핵탄두를 보유하고 있다. 일본이 핵탄두 2,000개를 만든다고 가정할 때, 그 수는 일본의 5분의 1의 수준에 불과할 뿐이다. 이를 극복하기 위해 중국은 일본보다 더 많은 핵탄두를 보유하려 할 것이고, 이는 동북아시아 지역에서 핵 경쟁을 촉발시키게 된다.

중국은 북한의 체제 안전과 안정을 바라고 있지만 북한의 핵무장에 대해선 절대 반대하고 있다. 실제로 중국은 비핵화가 완전하게 처리되지 않으면 북핵물질과 기술이 중국내 분리주의자에 들어가는 시나리오도 우려해야하고 핵사고에 의한 오염이 중국에 영향을 미치는 경우도 대비해야 한다.[21] 게다가 북한의 핵무장으로 인한 한반도와 동북아시아 지역의 불안정은 중국의 지속적인 경제발전에 지대한 방해가 된다. 한·중 교역만 볼 때, 1992년 50억 달러에서 2006년 1,343억 달러로 26배로 확대되었으며, 2010년까지 2,000억 달러에 달하는 교역이 이루어질 것이다.[22] 북핵문제로 동북아시아 지역의 불안정성이 고조될 때 한·중 교역은 물론 중국의 대외 교역 전체에 부정적 영향을 미치게 된다. 또한 중국은 북한의 핵보유로 인해 역내 핵확산이 초래되면 될수록 역내 안정이 훼손되고 기존의 핵독점 국가로서 영향력을 행사하여 왔던 자국의 위상에 큰 손실이 될 것을 우려하고 있다.[23] 동시에 동북아의 핵도미노와 군비경쟁을 초래하여 유일한 역내 핵보유국인 중국의 지위를 위협하게 되어 결과적으로 북한 핵보유가 한·미동맹을 강화하여 한반도에서의 중국의 영향력 약화를 우려할 수 있다.[24] 때문에 중국은 자국의 경제발전과 역내 안정을 위해서라도 북한의 핵무장을 막고자 한다.

중국이 크게 우려하는 것은 대만의 핵무장이다. 중국은 일찍이 대만이 독립을 선포하거나 핵무기를 보유할 경우 이를 사전에 차단한다는

21) 이희옥, "중국의 북핵원칙과 비핵화 3단계에 대한 입장," 『비핵화와 남북관계, 선순환 해법은 없는가?』 (평화문제연구소·한스자이델재단 한국사무소 정책토론회 토론문, 2008. 7. 10), 25.

22) 최춘흠, 『중국의 대북 정책과 2·13합의에 대한 입장』, KINU 연구총서 07-14 (서울: 통일연구원, 2007), 25.

23) 최춘흠, 『중국의 대북 정책과 2·13합의에 대한 입장』, 26.

24) 이희옥, "중국의 북핵원칙과 비핵화 3단계에 대한 입장," 25.

입장에서 대대만 핵공격 가능성을 표명하여 왔다.[25] 그러나 북한의 핵무장이 정착될 경우, 대만은 이를 명분으로 핵개발에 나설 수 있다. 대만은 이미 핵개발을 위한 과학적 기술적 수단과 능력을 가지고 있다. 대만이 핵무장을 할 경우, 중국이 바라는 대대만 흡수통일은 기대하기 어렵고, 중국대륙이 대만의 핵공격 사정권에 놓이게 된다. 이는 중국이 절대적으로 바라지 않는다.

일본과 대만이 핵무장을 할 경우, 남한 역시 핵무장을 감행할 수 있다. 남한은 재처리 농축시설이 없지만 원자력발전소 20곳을 보유하고 있고 핵개발 기술을 이미 보유하고 있다. 그러나 남한은 '한반도 비핵화' 선언(1991. 11. 8)을 통해 "핵무기의 제조, 보유, 저장, 배비, 사용을 하지 않겠다"는 비핵의 5원칙을 천명한 바 있다.

러시아 역시 북한의 핵보유를 반대하고 있다. 현재 러시아의 동북아 안보정책은 역내 전략 환경을 러시아에 불리하지 않도록 전체적인 군사적 균형이 이루어지는 방향으로 조성하여 역내 문제에 심도 있게 관여한다는 목표 하에 추진되고 있다.[26] 이를 위해 러시아는 동북아시아의 신 국제질서 재편 과정에 적극 동참하고자 하며, 한반도 문제에도 간여하고자 한다. 러시아는 자국의 경제회복과 발전 그리고 동북아시아 지역 국가와 경제협력을 확대하기 위해서 한반도의 평화와 안정이 필요하다고 본다. 이를 위해 러시아는 남북한이 외부의 간여 없이 평화과정과 협력이 추진되어야 하며, 한반도의 비핵화를 중시하고 있다.[27] 러시아는 북한의 핵보유가 한반도와 그 주변에 대한 군사적·정치적 상황을 더욱 악화시키고 국제적 핵비확산체제에 영향을 미칠 수 있을 것으로 보고 있다.[28] 그리고 북핵문제는 핵무기 및 대량살상무기 확산방

25) 최춘흠, 『중국의 대북 정책과 2·13합의에 대한 입장』, 10.

26) 통일부 통일교육원, 『통일문제 이해』 (서울: 통일부 통일교육원, 2004), 40-41.

27) Alexander Lukin, "Russian Policy towards the Korean Peninsula," The Korean Journal of International Studies 30(1) (2003), 91.

28) 김국신 외, 『북한의 핵실험과 국제사회의 대응』, 통일정세분석 2006-11 (서울: 통일연구

지라는 러시아 국가이익에 반하는 것으로 러시아는 북한의 핵무기 제조 및 한반도 비핵화에 반하는 움직임에 대해 부정적인 입장을 표명하고 있다.[29] 한마디로 러시아는 국익 차원에서 한반도 비핵화를 지지하고 있는 것이다. 그러면서 러시아는 한반도 비핵화가 안보와 평화적 개발의 틀 안에서 추진되어야 한다는 입장을 보이고 있다.[30]

요컨대, 북한의 핵보유는 그 자체만으로 한반도 및 동북아시아 지역의 안보를 위협하는 것이며 핵 도미노 현상을 확산시킬 것이다. 이는 동북아시아 국가들의 핵 경쟁을 부추기면서 군사적 불안정성을 고조시킬 것이며 이 지역의 안정을 위태롭게 할 수 있다. 이러한 우려로 미국, 중국은 북한의 핵무장을 절대적으로 반대하며, 러시아, 일본, 남한 역시 같은 견해를 가지고 있다.

2. 「핵확산금지조약」(NPT) 체제 위협

북한의 핵무장과 동북아시아 지역에 핵도미노 현상이 일어나면 미국이 바라는 비핵국가들의 비핵화 정책이 실패하는 것이다. 동시에 「핵확산금지조약」(Non-proliferation Treaty: NPT)을 흔들게 할 수 있다. 현재 188개국이 NPT에 가입해 있으며 북한은 2003년 1월 NPT를 탈퇴하였다. NPT를 탈퇴하고 핵무기를 개발하려는 국가가 늘어날수록 NPT 체제는 흔들리게 된다. 따라서 북핵문제는 한반도에 국한되는 것이 아니며 지역과 세계의 안보를 위해 다루어져야 한다.

북한이 NPT를 탈퇴하기 전까지 국제원자력기구(IAEA)는 NPT에 근거한 「전면안전조치협정」(INFCIRC/153)의 규정을 북한에 적용해 왔다. 그것은 북한이 신고한 핵시설에 대해 핵물질 재고량 및 변동 상황

원, 2006), 11.

29) 김성진, "러시아의 한반도 정책: 북핵문제를 중심으로," 『국제문제연구』 제7권 2호 (2007), 117.

30) 북한주재 러시아대사관 외교관 출신인 Georgy Toloraya의 주장, 손지흔, "전문가들 '미국, 동아시아 내 역할 재정립 필요'," 『Voice of America』, 검색일 2008. 6. 5, http://www.voanews.com/ Korean/2008-06-04-voa10.cfm.

등을 측정하는 사찰활동 및 안전조치를 정기적으로 실행하는 것이다. 그러나 북한은 "미국이 핵무기전파방지조약을 우리 제도를 압살하는데 악용해"[31] 왔고 '특수지위'가 위태롭게 됐다면서 자위적 수단임을 내세워 NPT를 탈퇴하였다. 이는 곧 국제적 핵통제체제를 벗어나 핵개발에 나서기 위한 것이다.

NPT 탈퇴 후 북한은 핵개발을 본격화하였고 마침내 2006. 10. 9 핵실험을 하였다. 이는 핵보유국이 되고자 하는 데서 기인된다. 그것은 즉, 핵보유국으로서 미국과 협상해 충분한 보상과 국가안전을 보장받으려 한 것이다. 이를 살펴보면 미국의 대북 금융제재로부터 벗어나고자 하며, 핵 억제력을 유지한 채 미국으로부터 불가침 및 안전을 보장받고자 하며, 국제사회로부터 경제·전력 지원 등 충분한 보상을 얻고자 한 것이다. 보다 중요한 것은 핵실험을 통해 핵보유국이 되고자 한 것이다. 북한은 인도, 파키스탄과 같이 외교·경제 제재를 받더라도 이를 견뎌낸 뒤 핵보유국으로 인정받고자 하였다. 과소평가된 핵능력을 과시하고, 핵실험이후 제재를 받더라도 이를 견뎌낸 뒤 핵보유국으로 인정받고자 한 것이다. 북한은 핵실험이 성공했다고 자축하고 인도, 파키스탄과 같이 비공식 핵보유국의 반열에 들어서기를 바라고 있다. 하지만 국제사회와 공식 핵보유 국가들은 이러한 북한의 희망을 받아들이지 않고 있다.

국제법상 공식 핵보유 국가는 미국, 중국, 러시아, 영국, 프랑스이다. 그리고 이들 국가들은 유엔 안보리 상임 이사국들이다. 이 중 미국, 중국, 러시아는 6자회담 참여국이다. 이들 국가 모두 비핵국가들이 핵을 보유하는 것을 막고자 한다. 많은 국가들이 핵을 가지면 가질수록 세계가 더욱 불안정해지고 위험에 빠질 수 있다는 우려 때문이다. 그러나 그들은 핵을 보유하고자 하는 국가들의 의욕을 꺾지 못했다. 그 결

---

31) 『조선중앙통신』, 2002. 12. 30.

과 이스라엘, 파키스탄, 인도가 핵을 보유하게 되었다. 그리고 북한은 핵실험을 통해 핵보유국의 위치에 다가서 있다. 이들 국가 모두 공식 핵보유국가로 인정을 받지 못하고 있지만 실질적으로 핵을 보유하고 있는 국가들이다. 이러한 현실은 히로시마, 나가사키에 원자폭탄이 투하된 이후 어느 강대국도 비핵국이 핵보유국이 되는 것을 막지 못했음을 의미한다. 더욱이 남한·일본·스웨덴·대만 등의 나라들도 핵무기 개발을 위한 과학적·기술적 능력을 보유하고 있다. 따라서 이들 국가의 핵개발은 가능하다.

뿐만 아니라 핵보유국의 증가, 핵보유기술 확대, 핵탄원료 불법거래 등은 제3국의 핵개발과 돌발적인 핵전쟁을 사전에 통제할 수 없게 하고 있다. 그리고 분쟁·갈등상태에 놓여 있는 국가들의 핵보유 의욕은 여전히 존재하고 있으며, 일부 국가들은 핵개발에 나서고 있다. 이러한 현실 속에 공식 핵보유국들은 비핵국가들이 핵을 보유하려는 노력을 저지하는 데 주력해 왔다. 그러면서 공식 핵보유 국가이자 유엔 상임이사국인 5개국은 비핵국가들이 핵을 가져서는 안 된다는 논리를 펼쳐 왔다. 특히 미국은 한반도의 비핵화는 물론 동아시아에 북한 핵 사태와 같은 위협이 다시 발생하지 않도록 하고자 한다. 그러는 가운데 미국, 중국, 프랑스, 인도, 파키스탄 등 공식·비공식 핵보유국은 지난 50년간 730회의 핵실험을 하면서 강력한 핵무기를 확장하고자 하였다.[32] 이는 공식·비공식 핵 그룹만이 핵실험을 할 수 있음을 보인 것이다. 그러나 이러한 행동은 핵실험을 통해 핵 억제력을 보유하고자 하는 북한의 핵보유 의지를 꺾는 데 성공을 거두지 못했다.

32) 이 숫자에는 러시아와 과거 소비에트 연방이 실시했던 핵실험은 빠져 있다. "5개 핵보유국 50년간 730회 핵 실험," 『동아일보』, 2008. 5. 13.

제4절 6자회담을 통한 동북아시아 국가 간 협력

1. 북핵문제 해결을 위한 다자 해법: 6자회담

부시 행정부는 북·미 양자 회담을 통해 생성된 제네바합의가 북한의 핵동결을 막는 데 실패했다고 단정 지었다. 더욱이 미국은 협상이 타결된다하더라도 북한이 자국을 상대로 재차 핵 게임을 벌릴 수 있다고 생각하였다. 때문에 미국은 양자 협상을 배제하고자 하며 북핵문제를 다자 대처 방식으로 풀어나가고자 한다. 그것은 6자회담으로 표면화 되었으며, 북핵문제와 정치·군사·외교적으로 직접 관련이 있는 동북아시아 국가들(미국, 일본, 중국, 러시아, 남북한)이 참여하면서 진행되어왔다. 이러한 다자 해법 구상은 북한의 핵 포기뿐만 아니라 다자 회담에서 합의된 내용을 다자가 함께 보장할 것을 포함시키고자 한다. 북한이 핵 포기를 선언한 이후 식량·경제·에너지 등 대북지원 분담에 있어 다자가 함께 나서는 내용을 포함시키고자 하는 것이다.

미국은 다자 해법의 틀 속에 북·미 협상을 통해 북핵문제를 풀어 나가고 있다. 다자 해법은 북한의 핵문제가 단순히 미국과 북한 간의 문제가 아니며 전 세계의 안보를 위협하는 만큼 국제사회가 함께 나서 이를 해결해야 한다는 논지로부터 비롯된다. 미국은 이러한 다자 해법을 통해 북한이 합의내용을 위반하지 않도록 하고자 한다. 북한이 핵무장해제 약속을 위반할 경우, 참여국들이 대북 제재에 함께 나서는 것을 합의내용에 명기시키고자 하며 이를 통해 북한이 다국을 상대로 핵 게임을 할 수 없는 상태에 넣고자 한다. 또한 미국은 다자 해법의 틀 속에 북 핵 포기-보상의 토대를 마련하고 다자 참여 프로그램을 통해 보상을 하려 한다.

요컨대, 다자 해법은 외교적·평화적 접근에 의한 것이며 다자 압박을 통해 북핵문제를 해결하고 합의 결렬시 중국을 포함한 다자 틀을 이용해 북한을 압박하려는 것이다. 또한 대북 지원·보상에 있어서도 다국의 참여를 포함한 것이다. 이러한 미국의 다자 접근에 대해 북한은 "연합된 힘으로 북한을 물리적 방법으로 제거하려는 위험한 기도"[33]라면서 이를 반대해 왔다. 그러면서 평등과 공정의 원칙에서 대화와 협상을 통해 해결해야한다는 입장과 함께 미국과의 직접 협상을 촉구해 왔었다.

근본적으로 북한은 핵 해결 구도의 국제화에 반대해 왔다. 북한은 미국과의 직접 협상을 통해 제네바합의를 이끌어냈으며, 핵동결이라는 합의사항을 제대로 이행하지 않았음에도 불구하고 우라늄 핵개발 계획이 알려지기 전까지 미국으로부터 매년 50만 톤에 달하는 중유를 제공받아 왔다. 북한은 제2차 핵 위기 이후에도 계속해서 미국을 대상으로 체제보장, 대규모 경제지원 등 최대한 많은 것을 얻고자 한다. 그런데 양자 협상이 아닌 다자 협상을 통해 핵문제가 처리될 경우, 북한은 6자회담 참여국과의 합의사항을 지켜야 하며, 과거와 같이 미국을 대상으로 핵카드를 더 이상 사용하기 어렵게 된다. 그렇다고 무작정 다자 회담을 외면하기 어려워, 다자 회담을 수용하는 방향으로 나아갔다. 북한의 다자 회담 수용은 부시 행정부의 일관된 태도와 중국을 비롯한 국제사회의 압력 때문이었다. 더욱이 비참한 북한의 경제현실은 북한지도부가 더 이상 6자회담을 외면하기 어렵게 하였다.

2. 6자회담의 성과와 보상

북핵문제 해결을 위한 동북아시아 국가 간의 협력은 6자회담을 통해 잘 나타나고 있다. 6자회담에서 미국과 북한이 주요 협상국으로 나머지 4개국이 옵서버나 합의의 보증국으로 역할을 하고 있다.[34] 이들 국가 중 중국은 중재국의 역할을 충실히 해 오고 있다. 6자회담 참여국들은

33) 『로동신문』, 2003. 5. 20.

34) Alexander Fedorovskiy, "The North Korean Nuclear Crisis and Russia," International Journal of Korean Unification Studies 14(1) (2005), 73.

북한이 핵을 포기할 경우, 북한을 제외한 나머지 참여국들이 보상을 해주는 방향으로 나아가고 있다.

우선적으로 다자 해법은 6자회담에서 '공동성명'(2005. 9. 19)을 이끌어내면서 첫 번째 성과를 올렸다. '공동성명'에서 한반도 핵문제와 관련, 북한은 모든 핵무기 및 현존하는 핵계획을 포기하기로 하였으며, NPT 및 IAEA 안전조치에 복귀하기로 하였다. 이 외 남한은 핵무기 접수와 배치를 않기로 재확인했으며, 북한의 핵에너지 평화적 이용 권리를 존중하며, 적절한 시기에 대북 경수로 제공을 논의하기로 하였다. 그리고 북한과 미국은 주권을 존중하며, 평화공존과 관계 정상화하기로 하였으며, 북한과 일본은 관계 정상화 조치를 취하기로 하였다.

공동성명을 토대로 북한의 핵 포기에 대한 보상으로 6자회담 참여 5개국은 북한에 에너지 지원을 하기로 하였으며, 남한의 200만kw 전력공급을 재확인하였다. 부시 행정부는 불법행위에 대해 결코 보상할 수 없다는 원칙을 지켜왔지만 보상안을 결국 받아 들였다. 테러가 빈발하고 있는 이라크 정세 및 허리케인 카트리나(Katrina)에 직면한 부시 행정부가 위기극복 차원에서 북핵문제에 대해 한 발짝 물러선 것이다. 한편 북한은 위협·협박 전술이 미국에게 제대로 적용되지 못하고, 중국이 핵문제 해결에 적극성을 보이는 상황에서 미국을 비롯한 국제사회의 압박이 북한을 경제적·외교적으로 타격을 가할 수 있다는 점을 우려해 적절한 수준에서 타협을 보았다. 북한과 미국 모두 그들 각각이 고수한 목표를 성사시킨 것은 아니다. 그러나 이 타협을 대체로 윈-윈(win-win)의 결과로 받아들이고 있다.

대북 에너지 제공 약속은 미국이 양보한 것이다. 그동안 부시 행정부는 북한의 에너지 수요에 관해 연구할 수 있다고만 했을 뿐 그 제공에 대해서는 언급이 없었다. 미국은 북한에 전력을 제공할 경우 군사력에 활용할 수 있다는 이유를 들어 회의적 입장을 보여 왔으며, 남한의 대북 전력공급 계획에 대해서도 반대해 왔다. 더구나 제3차 6자회담

(2004. 6. 23 ~ 26) 까지만 해도 미국은 다른 나라의 에너지 제공을 허용하면서도 자국의 에너지 공급에 대해서는 언급 하지 않았다. 그러나 이번 공동성명을 통해 미국은 북한의 핵 포기를 전제로 한 대북 에너지 지원에 동의하였다.

하지만 공동성명이후 북핵문제는 다시 교착상태에 빠졌었다. 공동성명은 전반적으로 원론적 합의를 담고 있을 뿐 각론 부분의 합의를 도출한 것이 아니었다. 그리고 애매모호한 표현이 많이 내포되어 있으며, 핵 포기와 경수로 공급의 우선순위에 대한 불명확성이 존재해 있다. 그러한 상황에서 북한의 위조달러 제조 및 불법세탁 문제가 불거져 미국은 북한의 금융불법 행위에 대한 조치를 취하는 조치를 취하였다.

그러면서 미국은 위조달러 문제와 핵문제를 분리시키면서 북한의 6자회담을 촉구해 온 반면, 북한은 위조달러 문제가 해결되어야 6자회담에 복귀할 수 있다는 입장을 보여 왔다. 이러한 상황에서 북한은 미국의 금융제재를 "우리의 핏줄을 막는 것과 같은 속심"[35]이며, "6자회담장에 나올 수 없게 만들고 회담 파탄의 책임을 우리에게 넘겨 씌우려고 책동하고 있다"[36]고 지적하면서 미국이 6자회담의 재개와 전진을 위해선 그 제재를 풀어야 한다고 주장해 왔다. 동시에 북한은 미국의 금융제재가 공동성명 자체를 부정하는 것이며, 6자회담을 무의미하게 한다면서 미국과 극심한 대립을 보여 왔다. 이러한 상황은 북·미 관계를 더욱 악화시켰고 결국 북한은 위기 돌파 차원에서 미사일 시험발사(2006. 7. 5)와 핵실험(2006. 10. 9)을 하였다.

---

35) 『조선중앙통신』, 2006. 1. 25. 북한이 위조달러와 마약 등 불법행위를 통해 벌이 들이는 연간 수입이 전체 외화수입의 40% (또는 10억 달러)에 달하는 데, 미국이 이를 차단시키려 하니 북한은 그것을 핏줄을 막는 것이라 본다. "미, 고강도 대북 금융제재 추진," 『조선일보』, 2006. 1. 27; Carol Giacomo, "N.Korea Hints at Curbing Money Laundering," Reuters, January 25, 2006; 『讀賣新聞』, 2005. 12. 17 참고.

36) 『평양방송』, 2006. 1. 28. 북한은 이날 논평을 통해 미국의 제재를 받으면서까지 6자회담장에 나가 우리에 대한 고립압살을 추구하는 상대와 마주앉아 제도수호를 위해 만든 핵억제력 포기문제를 논의한다는 것은 있을 수 없는 일이라 밝힌 바 있다.

북한의 핵실험으로 핵문제는 더욱 난관에 처해졌었고 해결기미가 보이지 않는 상황에 돌입하였다. 그러나 몇 달 후 미국은 정책변화를 보이기 시작하였고 마침내 6자회담을 통해 '2·13 합의'에 도달하였다. 이를 두고 일부에서는 부시 행정부의 대내외적 입지 약화, 북한의 핵실험 이후 위기의식의 고조, 김정일 정권의 핵 포기 불가능 인식, 미사일·핵실험이후 대북 영향력의 증대 등에서 그 배경을 찾고 있다.[37] 또한 '어느 한 군데 답이 안 나오는 중동'(이라크·이란·팔레스타인)과 달리 '거래할 의사 하나는 뚜렷한 북한'과 빅딜을 할 수 있다는 점도 중요한 요인으로 작용한 것 같으며,[38] 날로 증대되는 북한의 핵능력과 협상력 강화에 심리적인 부담을 갖지 않을 수 없었다.[39] 이러한 배경·요인과 함께 미국은 북핵문제의 긴요성을 인식하면서 정책상 변화를 보이기 시작했고, 협상에서 유연한 태도를 보이면서 협상에서 좀 더 양보하고 닥아 가는 태도를 보이기 시작하였다.

그 결과는 6자회담 '2·13 합의'로 나타났다. 이는 3단계로 되어 있다. 그 내용은 다음과 같이 설명되어진다. 1단계는 60일 이내에 북한이 영변 5MW 원자로 등 5개 핵관련 시설 가동 중단, 폐쇄·봉인하면, 한국이 중유 5만 톤을 제공 한다. 2단계는 모든 핵 프로그램을 완전히 신고하고 모든 핵시설을 불능화하면 6자회담 5개국이 북한에 중유 95만 톤 상당의 경제·에너지·인도적 지원을 한다. 3단계는 북한이 모든 핵무기 및 프로그램의 완전한 폐기를 하면 동북아 안보협력방안 논의 위한 6개국 외무장관 회의를 개최하고, 한반도 항구적 평화체제 협상을 위한 포럼을 구성한다. 그리고 5개 워킹 그룹을 조직해 한반도 비핵화와 동북아 평화와 안정을 위한 메카니즘을 만들어 나가기로 했다. 이는 6자회담 참여국들 모두의 협력을 필요로 한다. 이를 위해 중국은 한반도 비핵

---

37) 통일연구원, 『부시행정부의 북핵정책 변화 분석』(서울: 통일연구원, 2007), 3-4.

38) 서재진, "북한 핵문제에 대한 포괄적 접근법으로서의 2·13합의: 형성배경과 이행전망," 『통일정책연구』 제16권 1호 (2007), 16.

39) 채규철, "북한의 대미 핵전략에 관한 고찰," 『국제문제연구』 제7권 1호 (2007), 87.

화, 한국은 경제·에너지 협력, 러시아는 동북아평화안보 메카니즘, 미국은 북·미 관계정상화, 일본은 북·일 관계정상화를 위해 주도적 역할을 수행하기로 하였다.

'2·13 합의'에 따라 북한은 1단계 이행사항을 마무리 했다. 비록 북한이 60일 이내에 완결하기로 한 영변 원자로 폐쇄봉인을 늦게 이행했지만, 합의에 따라 한국은 중유 5만 톤을 북한에 제공했다. 그리고 2단계 과정에 맞춰 북한은 3개 핵심 핵시설에 대한 불능화를 착수해, 모두 11개 불능화 작업 중 8개는 이미 완료됐고 폐연료봉도 3분의 1 가량을 성공적으로 인출했다.[40] 이에 맞춰 6자회담 참가국 중 일본을 제외한 4개국이 중유 지원에 나서고 있다. 그러나 핵 불능화가 80% 이루어진 반면 6자회담 5개국의 대북 중유 제공은 40%만 이루어졌다.[41] 이는 북한의 불만을 쌓게 하고 있다.

한편 미국은 중유 제공과는 별도로 북한에 대해 50만 톤의 곡물을 제공하기로 하고 그 지원에 나서고 있다.[42] 이는 북한의 핵자료 제공에 대한 답례라 볼 수 있다. 그러나 곡물 지원은 모니터링이 보장되어야 하며, 일시에 한꺼번에 제공되는 것이 아니다. 모니터링이 제대로 되지 않을 때 곡물 제공은 중단될 수 있으며, 곡물 전달 시기를 정해 놓지 않았기 때문에 언제까지 그 양을 다 제공할지에 대해서는 알 수 없다.

이러한 과정이 진행되는 가운데 마침내 북한은 핵 프로그램 신고서를 6자회담 의장국인 중국에 제출하였다. 신고서는 제출 시한을 6개월 넘겨 제출된 것이다. 신고가 지연되면서 북핵문제는 교착상태를 벗어나지 못했지만 6자회담 참여국, 특히 북·미간의 타협과 노력에 의해 신

40) 최우석, "북, 11개 핵불능화 작업중 8개 완료," 『조선일보』, 2008. 5. 12.

41) Hyung-jin Kim, "NKorea Says US, Other Parties Slow on Nuclear Pact," Associated Press, July 4, 2008; "N. Korea Says It has Completed 80% of Nuclear Disablement Actions," Kyodo News, July 4, 2008.

42) 50만 톤의 북한 지원 식량 중 40만 톤은 세계식량계획(WFP)을 통해 제공되고, 나머지 10만 톤은 미국계 비정부기구(NGO)가 배분하게 된다. 국기연, "미, 北 식량분대 밀착감시... 군량미 전용 막는다," 『세계일보』, 2008. 5. 19.

고서 제출이 완료되었다. 핵 신고서에는 핵시설 목록, 플루토늄 추출량과 사용처, 천연우라늄 재고량 등이 포함되어 있다. 그러나 우라늄농축 프로그램과 핵무기 수에 대한 부분이 빠져 있다. 이 부분들에 대해선 북한과 미국이 비공개 양해각서로 다루기로 한 사항이지만 모든 핵 프로그램을 신고하기로 한 6자회담 공동성명 합의를 충족시키지 못하고 있다. 그렇지만 핵 신고는 핵 폐기를 위한 기초 자료를 제공했다는 데 큰 의미가 있다.

3. 군사적 위협에 대한 제재

북한은 2006년 10월 9일 10시 35분 경 함경북도 풍계리 부근에서 핵실험을 강행하였다. 이는 1k톤 미만의 소규모 핵실험으로 추정된다. 북한은 유엔안보리 및 국제사회의 강력한 경고에도 불구하고 핵실험을 강행해 국제사회에 큰 파장을 일으켰다. 이는 또한 동맹국인 중국과 유엔 안보리 의장성명을 완전 무시한 것이었다.

북한은 "우리가 핵시험을 하지 않으면 안되게 된 것은 전적으로 미국의 핵위협과 제재압력 책동때문"43)이라고 주장하고 있다. 북한의 주장과 같이 미국의 대북 금융제재는 북한이 핵실험을 하게끔 하는 계기를 만들었다. 이 외 북한의 핵실험은 다음과 같은 목적이 있다. 첫째, 인도·파키스탄과 같이 핵보유국으로 인정받고자 하였다. 과소평가된 핵능력을 과시하고, 핵실험이후 제재를 받더라도 이를 견뎌낸 뒤 핵보유국으로 인정받고자 하였다. 둘째, 미국의 대북 금융제재로부터 벗어나고자 하였다. 셋째, 핵 억제력을 유지한 채 미국으로부터 불가침 및 안전을 보장 받고자 하였다. 넷째, 국제사회로부터 경제·전력 지원 등 충분한 보상을 얻고자 하였다.

북한의 핵실험은 국제사회를 격노시켰으며, 유엔안보리는 '유엔 대

---

43) "조선외무성 미국이 압력을 가중시킨다면 선전포고로 간주한다," 『조선중앙통신』, 2006. 10. 11.

북 결의안'(United Nations Security Council Resolution)을 채택하였다.[44] 그 내용은 (1) 전차, 중화기, 미사일 등 무기거래 금지, (2) 무기 관련 기술 지원 금지, (3) 불법행위에 쓰일 금융자산 동결, (4) 대북 핵 관련 물자 수출입 금지, (5) 핵·미사일 관련자 입국 거부, (5) 북한화물 검색 협력, (6) 결의이행 감독을 위한 제재 위원회 구성하되, 안보리 이사국으로 구성, (6) 북한 대응에 따라 추가 조치 등이다.

이와 같이 유엔 대북 결의안은 북한의 나쁜 행동에 대한 제재를 담은 내용이며, 미국의 주도하에 이루어졌다. 미국 외 중국, 러시아, 영국, 프랑스는 유엔안보리 상임이사국으로서 그리고 이들 중 미국, 중국, 러시아는 6자회담 참여국의 위치에서 대북 결의안 채택에 나선 것이다. 결의안 내용 중 무력제재는 포함되어 있지 않다. 그것은 중국의 강력한 반대 때문이다. 중국은 무력제재가 북핵문제를 더욱 어렵게 할 수 있으며, 자칫 한반도의 급격한 불안 과 군사적 불안정을 가중시킬 수 있다는 판단에 따라 이를 반대한 것이며, 미국을 설득해 무력제재를 제외한 제재조치에 찬성하였다. 러시아 역시 유엔의 제재에 무력사용을 배제해야 한다는 입장을 견지하였다. 이렇게 중국과 러시아가 무력제재를 반대해 그러한 제재는 빠졌지만 유엔결의안은 북한을 압박하는 외교적·경제적 제재조치를 담고 있다. 이는 6자회담 참여국과 국제사회의 경고를 외면한 북한에 대한 제재이며, 또 다시 북한이 나쁜 행동을 할 때 국제사회가 제재를 가할 수 있다는 메시지를 확고히 던진 것이다.

---

44) United Nations Security Council Resolution 1695, July 15, 2006.

제5절 결론

북한은 '2·13 합의'에 따라 비핵화 1단계 조치인 영변 핵단지 폐쇄를 마무리하였다. 그리고 비핵화 2단계 조치인 핵 불능화 작업에 나서고 있다. 그 작업은 더디게 진행되고 있지만, 그 같은 조치들에 의해 북한의 핵무기 프로그램용 무기급 플루토늄 추가 생산능력은 정지되었다. 이와 함께 북한은 플루토늄 관련 자료와 핵시설의 가동일지 등을 미국에 넘긴 바 있다. 이 자료가 정확하고 믿을 수 있는 가에 대해선 분석을 해 봐야 하지만 이는 북한의 핵 프로그램을 파악하는 데 중요한 단서가 되고 있다.

그리고 북한은 6자회담 의장국인 중국에 핵 프로그램 신고서를 제출하였다. 그러나 우라늄농축 프로그램과 핵무기 수에 대한 부분이 빠져 있어 완전한 신고로 보기 어렵다. 이 건들에 대해선 3단계에 취급할 예정이지만 이를 다루기가 결코 쉽지 않다. 한편 핵 신고에 따라 부시 행정부는 행동 대 행동의 원칙하에 북한을 테러지원국 명단에서 해제하는 절차에 돌입하였다. 우선적 조치로서 부시 행정부는 대북 테러지원국 해제를 미 의회에 정식 통보하였다. 통보일로부터 45일이 지난 뒤 그 지정해제는 효력을 갖게 된다. 이 기간 동안 미국은 북한이 제출한 핵자료와 핵 신고서가 핵 프로그램에 대한 검증작업을 진행하는 기초자료로서 부족함이 없다고 판단될 경우, 북한을 테러지원국 지정을 공식적으로 해제할 것이다.

그러나 핵 신고의 정확성과 완전성이 결여될 경우 - 예를 들어, 드러난 플루토늄 추출량과 북한이 신고한 량이 불일치하면 - 북핵문제는 플루토늄 은닉 의혹이 불거지면서 다시 교착상태에 접어들 수 있고 대북 테러지원국 지정 해제는 취소될 것이다. 이와 달리 핵 신고에 만족한다면 그 다음 단계인 검증에 돌입할 것이다. 그러나 그것은 더욱 어렵다. 검증은 현장접근과 샘플채취, 북한 과학자와의 면담들이 필수적이다. 그러나 북한이 군 시설이나 비밀리에 숨겨져 있을 수 있는 핵시설에 대한 방문을 허용하지 않을 수 있다. 또한 검증장비 설비와 시료채취를 뜻하는 대로 할 수 있게 할 지 그리고 핵과학자 면담을 제대로 할 수 있게 할지에 대해서도 의문이다.

특히 우라늄 프로그램에 대해선 북한이 계속 부인할 가능성이 있다. 플루토늄과 달리 미국은 우라늄 농축 개발엔 대해선 간접 시인 하는 식으로 넘어 가기로 했지만 이에 대해서도 정확한 신고와 철저한 검증이 필요하다. 그러나 북한이 이에 대한 모든 정보를 공개할 것 같지는 않다. 플루토늄과 달리 우라늄 생산 검증은 북한이 제대로 신고하지 않는 한, 검증을 철저히 하기란 사실상 불가능하다. 따라서 북핵문제는 완전한 신고와 철저한 검증이라는 새로운 과제에 직면해 있다. 만약 검증을 영변 핵시설에만 초점을 맞춘다면, 이는 그동안 부시 행정부가 공언한 북한의 플루토늄, 농축우라늄, 핵확산 등 3가지 문제에 하나만 해결하는 것이며, 한반도에서의 대량살상무기 비확산이 제대로 될 수 없는 것이다.

앞으로 6자회담을 통해 검증과 3단계 폐기를 논의할 것이다. 그러나 북한은 영변 핵시설을 제외한 핵물질과 핵무기는 비핵화 3단계 폐기대상이 아니라는 입장을 고수하고 있다. 임기 말에 있는 부시 행정부는 핵물질과 핵무기를 북한 땅에서 반출하겠다는 목표를 세우고 있지만 바라는 대로 이루어지기는 어려울 것이다. 북한은 3단계 폐기조치는 영변 핵시설에 국한하고 보유하고 있는 핵물질과 핵무기를 토대로 핵보유국 지위를 계속 유지하려 할 것이다. 이는 곧 핵을 완전히 포기하지 않겠다는 의도이며, 핵 억제력을 유지한 채 미국의 새로운 행정부와 협상을 계속 하겠다는 것이다. 이는 핵보유국으로서 미국과 군축협상에 나서겠다는 것이다. 그리고 북한은 핵무기를 보유한 상태에서 미국과 관계를 정상화한 후에야 핵무기 감축을 논의할 수 있다는 입장이다.[45] 이는 북한이 바라는 전략이며 이것이 이루어지기를 바라고 있다.

현실적으로 검증과 핵 폐기는 부시 행정부 임기 중 이루기 어렵다. 검증과 핵 폐기는 몇 년이 걸리는 데, 전자는 북한의 협조가 필수적이고 후자는 북한의 실현 의지가 없다면 성사되기 어렵다. 따라서 이들 문제는 미국의 새로운 행정부로 이관될 것이다. 클린턴 행정부 때 해결하지 못한 것이 부시 행정부로 넘어 가듯, 또 다시 새로운 행정부로 넘어가는 것이다. 이는 바람직하지 않지만 향후 일정을 고려할 때 그렇게 될 것이다. 이러한 일정을 감안할 때 핵문제를 북·미간에만 맡겨 둘 수는 없다. 그동안 북·미간의 결정적 역할로 교착상태의 핵문제를 타개하는 국면에 까지 왔으나 앞으로 충돌의 순간마다 흥정을 해야 하는 과정을 거쳐서는 안 된다. 그러기 위해서는 6자회담 참여국이자 동북아시아 국가인 모두의 협력과 노력이 뒤따라야 하며, 이전보다 더 적극성을 가지고 핵문제에 대처해야 한다. 그 일환으로 북한과 나머지 참가국들은 서로 상대측의 우려와 두려움을 인정하면서 다른 한편으로는 자신이 안아야 할 리스크를 일정 선에서 관리하면서 협상에 임할 필요가 있다.[46] 그리고 6자회담 참여국 모두가 합의 내용을 지키고 이행하는 것은 매우 중요하다. 한 쪽이 지켜야 할 합의사항을 위반하면 다른 한 쪽 역시 그들이 지켜야 할 약속을 위반 할 가능성이 크다. 이는 상호 불신을 가져오고 핵문제를 또 다시 교착상태에 빠뜨리게 한다. 앞으로 이러한 과정이 반복되어서는 안 된다.

이렇듯 북핵문제는 북·미간의 문제를 넘어 동북아시아 국가 모두가 안고 있는 문제로 다루어지고 있으며, 해당 국가 모두가 나서 해결해야 할 사안이다. 때문에 6자회담은 앞으로의 과정에 있어서도 매우 중요하며, 이 회담에 참여하고 있는 동북아시아의 국가들의 협력과 노력, 양보와 이해 그리고 상대를 고려할 줄 아는 태도가 있어야 한다.

---

45) 북한 외무성의 박의춘 외무상이 부시 행정부 1기 때 대북 특사를 지낸 프리처드(Jack Pritchard)에게 밝힌 내용, 이하원, “북, 핵무기 보유한 채 대미관계 개선 원해,” 『조선일보』, 2008. 6. 5.

46) 이계성, “북한 핵무기의 가격,” 『한국일보』, 2008. 7. 5.

나아가 동북아시아 국가들은 6자회담뿐만 아니라 이 지역의 안보대화에 적극성을 가져야 한다. 냉전의 유산을 여전히 가지고 있는 동북아시아 지역이 안고 있는 불안정성과 불확실성 그리고 비군사적 안보위협을 줄여나가기 위해서라도 안보대화가 필요하다. 대화와 협상은 유럽의 경험에서도 잘 나타난다. 그리고 보다 많은 접촉, 보다 많은 대화를 통해 상호간 이해를 제고함과 동시에 문제의 평화적 해결을 위한 대화습관을 배양하고 공동체 인식과 정체성을 확립해 나가는 것이 선결되어야 하다.[47] 이러한 안보대화는 역내 불안정성과 불확실성을 대화·협력을 통해 풀어나가는 데 효과적이며 분쟁과 갈등을 예방하는 데도 기여할 것이다. 의사소통과 투명성은 국가 간의 의혹을 제거하지는 못한다 하더라도 상당 부분 감소시킬 것이며, 그 결과 상대방의 의도를 보다 정확하게 이해하게 함으로써 오판이나 의도하지 않은 분쟁의 격화를 막을 수 있다.[48]

이러한 안보대화를 제도화시키는 것은 동북아시아 다자안보협력체 구축에 기여할 것이다. 다자적 제도는 일반적 행위원칙에 기반하고 있어서 현상의 변경을 보다 탄력적으로 수용할 수 있다.[49] 그렇기 때문에 6자회담을 통해 북핵문제를 외교적으로 해결한다면 이 회담이 다자안보체제로 발전할 수 있다. 미국은 미·일 동맹과 한·미 동맹이 훼손되지 않는 한 동북아 다자안보체제를 지지할 것이다. 중국과 러시아도 북핵문제 해결을 위한 6자회담이 성공적인 결실을 이끌어낸다면 이를 동북아 다자안보협력체로 발전시킨다는데 긍정적인 입장이며, 일본 또한 기본적으로 반대하지 않는 입장을 취하고 있다.[50] 동북아시아 다자안

---

47) "동북아 다자안보협력 제도화 추진방안," 『동북아시대위원회 연구용역보고서』(2005. 4), 12.

48) 백진현, "한반도 평화체제와 동북아 다자간 안보협력," 『한반도 평화체제의 모색』(서울: 경남대학교 극동문제연구소, 1997), 173-174.

49) 김태현, "신세계질서와 동아시아: 한국의 선택," 『신동아시아 안보질서』, 김태현 편 (경기: 세종연구소, 1997), 38.

50) 윤태영, "북핵 6자회담과 동북아 다자안보협력 구축 전망: 쟁점, 제약요인, 과제," 『세계지

보협력체가 형성되면 역내 국가들이 경제·환경·과학·기술 등 비정치군사적 사항에 효과적으로 대응할 수 있다. 그것은 동북아시아 평화체제를 구축하는 사전 단계로 볼 수 있으며, 이를 통해 역내 불안정성과 불확실성을 감소하고 상호 신뢰구축에 도움이 될 것이다. 이는 궁극적으로 동북아시아의 평화와 안정에 기여하는 것이다.

역연구논총』 제24집 3호 (2006), 179.

제2장 '고고도미사일방어체계'(THAAD)의 한반도 배치 구상에 의한 북핵 문제 해결 방안 모색: 자극 - 반응의 극대화*

제1절 서론

북한은 군사제일주의 기조와 선군주의 노선과 함께 군사력 강화에 총력을 기울여 왔으며 생존권과 자주권을 유지하고 억지력을 강화한다는 명분으로 핵무기를 개발해 왔다. 실제로 북한당국은 핵전력 강화에 상당한 의욕을 가지고 있는데, 그것은 북한 내에서 정치적·이념적 결합을 이끌고, 소련으로부터 상실한 핵우산에 대비하면서 군사적 위상 강화와 더불어 미국의 핵공격과 선제공격에 대처하고자하기 때문이다.

이러한 북한의 핵개발 목적은 예나 지금이나 변함이 없으며, 총체적 위기에 처해 있는 북한의 생존과 체제보장을 위해 핵전력 강화에 집중하고 있다. 이와 더불어 북한은 중·장거리 미사일 개발에도 박차를 가하고 있는데 로켓발사(2012. 12. 12.)의 성공은 13,000km 이상의 사정거리를 보여주고 있다. 앞으로 북한이 핵탄두의 소형화, 경량화를 성공해 미사일에 부착시킬 수 있으면 한반도는 물론 전 세계를 위협할 수 있게 된다. 그렇게 될 경우, 북한 독재정권의 핵 공갈과 핵위협은 멈추지 않을 것이며, 이러한 행태는 한반도는 물론 동북아시아의 평화와 안정을 크게 위협할 것이다.

이러한 상황에서도 한국군은 북한의 핵미사일 공격에 대한 대비책을 여전히 마련하지 못하고 있다. 핵 포기와 보상(에너지 지원, 북·미, 북·

---

* 본 장은 「통일전략」 제15권 2호 (2015), 159-180에 게재한 논문을 수정·보완 한 것임.

일 관계정상화)의 맞교환을 이끈 '9·19 공동성명'(2005. 9. 19)과 그 이행 초기 조치를 담은 '2·13 합의'(2007. 2. 13)와 2단계 조치의 '10·3 합의'(2007. 10. 3)는 실행되지 않고 있으며, 오히려 북한은 유엔의 제재 속에서도 핵무기 확산에 더욱 집중하고 있다. 이러한 상황은 6자회담의 전개를 막고 있으며, 북핵문제에 대한 전략적 인내 또는 방관이 과연 적절한 대응인가에 대한 의문을 낳게 하고 있다.

과연 북한의 핵 포기를 이끌 방안은 없는 것인가? 그냥 갈 때까지 가보자는 식으로 지켜만 볼 것인가? 이는 결코 바람직한 대처가 아니다. 이러한 문제점을 짚어 보면서 본 논문은 고고도미사일방어체계 한반도 배치 구상에 의한 북핵 문제 해결 방안을 모색하고자 한다. 상호작용과 반작용의 관점에서 자극과 반응의 모델을 적용해 북핵 문제의 해결 방안을 찾고자 한다. 그동안의 자극은 주로 북한이 하였고 상대가 반응을 보이는 행태를 보여 왔지만 본 논문에서는 고고도미사일방어체계와 같은 군사적으로 민감한 부분을 가지고 한국이 자극하고 이에 영향을 받는 상대를 반응하게끔 해 북핵 문제를 풀어 나가고자 한다. 이를 전개하기 위해 먼저 제2절에서는 북한의 핵미사일 현황과 위협 그리고 '고고도미사일방어체계'(THAAD: Terminal High Altitude Area Defense, 이하 THAAD)의 한반도 배치 구상에 대해 묘사하고자 한다. 제3절에선 THAAD의 한반도 배치와 미배치 시 한·중, 한·미 간 역학관계를 살펴보고 그리고 제4절에선 자극과 반응 그리고 작용과 반작용의 논리를 적용해 THAAD의 한반도 배치 구상에 의한 북핵 문제 해결 방안을 모색하고자 한다.

제2절 북한의 핵미사일 위협과 THAAD의 한반도 배치 구상

1. 핵미사일 현황과 위협

북한은 헌법 전문에 핵보유를 명문화(2012. 4) 하였으며, 이미 제3차 핵실험을 마친 상태이다. 이전 제1차(2006. 10. 9) 핵실험 때 플루토늄을 원료로 해 1k톤 제2차(2009. 5. 25) 땐 동 원료로 3~4k톤의 핵 위력을 그리고 제3차(2013. 2. 12) 땐 플루토늄 또는 우라늄과 플루토늄의 원료를 사용해 6~7k톤의 위력을 과시한 바 있다. 뿐만 아니라 영변 5MW 원자로를 재가동하면서 핵 다종화에 따라 고농축우라늄탄 개발에도 나서고 있다.

이제 북한의 핵보유는 사실상 인정해야 할 상황까지 온 듯하다. 북한은 제재를 받더라도 인도, 파키스탄과 같이 비공식 핵보유국으로 인정받으려 한다. 하지만 「핵확산금지조약」(Non-proliferation Treaty: NPT)을 유지하고자 하는 미국이 이를 결코 수용하지 않을 것이다. 중국, 러시아 역시 NPT 체제를 유지하는 데 주력해야하기 때문에 북한이 비공식 핵보유국의 대열에 서는 것을 원하지 않고 있다. 그러나 북한의 핵보유에 대한 사실은 더 이상 부인하기 어렵다. 이미 북한은 최소 8개의 핵을 보유한 것으로 알려지고 있으며, 시간이 갈수록 보유수는 확대될 것으로 전망된다.

북한의 핵보유에 대한 염려와 더불어 미사일의 능력도 심각하게 우려되고 있다. 북한은 Scud 미사일과 함께 장거리 미사일 능력을 보이고 있다. 사정거리를 중심으로 볼 때, Scud-B 미사일(화성 5호)은 320~340km로 전라도 및 경상도를 겨냥할 수 있고, Scud-C 미사일(화성 6호)은 500km로 한반도 전체를 그리고 Scud-D 미사일(노동 1호)은 1,300km로 한반도 전체는 물론 일본의 니가타·오사카·동경, 괌, 필리핀, 중국의 상해·북경, 대만의 타이베이, 러시아의 하바로프스크까지 겨냥할 수 있다. 이외 북한은 러시아제 SA-2, SA-5, SA-7, SA-13, SA-16 등 중·단거리 대공 미사일을 보유하고 있다.

북한은 중·장거리 미사일의 능력을 향상시키기 위해 대포동미사일과 은하미사일을 다섯 차례 시험 발사하였다. 그 중 대포동 1호(1998. 8. 31), 대포동 2호(2006. 7. 5), 은하 2호(2009. 4. 5), 은하 3호(2012. 4. 13) 미사일의 시험발사가 실패하였다. 그러나 두 번째 은하 3호(2012. 12. 12)의 시험발사는 성공을 거둬 광명성 3호 2호기를 위성에 도달할 수 있게 하였다. 주목해야 하는 것은 은하3호 미사일의 사거리이다. 그 사거리는 13,000km 이상인 것으로 추정되는데, 이는 지구상의 거의 모든 지점을 사정권에 둘 수 있는 거리에 해당된다.

핵실험과 장거리 미사일 시험발사에 성공한 북한은 이제 핵탄두의 소형화와 경량화에 총력을 기울이고 있다. 헤이니(Cecil D. Haney) 미국 전략사령관은 이미 북한의 핵전력 소형화가 이루어졌다고 밝힌 적이 있다.[1] 이는 아직 확인되지 않았지만 핵탄두의 소형화와 경량화가 이루어져 미사일에 장착할 수 있으면 북한의 핵미사일은 대량살상무기로 위용을 갖추게 된다. 우선적으로 지름이 1.8m 이상이 되는 대포동 미사일과 은하미사일에 핵탄두 장착이 가능할 것이다. 다음으로 생각할 수 있는 것은 노동미사일로 일컬어지는 Scud-D 미사일이다. 그러나 지름 길이가 상대적으로 짧은 Scud-C 미사일과 Scud-B 미사일에 핵탄두를 장착하는 것은 단기적으로 어려울 것이다. 그러나 Scud 미사일 공격에 대한 대비를 소홀히 해서는 안 된다. 분명히 인식해야 할 것은 만약 북한이 미사일에 핵이나 또는 생화학무기를 장착해 한반도의 남쪽을 향해 공격을 가한다면 이는 재앙이나 다름없다. 그러므로 북한의 핵, 생화학무기, 미사일 공격에 대비하는 것은 국가적 사명이다.

---

1) Cecil D. Haney, Commander of the U.S. Strategic Commander, Testimony for the Senate Armed Services Committee, March 19, 2015.

2. THAAD와 한반도 배치 구상

북한의 핵미사일의 무력적 위협에 대비하기 위한 일환에서 한국은 패트리엇 미사일의 최신 버전인 PAC(Patriot Advanced Capability)-3을 미국에서 도입하기로 했다. 한국군은 북한의 탄도미사일 위협에 대비하기 위해 2008년 PAC-2를 들여오면서, 탄도미사일을 조기에 탐지할 수 있는 조기경보레이더와 작전통제소로 구성된 '한국형 미사일방어체계' (Korea Air and Missile Defense: KAMD)를 만들기 위해 500km 이상 떨어진 지점에서 발사된 탄도미사일을 식별할 수 있는 미국-이스라엘제 슈퍼 그린파인(EL/M-2080 Green Pine) 조기 경보 레이더를 도입했다.[2] PAC-2는 요격고도가 15km 이내이며, 탄두 파편에 의해 요격하는 일반 방식으로 그 위력이 약하다. 그래서 한국군은 요격고도가 30~40km에 달하고 탄두 파편 요격 방식이 아닌 날아오는 미사일을 직접 맞춰 요격하는 '충돌-파괴(hit-to-kill)' 방식인 PAC-3를 도입하기로 한 것이다. 이 역시 저고도에서 요격할 수 있는 하층 방어체계이나 파괴 효과는 PAC-2보다 훨씬 높다. 미국 국방안보협력국은 한국에 PAC-3 136기와 관련 장비 등을 판매하기로 결정했으며, 가격은 1조 5천억 원 정도로 미 의회의 승인을 거쳐 계약이 성사된다고 밝힌 바 있다.[3]

그러나 PAC-3 역시 저고도 요격 방어체계로 음속 5~8배로 낙하하는 북한의 Scud 미사일을 요격하기에는 한계가 있을 수밖에 없다. 실제 PAC-3 미사일로는 발사 각도를 높여 고도 160km까지 치솟은 뒤 음속의 7배로 내리 꽂는 미사일을 막는 건 역부족이다.[4] 구체적으로 초당 7km 이상으로 낙하하는 탄도 미사일이 사정권에 들어오는 순간부터 5초 정도의 시간 밖에 없다.[5] 이는 저고도에서 PAC-3 미사일로

---

2) 유성운, "미사일방어체계의 모든 것," 『중앙일보』, 2014. 11. 20.
3) 김수형, "'패트리엇-3' 도입…미사일 방어체계 구축 속도," 『MBN』, 2014. 11. 8.
4) 조철환, "'사드', 한반도 배치를 둘러싼 3대 논란," 『한국일보』, 2015. 2. 26.

요격할 시간이 불과 몇 초에 불과하다는 것을 나타내는 것이다. 이러한 상황을 고려할 때, 저고도에서 "대응 능력이 낮고 요격 영역이 제한적이며, 북한이 중고도에서 자탄을 분리해 공격하면 제대로 대응을 하기 어렵다."[6] 이를 극복하기 위한 방안으로 한국군은 40~50km 고도에서 요격할 수 있는 중고도 미사일 요격체계 도입을 검토하고 있다. 동시에 최고 150km까지 상승해 요격 성능이 높은 THAAD의 도입을 매우 신중하게 그리고 조심스럽게 모색하고 있다.

THAAD는 아군을 향해 날아오는 적의 미사일을 격추시키기 위한 공중방어체계이다. 이것은 미국의 록히드 마틴(Lockheed Martin) 방산업체사가 1999년에 완성한 것으로 '미사일방어'(Missile Defense: MD) 체제[7]의 '전역미사일방어'(Theater Missile Defense: TMD) 체계[8]의 전력화를 이끌고 있다. THAAD는 미사일·발사대·요격장비·사격통제·통신시스템 등 다양한 요격체계가 트럭에 탑재되어 있으며, 지상에서 빠른 속도로 이동·배치 할 수 있다. 상대 미사일을 요격한다는 점에서는 패트리어트 미사일과 다르진 않다. 그러나 저고도 요격용인 패트리어트 미사일과 달리 고도가 높은 곳에서 단·중거리 탄도미사일을 요격할 수 있다. 그래서 중간단계와 최종단계의 요격이 가능하며, 이는 THAAD가 가지고 있는 주요특징이다.

THAAD 미사일방어체계는 1개 포대 당 6기의 발사대로 구성되어 있으며, 1기 당 8발의 미사일 장착이 이루어진다. 그래서 1개 포대는 48기의 미사일로 이루어져 있다. 이 포대는 아시아 지역에서 괌에 한 대

5) 조철환, "'사드', 한반도 배치를 둘러싼 3대 논란."

6) 김흥규 아주대 중국정책연구소장의 발언, 박희준, "사드(THAAD) 실현 가능성 의문, 北 미사일 전부 방어 못해,"『아시아경제』, 2014. 11. 21에서 인용.

7) MD 체제는 적국 또는 상대자가 미국과 우방동맹국을 향해 미사일로 공격에 나설 때 이를 미리 감지해 공중에서 미사일을 요격할 수 있도록 지상, 해상, 우주 기지를 건설하려는 것이다. 이헌경, "미국의 미사일방어체제 구상과 전략,"『통일전략』 제4권 2호 (2004), 239.

8) TMD는 우방동맹국과 해외주둔 미군을 미사일 공격으로부터 방어하기 위한 체계이다. 이헌경 외,『미국의 MD체제 추진 실태와 국제사회의 반응: 동북아 지역에 미치는 영향을 중심으로』(서울: 통일연구원, 2002), 38.

가 배치되어 있다. 미군은 올해 말까지 미국본토에 3개 포대의 실전 배치를 완료하고 추가로 한국과 일본, 아랍에미리트(UAE) 등에 배치할 계획을 가지고 있다.9) THAAD 미사일요격체계는 탄두 파편에 의해 요격하는 일반 방식이 아닌 날아오는 미사일을 공중에서 직접 맞춰 요격하는 'hit-to-kill' 방식이다. 한국군이 북한의 탄도미사일 위협에 대비하기 위해 도입한 PAC-2는 탄두 파편에 의해 요격하는 일반 방식으로 그 위력이 약하지만, PAC-3과 THAAD의 'hit-to-kill' 방식은 적의 미사일을 직접 충돌해 미사일을 요격하므로 파괴 효과가 매우 높다.

THAAD 체계의 핵심에 해당되는 레이더의 역할도 매우 중요하다. THAAD 체계는 미사일과 함께 X밴드 계열인 고성능 'AN/TPY-2 레이더'를 가지고 있는데, 이 레이더의 탐지거리는 2,000㎞ 이상에 달한다. 이 레이더를 한반도 남쪽에 배치하고 이를 전방기지 모드로 돌릴 때, 서해 쪽 중국 해안지역을 비롯해 북경, 상해 그리고 러시아의 극동지역까지 탐지가 가능하며, 그 지역에서 발사되는 미사일 동향과 미사일 상승 단계의 탄도미사일을 레이더에 포착하게 해 요격 대비를 가능하게 한다.

한반도 남측 지역의 전체 방어를 위해선 THAAD 3개 포대 정도가 필요하다. 그러나 중국과 러시아는 THAAD의 한반도 배치를 절대적으로 반대하고 있다. 게다가 이들 국가는 미군이 THAAD를 통해 미사일방어체계의 완성도를 높여 전략적 우위를 차지 할 수 있는 데 대한 우려를 가지고 있다. 특히 북경 지도부의 우려의 폭과 깊이는 매우 넓고 깊다. 이러한 우려의 뒤편엔 중국이 '둥펑-31A', '둥펑-41' 대륙간탄도미사일을 보유하고 있는 점을 간과할 순 없다. 이 미사일은 미국 전역을 타격할 수 있을 뿐만 아니라 센카쿠 열도를 둘러싸고 영토분쟁을 일으키고 있는 일본을 겨냥해 공격할 수 있다. 또한 중국은 세계 어느 지점이라

---

9) 노효동, "미국 '2019년까지 사드 7개 포대 실전배치'," 『연합뉴스』, 2015. 3. 21.

도 몇 시간이내에 타격이 가능한 극초음속 비행체인 'Wu-14' 미사일을 최근 시험 발사하면서 미국의 MD 체제를 무력화시키려는 노력을 기울이고 있다. 미군은 THAAD의 한반도 배치를 통해 일본과 주일미군을 목표로[10] 한 중국의 대륙간탄도미사일 공격에 대비하고자 하는데 이는 곧 동북아시아 지역에서의 전략적 우위를 통해 위기 상황에 대처하고자 하는 것이다.

---

10) 보다 적극적인 태세로 중국은 센카쿠 일대와 대만을 공격할 수 있는 사거리 400km의 첨단 지대공 미사일 시스템인 S-400 방공 미사일 시스템을 러시아로부터 구입하기로 하였다 (조성대, "푸틴, 중국에 S-400 미사일 판매 동의," 『연합뉴스』, 2014. 3. 20; 최창봉, "중, 러 최첨단 방공미사일 도입 계약," 『동아일보』, 2014. 11. 28). 이는 중국의 미사일 방어망을 강화하고자 하는 것이다.

제3절 THAAD의 한반도 배치와 미배치 시 한·중, 한·미 간 역학관계

1. 한·중 관계

THAAD의 한반도 배치는 중국으로서는 받아들이기 어렵다. THAAD가 한반도에 배치되지 않는 것으로 결정이 나면 한·중 관계는 더욱 밀착될 것이다. 정치·외교적으로 더욱 성숙하고 협력적인 관계를 형성해 나갈 것이며, 군사·안보뿐만 아니라 비군사적 영역에서도 협력의 범위를 넓혀 갈 것이다. 이미 양국은 FTA 타결로 경제협력의 폭을 넓혀 가고 있으며, 경제적·기능적 협력의 범위를 더 늘리려 하고 있다. 양국 간 경제관계의 확대는 사회·문화 교류의 확대와 함께 진행될 것이며 이는 서로를 보다 우호적으로 대하면서 신뢰를 쌓게 한다. 양국 관계의 걸림돌인 북한문제에 있어서도 중국은 실리적 차원에서 유연한 태도를 취할 것이다. 중국은 한반도 정세 안정과 북한의 생존을 돕는 역할을 하겠지만 한·중 관계의 발전과 한반도의 평화와 안정을 위해 북한보다는 한국에 닥아 가는 노선을 추진할 것이다.

실제로 시진핑(習近平) 정부가 들어 선 이후 한·중 관계는 이명박 정부와 후진타오(胡錦濤) 정부 때보다 한 단계 더 성숙하고 발전한 모습을 보이고 있다. 이명박 정부가 친미 노선을 펼친 이유도 한·중 관계를 일보 후퇴하게 한 점도 있다. 이를 반영하듯 시진핑 정부는 박근혜 정부에 과거와 다른 애정을 보여 왔다. 정치·외교적 친밀도와 애정은 그 어느 때보다 강하다. 한국의 대중 정책이 별로 변한 것도 아니며 한·미 관계가 예전에 비해 멀어진 것도 아니다. 변한 것이 그리 없는데 중국의 대한 친밀도가 그 어느 때보다 강하다는 것은 정책적 고려가 반영되었기 때문이다.

그 중 하나는 THAAD와 관련이 있다. 이것이 한반도에 배치되면 중국 동북 지역뿐만 아니라 북경, 상해까지 AN/TPY-2 레이더에 포착되며, 동향 감시와 더불어 그 쪽에서 발사되는 미사일을 공중에서 바로 요격이 가능한 시스템을 보유하게 된다. 이는 즉, 중국의 담장 위를 위협하는 것이다. 그래서 중국은 이 레이더를 통해 미국이 중국을 상시 감시[11]할 수 있다는 데 대한 심각한 우려를 가지고 있으며, 이로 인해 THAAD의 한반도 배치를 결사적으로 막고자 한다. 이는 사활적이다.

그런데도 불구하고 한국정부가 THAAD 한반도 배치를 수용한다면 중국으로서는 결코 참을 수 없을 것이다. 이는 추궈홍(邱國洪) 주한 중국대사가 THAAD의 한국 배치 가능성에 대해 "명확히 반대한다. 이는 한·중 관계에 큰 손해를 끼칠 것"[12]이라고 말한 데서 분명히 나타난다. 더불어 그는 THAAD가 북한 미사일 방어 목적을 넘어 중국을 목표로 해 중국 안전에 해롭고[13] 북한을 자극 할 뿐 아니라 한·중 관계에도 크게 나쁜 영향을 미칠 것이라고 강력히 경고한 바 있다. 북경이 가지고 있는 심각한 우려는 시진핑 주석과 중국 지도부의 배치 반대 논리를 통해서도 명확히 나타난다. 그 논리는 우선 미국의 MD 체제는 중국의 핵억지 체계를 무력화하여 미·중 사이의 전략적 안정을 해치고, 대만 혹은 일본으로 하여금 잘못된 판단을 하게 할 수 있고, 북한을 자극해 핵무기와 미사일 개발을 더욱 포기할 수 없게 한다는 것이다.[14] 다시 말

---

11) 우정엽은 이미 일본에 비슷한 사양의 AN/TPY-2 레이다가 2기 설치되어 있고, 대만에는 세계에서 가장 강력한 레이더라고 불리는 UHF long range EWR based on the AN/FPS-115 Pave Paws 시스템이 구축되어 있으며, 이 레이더는 3,000 킬로미터 내에서 1,000개의 목표물을 동시에 추적할 수 있다고 본다. "사드(THAAD)가 중국에게 위협이 되는가?" 검색일 2015. 3. 15, https://mail.google.com/mail/u/0/#inbox/14b7745af76030e5. 이러한 상황에서 한반도 배치를 모색하고 있는 AN/TPY-2 레이더가 미국의 대 중국 감시용으로 작용할 것으로 생각하는 그 자체가 모순이라고 본다.

12) 유지혜. "추궈훙 '사드 한국 배치, 한중 관계 큰 손해 끼칠 것'," 『중앙일보』, 2014. 11. 27.

13) THAAD의 한반도 배치는 분명 북한의 미사일 공격에 대비하기 위한 것이며, 동시에 일본을 겨냥한 중국의 미사일 공격에 대비한 것으로 유추할 수 있다. 그러나 중국을 겨냥한 것은 아니다. 단, THAAD의 레이더 적용범위가 중국 서해 지역까지 넘볼 수 있어 그 지역의 동태를 미국이 언제든 파악할 수 있는 우려는 남아 있다.

14) 조철환, "'사드', 한반도 배치를 둘러싼 3대 논란."

해 동북아시아 국가들의 잘못된 행동을 유발할 수 있게 하면서 전략적 불안정을 야기할 수 있다고 보는 것이다. 또 중국이 개발에 열중하는 '반 접근-지역 거부 전략'(anti-access area denial) 무력화로 이어질 것이라는 주장도 편다.15)

실제로 THAAD의 한반도 배치가 이루어지면 미국의 대중 견제가 강화될 수 있으며, 이와 동시에 한·중 관계는 부정적 방향으로 진행될 수 있다. 이 여파는 그동안 한국에 베풀었던 중국의 호의가 적대적이지는 아닐지라도 비호의적으로 될 것이며, 한·중 간 '성숙한 전략적 협력동반자'의 관계가 멀어질 수 있다. 양국의 경제관계도 시간이 흐를수록 어려운 상태에 직면할 수 있다. 그동안 북한에 대해 견제의 자세를 보였던 중국의 태도는 비핵화에 대해선 협력적이겠지만 나머지 안건에 대해선 북한을 지지·지원하는 쪽으로 갈 것이다. 작금의 북·중 관계는 북한의 핵실험과 미사일 시험발사 문제로 멀어졌지만 한·중 관계의 반전은 북·중 관계의 밀착을 가져다 줄 것이다. 이러한 구도는 한·중 관계를 어렵게 할 것이며, 동북아시아 지역의 냉전적 환경을 새로운 차원에서 형성할 것이다.

2. 한·미 관계

한국은 미국이 구상하고 있는 THAAD의 한반도 배치에 대해 MD 체제에 참여하지 않겠다는 기존의 입장을 되풀이 하면서 KAMD 체계를 선호하고 있음을 밝힌 바 있다. 그러는 한편 THAAD 한반도 배치에 대한 반대의 의사 표명을 삼가면서 매우 신중한 입장을 보이고 있다.

THAAD 한반도 배치는 전시작전통제권 환수에 대비하고, 미국의 MD 구상에 부응하는 것이다. 동시에 THAAD는 북한의 핵미사일 위협으로부터 대비할 수 있는 가용수단이 별로 없는 상태에서 한국군의 방

15) 조철환, "'사드', 한반도 배치를 둘러싼 3대 논란."

어적 능력을 향상시킬 것이다. 이와 함께 미국은 동북아시아에서 미사일방어체계가 현저히 떨어지는 중국과 러시아를 대상으로 전략적 우위를 가질 수 있다. 이는 군사적 불균형과 전략적 불균형을 통해 동북아시아 지역의 주도권을 이끌고자 하는 미국의 구상에 부응하는 것이다.

한편 미국은 THAAD와 KAMD와의 상호운용성을 통해 상대로부터의 미사일 공격에 효과적으로 대비하려는 계획도 가지고 있다. KAMD 체계는 미국으로부터 독립성을 가지려 하나, 상당 부분 미제품에 의해 운영되며, 미국 위성과 레이더로부터 수집된 자료의 도움에 의해 작용하도록 고안되어 있다.[16] 그러므로 상호운용성을 가질 수밖에 없으며, 이 체계가 한반도에 구축될 경우, 한국의 안보와 국방에 큰 도움이 될 것이다. 의심의 여지없이 핵탄두와 생화학무기를 부착한 북한의 미사일 공격에 대한 대비를 한 차원 높은 단계로 올릴 것이다. 동시에 한·미 연합방위체제가 더욱 강화되면서 양국 간 안보관계는 더욱 굳건해 질 것이다. 강화된 안보협력은 전통적 유대 관계를 더욱 밀착시키면서 한·미 관계를 한층 더 발전시킬 것이다.

그러나 THAAD 한반도 배치가 성사되지 않는다면 미국은 한국에 대한 신뢰가 약화될 것이다. 한국전쟁에서 3만3천명 이상의 미군의 희생을 낸 한반도 지역에서의 안보협력에 대한 회의를 갖기 시작할 것이다. 한·미동맹의 신뢰에도 금이 갈 것이며, 미국보다 중국에 의존하면서 한국의 이익을 챙기려 한다는 생각을 가지게 할 수 있다. 이는 중국의 남북 등거리 외교와 같이 한국이 미·중 등거리 외교를 추진하고자 한다는 의혹을 갖게 할 수도 있다. 이러한 의혹이 깊어지면 주한미군의 지상병력의 점차적 감축을 모색할 것이며, 전시작전통제권의 조기 이양과 한국의 자주국방을 촉구할 것이다. 대안으로 미·일 동맹 체제를 더욱 강화시켜 중국의 군사적 확장에 대비하려 할 것이다. 이러한 구도는 동북

16) Karen Montague, "A Review of South Korean Missile Defense Programs" (March 2014), 2.

아시아 지역에서의 대립과 갈등을 표출시켜 역내 불안정을 도래하게 한다.

THAAD의 한반도 배치가 결국 무산되면 미국은 대안으로 일본에 THAAD를 배치하려 할 것이다. 괌에 있는 THAAD 1개 부대와의 상호 운용을 통해 적으로부터의 핵미사일 공격에 대비하려 할 것이다. 이는 미·일 동맹과 안보협력 체제를 더욱 강화하면서 중국에 대한 견제의 강도를 더욱 높이는 것이다.

제4절 THAAD 한반도 배치 구상에 의한 북핵 문제 해결 방안 모색

현재 PAC-2와 PAC-3은 하층 방어체계에 불과할 뿐 중상층 방어체계를 갖지 못한다. 따라서 고고도미사일요격체계를 가진 THAAD가 대안이 될 수 있다. 만약 THAAD를 배치하지 않는다면 PAC-3급 저층방어망을 25개 들어오고 해상 요격기지도 따로 둬야 한다.[17] 이러한 이유로 한국군은 중장거리 지대공 요격미사일을 주축으로 한 KMAD를 2020년까지 구축하고자 한다. 그것은 L-SAM 요격미사일을 개발하는 것이다.[18] 이것은 THAAD의 대안이다. 요격성능은 THAAD와 비슷하지만 탐지거리는 짧게 해 탐지거리에 대해 우려하는 중국을 자극하지 않겠다는 것이다. 이는 중국과 러시아의 반발을 무마시키기 위한 일환이다. 하지만 그러한 성능을 가진 KMAD를 개발할 수 있는지 그리고 그것이 가능하면 언제 완성될 것인가에 대한 의문이 있으며, 미국이 이를 수용할지도 의문이다. 그리고 중국이 THAAD는 수용할 수 없지만 KMAD는 받아들일 수 있다는 것에 대해서도 의문이다. 이러한 의문에 대한 해답이 설득력 있게 대두되지 않은 상황에서 한국의 안보 공백을 어떻게 메울 수 있는 지에 대한 염려가 생길 수밖에 없다.

THAAD 미사일 체계의 도입여부는 국부적인 조직의 이익이나 편협한 사고 내에서 긴박히 결정할 문제가 아니라 변화하는 국제정치의 역학, 사안의 긴박성에 대한 면밀한 검토, 우리의 국익에 대한 영향력에 대한 포괄적 검토가 필요하다.[19] 그러나 북한의 핵미사일 위협이 닥아오고 있다는 사실을 간과해서는 안 된다. 확고한 안보와 억지력 강화는

---

17) 천영우 전 청와대 수석 발언, 강찬호, "북, 수년 내 서울 타격 핵미사일 보유‥‥‥사드 빌려라도 와야," 『중앙일보』, 2014. 11. 16에서 인용.

18) 40~50km 고도에서 요격하는 중고도 미사일 요격체계 도입을 고려할 수 있겠지만 이는 근본적 대안이 될 수 없다.

19) 김홍규 발언, 박희준, "사드(THAAD) 실현 가능성 의문, 北 미사일 전부 방어 못해."

적으로부터의 위협에 충분히 대비할 경우에만 가능한 것이다. 그러나 한국정부는 THAAD의 한반도 배치에 대한 명확한 입장을 여전히 보이지 않으면서 전략적 모호성을 유지하고 있다. 그것은 미국과의 안보협력 그리고 중국과의 경제협력 관계를 두고 고민에 빠져 있기 때문이다. 한국의 입장은 한·미동맹을 강화하는 한편 한·중 간 한층 발전된 경제협력의 관계를 유지하고자 한다. 이는 안보적으로 한국의 대미 의존도가 높은 반면 경제적으로 대중 의존도가 높아 균형 잡힌 행보를 취하려는 것이다. 이는 곧 전략적 모호함으로 비춰 질 수밖에 없다. 이러한 모호성은 시간이 흐름에 따라 의혹을 키운다.

한 방안으로 한국정부는 레이더 탐지거리가 1,000km 이내인 사드체계를 대안으로 모색하고 있다. 이 탐지거리는 중국과 러시아에 도달하지 않기 때문이다. 하지만 중국과 러시아는 이 안 역시 미사일방어체계의 일환으로 보고 있으며, THAAD 체계가 한반도에 배치되면 탐지거리의 증대는 언제든지 가능하다고 본다. 그래서 탐지거리가 1,000km 이든 2,000km 이든 중국과 러시아는 THAAD 체계의 한반도 배치를 절대 반대하고 있다. 이러한 상황에서 선택의 기로는 머지않아 닥아 올 것이다. 그것이 오기 전에 한국정부는 분명한 입장을 취해야 한다. PAC-3의 도입과 KAMD 체계 개발은 THAAD의 대안일 뿐 단·중기적으로 핵탄두를 장착한 북한 미사일의 공격을 방어하기는 어렵다.

이러한 점을 다각도로 고려할 때 한국정부의 선택은 '자극-반응'의 논리를 적용해 한반도 비핵화와 THAAD의 미배치를 이끄는 것이다. 북한의 국가적 생존에 가장 큰 가용수단을 가지고 있는 중국을 자극해 북한이 핵 포기를 할 수 있도록 압박하게끔 하는 반응을 이끌어 비핵화의 목표를 달성하는 것이다. 이는 상호작용의 과정에서 자극과 반응을 통해 성취하고자 하는 목표를 얻는 것이다.

이는 라이커(William Riker)의 '자극-반응(stimulus-response)' 모델[20]과 로제크란스(Richard N. Rosecrance)의 '작용-반작용(action and reaction)' 이론[21], 차드윅(Richard W. Chadwick)의 '작용-반작용 과정(action and reaction)' 모델[22], 싱거(J. David Singer)의 '반작용 과정(reaction process)'[23]에서 잘 나타난다. 리차드슨(Lewis Fry Richardson)의 '군비축소(arms reduction)' 모델[24] 역시 상호작용의 행위를 예측하게 하면서 자극과 반응 그리고 작용과 반작용을 설명한다.

한국이 중국에 대해 THAAD의 한반도 배치 결정과 같은 자극적 행위를 할 경우, 중국정부는 매우 민감한 반응을 보일 것이다. 한국정부가 THAAD 한반도 배치가 북한의 핵미사일 위협에 대한 대비용이라 역설할 때 이는 곧 중국을 크게 자극하는 것이다. 그 배치를 가장 꺼려하는 중국은 그 근원이 되는 북한의 핵을 포기하게끔 하겠다고 반응을 보일 가능성이 있다. 실제로 중국은 한반도 비핵화를 원했지만 북한의 목을 조우는 강력한 수단을 사용하지 않았다. 중국이 북한에 제공하는 원유와 식량 지원은 가장 강력하고 효과적인 수단이다. 여전히 중국은 그러한 전략적 수단을 가지고 있기 때문에 '자극'-'반응'과 '반작용'의 논리를 적용해 한반도 비핵화와 THAAD 미배치를 위해 중국이 그 수단을 사용할 수 있게끔 해야 한다.

그러나 만약에 중국이 북한을 압박하는 가용수단을 작용하지 않으면서 반응을 보이지 않는다면 한반도 비핵화에 대한 의지가 약하다는 것

---

20) William H. Riker, The Theory of Political Coalitions (New Haven: Yale University Press, 1962).

21) Richard N. Rosecrance, Action and Reaction in World Politics (Boston: Little, Brown, 1963).

22) Richard W. Chadwick, "Richardson Processes and Arms Transfers, 1971-1980: A Preliminary Analysis," Journal of Peace Research 23(4) (1986).

23) J. David Singer, "The Political Science of Human Conflict," in The Nature of Conflict, ed. E. B. McNeil (Englewood Cliffs: Prentice-Hall, 1965), 139-144.

24) Lewis Fry Richardson, Arms and Insecurity (Pittsburgh: Boxwood, 1960); David L Wagner, Ronald T. Perkins and Rein Taagepera, "Complete Solution to Richardson's Arms Race Equations," Journal of Peace Science 1(2) (1975), 159-172.

을 확실히 알 수 있다. 그렇다면 한국군은 방어적 차원에서 THAAD의 한반도 배치를 추진하는 것이 바람직하다. 북한의 핵미사일의 위협과 THAAD의 한반도 배치는 궁극적으로 한·중 간, 미·중 간, 일·중 간 상호 간 대립·갈등을 증폭하게 하며, 상황을 보다 악화시킬 수 있다. 이는 한반도 비핵화와 한·중 관계 강화를 통해 한·미 동맹관계를 약화시키고자 하는 중국의 전략과도 맞지 않는다.

결론적으로 THAAD의 한반도 배치 구상을 통해 중국을 크게 자극해야, 중국은 이를 막기 위해 국가생존에 절대적으로 필요한 가용수단을 사용해 북한이 핵을 포기하도록 압박할 것이다. 이러한 자극과 반응 그리고 작용과 반작용의 논리와 접근은 종국적으로 한반도의 비핵화를 이끌면서 동북아시아의 평화와 안정에 기여하는 것이다.

제3장 북한의 핵·미사일 능력과 핵 폐기를 위한 공동성명과 합의 이행의 중요성*

제1절 서론

1993년 북한이 「핵확산금지조약」을 탈퇴함으로써 본격화된 북핵문제는 어느새 22년째를 맞고 있다. 북한의 플루토늄 핵개발로 촉발된 제1차 핵 위기는 1994년 10월 미국과 북한의 합의를 통해 일단락되었지만 그 합의에도 불구하고 북한이 고농축우라늄 핵개발을 비밀리에 추진한 것이 알려지자 제2차 핵 위기가 발생하였다. 이로써 그 합의는 사문화되었다. 그 뒤 북한은 플루토늄과 고농축우라늄을 이용한 핵개발을 계속하였고, 이를 저지하고자 하는 국제사회의 노력은 계속되었다. 그런데도 적절한 해결책을 찾지 못했었다. 그러던 중 각고의 노력 끝에 동북아시아 국가들이 주축이 된 6자회담에서 북한의 핵 폐기를 위한 공동성명이 발표됨으로써 한반도 비핵화를 위한 해법을 찾을 수 있었다. 하지만 이 해법 역시 성명대로 움직여지지 않았다. 북한은 핵동결의 움직임을 잠시 보였을 뿐 핵 폐기를 위한 수순을 밟지 않았다.

북한의 영변 원자로 가동은 계속되었고, 핵실험이 세 차례에 걸쳐 이루어졌다. 이에 대응한 유엔대북결의의 추진과 제재 그리고 미국의 강도 높은 압박은 북한의 핵 폐기를 위한 채찍이었다. 그럼에도 불구하고 플루토늄과 고농축우라늄을 이용한 북한의 핵무기 개발은 멈추지 않고 진행되었다. 심지어 북한당국은 2012년 4월 핵보유국임을 헌법에 명기하고 '핵보유국 지위 영구화' 선언과 함께 2013년 3월 당중앙위원회 전원회의에서

* 본 장은 『세계지역연구논총』 제33집 1호 (2015), 127-143에 게재된 논문을 수정·보완한 것임.

'경제건설과 핵 무력 병진노선'을 채택하였다. 이는 북한이 자위적 핵보유국의 길을 당당하게 걸어가겠다는 것을 세계에 천명한 것이다.

돌이켜본 데, 그동안 북한은 핵카드를 이용해 '도발 → 위기고조 → 타협 → 일괄타결 → 보상'의 과정을 반복하면서 물질적 혜택을 톡톡히 챙기는 실리노선을 걸어 왔다. 그 과정에 북한의 '위기고조' 행위와 '벼랑 끝 전략'은 보상을 얻어내는 데 일조를 하였다. 이러한 북한의 '협상–실리' 추구 전략에 의해 그리고 '밀고 빠지는' 계략에 의해 미국과 남한은 북한을 극단적으로 못 믿게 되었다. 합의조차 외면시키고 계산에 따라 움직이는 북한의 행동에 강한 불신과 의혹을 보이게 되었고 더 이상 끌려 다니려 하지 않으려 하고 있다.

합의에 대한 불이행과 의혹의 증폭은 결국 오바마 행정부에게 전략적 인내 전략을 취하게 하였다. 그러나 이 역시 어떠한 성과를 거두지 못하고 제자리를 맴돌고 있다. 시진핑 체제에 들어서서도 중국의 중재역할 역시 더 이상 효과를 거두지 못하고 있다. 이외 북한과 미국 그리고 남한과 북한의 협상창구는 대화의 문을 제대로 열어 놓지 못하고 있으며, 6자회담에서 내놓은 9.19 공동성명은 지켜지지 않은 채 존재만 하고 있을 뿐이다.

이러한 상황에서 북한의 핵문제는 계속 딜레마에 처해 있다. 게다가 북한이 장거리 로켓 발사에 성공함으로써 핵문제는 이제 핵·미사일의 문제로까지 확대되고 있다. 이러한 상황을 마냥 그대로 놓아 둘 것인가? 방관이나 전략적 인내가 최선의 정책인가? 이러한 의문과 함께 본 논문은 북한의 핵·미사일 능력이 어느 정도인지? 그동안 미국이 북한의 핵 폐기를 위해 어떠한 정책으로 어떻게 접근을 했는지 그리고 제시된 해법이 무엇이었는지? 그리고 6자회담의 노력과 성과는 무엇인지? 그리고 북한의 대응과 전략은 무엇인지? 본 논문은 이러한 의문에서 제시된 내용들을 전반적으로 검토하면서 과연 어떠한 대안이 북한의 핵문제를 풀어나가는 데 바람직한 가를 제시하고자 한다.

제2절 북한의 핵·미사일 능력

북한은 주체사상과 선군사상과 함께 "국가의 생존을 신(神)의 섭리나 하늘의 운(運)에 기대하는 것이 아니라 자주적으로 지상의 현실적 조건들에서 찾아야 한다"[1]는 생각을 가지고 주권과 안전보호, 자주권과 생존권 차원에서 핵개발을 추진해 왔다. 이외 북한은 '공격적 현실주의'(offensive realism) 논리를 가지고 '능력의 비대칭성'이 아닌 '의지의 비대칭성'[2]을 통해 핵 억제력을 보유하려 하며, 낡고 성능이 낮은 무기체계를 극복하기 위한 대안으로 삼고자 한다. 이와 함께 북한은 핵카드를 사용해 미국으로부터 체제 보장 및 관계정상화를 통해 정치·외교적 안정을 도모하려 하며 외부로부터 대규모 경제지원을 통해 직면한 경제위기를 타개하고자 한다. 이러한 목적을 가지고 노력을 해 온 결과 마침내 북한은 핵무기를 보유하는 위치에 서 있게 되었다. 북한은 핵무기 보유가 국제법상으로 합법적이며, 자위권의 원칙에 부합되며, 자주적 국방력 강화 차원에서도 당연하다는 입장이다.[3]

그렇다면 북한의 핵능력은 어느 정도일까? 이를 정확히 파악하는 것은 어렵다. 북한이 군사적 핵 프로그램을 비밀리에 추진해 오면서 핵능력을 암시적으로만 알리기 때문이다. 그러므로 그 추정은 북한이 공개한 단편적 사실들을 근거로 전문가들이 유추해 이루어 질 뿐이다. 때문에 북한의 핵 프로그램의 전체적 규모와 수준을 가늠하는 것은 제한적으로 노출된 단편적 사실에 기반 할 뿐이다.

북한의 핵능력에 대해선 그동안 많은 진단과 분석이 있었지만 가장

---

1) 홍성후, "마키아벨리 통치술로 본 북한의 핵개발정책분석,"『한국동북아논총』 제13권 1호 (2008), 183.

2) 박상현, "북한 대외정책의 합리성에 관한 고찰: 약소국의 전략적 상호작용과 인지심리학적 함의를 중심으로,"『통일정책연구』 제18권 1호 (2009), 40, 42.

3) 이헌경, "북한의 핵억제론과 핵억제력: 이론적 검토와 현실적 수용의 문제,"『평화학연구』 제10권 3호 (2009), 14.

최근의 것은 한국 국방부와 해커 박사의 평가에 기준하고 있다. 국방부는 「국방백서 2014」를 통해 북한은 수차례의 폐연료봉 재처리 과정을 통해 핵무기를 만들 수 있는 플루토늄을 40여kg을 보유중이며, 고농축우라늄(HEU12) 프로그램을 진행 중인 것으로 평가하고 있다.[4] 이는 북한이 플루토늄-239(Pu-239) 생산을 위한 모든 것과 핵무기 제조 능력을 확보하고 있으며, 핵연료 제조 시설, 영변 원자로와 재처리시설 등을 통해 핵물질을 지속적으로 생산해 왔음을 보여주는 것이다.

「국방백서」는 고농축우라늄(Highly Enriched Uranium: HEU)과 관련된 프로그램에 대해선 진행 중이란 언급만 할 뿐 정확하게는 묘사하지 않고 있다. 그러나 여러 정황을 볼 때 영변 우라늄 농축시설 외 다른 곳에 연구실 규모의 농축시설이 있을 것이다. 북한이 2002~2003년 러시아로부터 우라늄 농축을 위한 고강도 알루미늄관 140톤을 수입한 사실과 2006년 파키스탄 칸(Abdul Qadeer Khan) 박사로부터 P-1, P-2 원심분리기 200여 기를 전달받은 사실을 볼 때 북한이 소규모 농축시설과 고강도 알루미늄 원심분리기를 통해 고농축우라늄 핵 프로그램을 진행해 왔다고 볼 수 있다.

이는 2010년 영변 핵 과학단지를 방문하고 핵 시설물을 직접 보고 온 해커(Siegfried Hecker) 박사의 추정을 통해서 나타난다. 그는 2015년 초 북한이 12기의 핵무기를 보유하고 있다고 추정한 바 있다. 그 중 절반은 플루토늄을 기반으로 하고, 나머지 6개는 고농축우라늄에 의한 핵무기라고 판단하고 있다.[5] 그는 1년 전 북한이 10개를 보유하고 있다고 추정한 바 있다. 그렇다면 1년 사이에 북한이 핵무기 2개를 더 만들었다는 것이다. 그 근거로 그는 영변 핵시설 원심분리기 건물 규모의 2

4) 국방부, 『2014 국방백서』 (서울: 국방부, 2014), 28.

5) 김동현, "미 핵 과학자 '북한 핵무기 12기····1년새 2기 늘어'," 『TV조선』, 2015. 1. 8. 2012년 8월 15일 발표된 ISIS(Institute for Science and International Security)의 David Albright와 Christina Walrond의 "North Korea's Estimated Stocks of Plutonium and Weapon-Grade Uranium," 8-26에 의하면 북한이 6~18개의 핵무기 보유 가능성이 있다고 평가하고 있다.

배 확대, 김정은의 핵무기 보유 선언, 대륙간탄도미사일의 지속적 실험 등을 제시하고 있다.[6] 또한 그는 2010년 북한에서 본 우라늄 농축시설을 근거로 이 시설만으로도 연간 40kg의 고농축우라늄 생산이 가능하다고 보며, 고농축우라늄 15~20kg으로 핵무기 1개 생산이 가능한 점을 감안하면 연간 2개 이상 핵무기를 생산[7] 할 수 있다고 나름대로 평가하고 있다.

이를 종합해 진단할 때 북한은 8개 이상의 핵무기를 보유하고 있으며, 매년 2개 정도의 핵무기 생산이 가능하다고 볼 수 있다. 이는 「핵확산금지조약」(Non-proliferation Treaty: NPT) 체제를 벗어난 북한이 사실상의 핵보유국임을 보여주고 있는 것이다. 미국이 이를 공식적으로 인정하지 않는다 하더라도 사실인 것은 부인하기 어렵다.

게다가 북한은 핵탄두 소형화에 상당히 근접하고 있다. 핵탄두의 무게가 1톤 이하이면 탄도미사일에 장착이 가능하다. 한국의 국방부는 인도, 파키스탄이 핵실험을 한 뒤 6~7년이 지난 후 소형화에 성공한 예를 들어 북한이 첫 번째 핵실험을 한 2006년 10월을 기준으로 8년의 시간이 흘렀기 때문에 북한의 핵 소형화가 거의 이루어졌을 것이라 추정하고 있다. 이에 대해 헤이니(Cecil D. Haney) 미국 전략사령관은 북한의 핵전력 소형화가 이미 이루어졌다고 본다.[8] 농축우라늄의 경우, 플루토늄보다 핵무기(기폭장치) 제조가 용이하고 소형경량화에도 유리[9] 한 점을 고려할 때 핵탄두의 소형화·경량화 완성에 대한 우려는 항상

---

6) 김동현, "미 핵 과학자 '북한 핵무기 12기····1년새 2기 늘어'."

7) 최현수, "북한 핵탄두 소형화 기술 어디까지," 『국민일보』, 2015. 1 7. 국제원자력기구(IAEA)는 핵무기 1개를 만들기 위해선 고농축우라늄 25kg 또는 플루토늄 8kg이 필요하다고 가정하고 있다. 하지만 플루토늄 6~8kg 또는 6kg 이하, 고농축우라늄 15~20kg을 가지고도 핵무기 1개 제조가 가능하다.

8) Cecil D. Haney, Commander of the U.S. Strategic Commander, Testimony for the Senate Armed Services Committee, March 19, 2015.

9) 황주호·문주현, "북한의 핵능력 증대 전망과 대책," 『국방정책연구』 제24권 2호 (2008), 16. 특히 농축우라늄은 저렴하게 생산이 가능하며, 공장규모 확대가 용이한 점 등으로 대량생산에 적합하다.

남아 있다. 만약 북한의 핵 소형화와 경량화가 확인된다면 직경 65cm ~2.4m의 탄도미사일에 핵탄두의 장착과 100개 이상인 이동식 발사대에 싣고 여기저기 옮겨 다니며 미사일 발사가 가능해 진다.[10] 실제 핵탄두의 소형화와 경량화가 이루어질 경우, 야포와 단거리 미사일에 핵탄두 장착이 가능해 져 전술핵무기로서 능력을 보이게 된다. 이는 바로 북한이 전략핵무기와 함께 전술핵무기의 능력을 동시에 가지게 되는 것을 의미한다.

앞으로 북한의 핵탄두의 소형화와 경량화가 완벽하게 이루어지게 되면 대륙간탄도미사일이나 Scud-D 미사일(노동 1호, 1,000~1,300km)은 물론 전라도 및 경상도를 겨냥할 수 있는 Scud-B 미사일(화성 5호, 320~340km)과 한반도 전체를 타격할 수 있는 Scud-C 미사일(화성 6호, 500km)에 핵탄두를 장착해 남한을 향해 핵미사일 공격을 감행할 수 있다. 이는 전술핵무기를 통해 비대칭 위협을 극대화할 수 있는 것이다. 하지만 아직 Scud-B와 Scud-C 미사일에 핵탄두를 장착하기에는 좀 더 시간이 걸릴 것이다. 그렇지만 시간이 흐를수록 이러한 기술적 문제는 해결될 것이다. 그 위협이 현실화되기 전에 이에 대한 대비가 필요하다.

한국군은 PAC(Patriot Advanced Capability)-2와 이스라엘제 슈퍼 그린파인(Green Pine) 조기 경보 레이더를 활용하고, 패트리어트 최신 버전인 PAC-3 도입 등을 통해 '한국형 미사일방어체계'(Korea Air and Missile Defense: KAMD)를 구축해 북한의 핵미사일 공격에 대비하려는 계획을 가지고 있다. 그러나 100여 기의 이동식 발사대에서 한꺼번에 발사되는 핵미사일을 조기에 탐지해 선제 타격하는 것은 KAMD의 구축이 완성되더라도 이를 완벽히 막기에는 상당한 어려움이 있다.

북한의 핵·미사일 보유는 한반도는 물론 동북아 지역의 질서와 평화

10) 유용원, "북 '소형 核' 이동식 발사대(100基 이상 보유)로 쏘면···사전 無力化 힘들어 큰 위협," 『조선일보』, 2015. 1. 7.

와 안정을 위협하는 것이며 역내 핵도미노 현상에 대한 우려와 함께 NPT 체제의 근간을 뒤흔드는 것이다. 하지만 북한은 도덕문제, 세계평화문제 그리고 국제 약속 같은 것들은 그리 중요치 않다고 본다.[11] 그간의 북한의 행위를 살펴 볼 때 규범적 행위를 한 것은 분명히 아니다. 북한당국이 주민들이 굶어 죽어가는 현실을 외면하면서 핵·미사일을 만들어왔다는 사실만으로도 그것은 충분히 입증된다.

북한당국은 핵보유 목적 달성을 이루기 위해 인도·파키스탄과 같이 외부의 경제적·외교적 제재를 받더라도 비공식 핵보유국의 대열에 올라서려 한다. 그러나 공식 핵보유국은 물론 국제사회는 북한의 그러한 희망을 받아드리지 않으려 한다. 그것은 불량정권이자 독재정권이 핵을 가진다면 핵 공갈과 핵위협을 통해 역내 안정과 평화적 질서를 상당히 위협할 수 있기 때문이다. 실제로 불량국가들의 행위는 예측이 불가능할뿐더러 억제에 의해 행동을 제어하기 어렵다.[12] 실제로 북한의 잘못된 행동을 막기란 결코 쉽지 않지만 이러한 당사국이 비공식 핵보유국의 반열에 올라서기 역시 현실적으로 어렵다. 그러나 사실상의 핵보유국임을 부인하는 것도 어렵다. 사실과 현실 그리고 인정이 각각 구분될 수 있고, 사실이고 현실이라도 인정하지 않을 수 있기 때문이다.

---

11) 홍성후, "마키아벨리 통치술로 본 북한의 핵개발정책분석," 176.

12) Barry Rubin, "US Foreign Policy and Rogue States," Middle East Review of International Affairs 3(3) (1999), 72-77.

제3절 북한의 핵 포기를 위한 미국의 정책과 대안

북한의 핵개발이 알려진 이후 이를 저지하기 위한 미국의 노력은 지금까지 계속되고 있다. 이는 북한과 미국의 '작용과 반작용'(action-reaction)[13] 논리에 따라 진행되어 왔으며, 때때로 '혼합적 상호작용'(mixed interaction)[14]이 반영되기도 하였다. 제1차 북핵문제가 발생했을 때 클린턴 행정부는 '미·북 기본 합의문'(Agreed Framework Between The United States of America and The Democratic People's Republic of Korea, 1994. 10. 21, 이하 '제네바합의')를 통해 해결책을 찾았다. '제네바합의'는 미국이 북한에 흑연감속로의 동결 대가로 1000MWe급 두 기의 경수로를 지어주고 그것이 2003년, 2004년 각각 완성될 때까지 매년 50만톤의 중유를 제공하기로 한 내용을 담고 있다. 하지만 그 합의는 또 다른 핵시설 건설을 막는 조항이 있지 않고, 기존시설의 해체시기에 대해서도 언급되어 있지 않았다. 더군다나 경수로가 완공된다하더라도 이를 연결하는 송전망이 낡아 전력을 공급하기가 어려웠다. 이렇게 합의내용이 허술한데, 왜 그런 합의가 나왔을까? 이는 미국이 합의에 완벽을 기울이지 않았기 때문이다. 미국은 합의의 완성단계가 성사되기 전에 북한이 붕괴할 수 있다는 가정을 가지고 합의에 임했고 결국 이러한 불완전성과 허점이 평양정책결정자들이 그 합의를 깨게 한 계기를 준 것이다.

돌이켜 볼 때, 엄밀히 말해 미국과 북한 모두 합의 사항들을 합의에 따라 제대로 실현하지 않았다. 심각한 재정적, 재정적, 정치적, 실무적 문제들이 경수로의 건설을 중단시켰으며, 중유 제공도 예정보다 약간 늦어졌고, 북한붕괴를 예상하고 관계개선이 필요하지 않다고 믿었던 미국 의회가 제동을 걸면서 양국 사이의 경제적, 외교적 관계의 정상화

13) Lewis Fry Richardson, Arms and Insecurity (Pittsburgh: Boswood, 1960), 14-15.

14) Donald J. Puchala, International Politics Today (New York: Dodd, Mead & Company, 1971), 5.

도 이뤄지지 않았다.[15] 이러한 불완전한 이행이 결국 법적 구속력과 강제성도 없고 의회의 동의를 받은 조약도 아닌 합의를 깨게 한 원인을 제공한 것이다. 그 합의가 깨어지기 전까지 북한은 영변 원자로를 통한 플루토늄 생산을 중단했다. 하지만 새로운 차원의 핵개발을 비밀리에 추진하였다. 바로 고농축우라늄 핵개발이다. 이에 대한 자료와 근거를 2002년 10월 미국 대표단이 북한에 내 놓자 결국 제2차 핵 위기가 발생했다. 그 뒤 '제네바합의'는 사장되었다. 북한은 핵확산금지조약 탈퇴를 재선언[16] 했으며, 5MWe 원자로에서 꺼낸 사용후 핵연료봉으로 플루토늄 추출을 재개하면서 핵무기를 만들기 시작하였다. 이것이 제2차 핵 위기의 시작인 것이다.

제2차 핵 위기는 클린턴 행정부가 추진했던 당근과 채찍 정책이 허사가 된 것이며, 부시 행정부가 채찍을 동반한 '매(hawk)' 정책을 통해 북한을 압박하는 계기를 주었다. 부시 행정부는 북한을 단정적으로 '악의 축(axis of evil)'으로 규정하면서 대량살상무기 비확산을 이루려 했다. 그러나 이 정책 역시 효과를 거두지 못하였다. 결국 2기를 맞이한 부시 행정부는 강경정책에서 한 발짝 물러나 북한과 대화·협상에 응하게 되었다. 클린턴 행정부 때와 같이 당근과 채찍 그리고 강경과 유화적 선택적 접근을 통해 북핵문제를 해결하려 하였다.

그러나 북한과의 협상은 결코 쉽지 않았다. 평양정책결정자들은 협상력을 높여 얻고자 하는 것을 위해 협상을 추진해 왔으며, 협상이 실패하거나 또는 다른 대안이 효과를 거두기 어렵다고 판단될 때 위기고조 전략을 추진해 왔다.[17] 극단적인 경우 '벼랑 끝 전략'(brinkmanship strategy)을 추진하였다. 이러한 과정을 반복하면서 북한은 실리를 톡톡히 챙기곤 하였다. 이러한 '협상-실리' 추구 전략과 '밀고 빠지는' 계략에 세계 최강 미국이

15) ICG, "북한: 핵협상을 위한 다음 단계," 『아시아 보고서』 (87) (2004), 3.

16) 북한은 『핵확산금지조약』(NPT)에 1985년 12월 가입한 이후 1993년 3월에 탈퇴를 선언하였고, 국제사회의 노력에 의해 탈퇴 유보를 했다가, 2003년 1월 탈퇴를 재선언하였다.

17) 이헌경, "북한의 위기고조 행위와 미국의 대응," 『평화연구』 제17권 2호 (2009), 76-77.

당하기도 하였다. 결국 부시 행정부는 북핵문제에 별 성과를 거두지 못하고 이 문제를 오바마 행정부에 넘기게 되었다.

오바마 행정부는 당근 또는 채찍을 위주로 한 정책이나 당근과 채찍의 병행 정책 모두 실효성이 적었다고 판단하고 '전략적 인내'(strategic patience) 정책과 '무시'(benign neglect) 전략을 추진하였다. 이 정책은 오히려 채찍을 동반하지 않은 강경 정책과 같은 것이다. 도발과 위기고조 행위에 대해 보상하지 않는다는 의지도 포함하고 있다. 실제 상대국의 행위가 위기고조를 통해 목적을 달성하려하고, 그러한 전략을 수시로 사용하려 할 때 이를 일상적인 행태로 보고, 상대국의 전략에 빨려 들지 않는다.[18] 오바마 행정부는 북한이 도발과 위기고조 행위를 통해 미국과 대립·갈등의 수위를 높여 전략적 효율성과 보상효과를 얻으려 하지만 이미 이전 행정부가 겪었던 잘못된 경험을 되풀이 하지 않으려 때문에 더 이상 북한의 위기고조 전략에 말려들지 않으려는 것이다. 하지만 이 정책 역시 북한의 장거리(로켓 포함) 미사일 시험발사와 지하핵실험으로 효과를 거두지 못하고 있다.

미국은 북한의 핵 포기를 위한 한 방안으로 북한을 테러지원국 명단에서 빼는 조치를 단행하기도 하였다. 이로써 북한은 미국의 무기수출통제법, 수출관리법, 국제금융기관법, 대외원조법, 적성국교역법 등 5개 법률에 따른 제재로부터 풀려날 수 있게 되었다.[19] 하지만 공산주의 채택, 대량살상무기 확산, 인권 침해, 마약 및 위조화폐 제조·유통 등으로 인한 제재의 지속으로 미국의 지분이 상당 부분 포함된 국제금융

---

18) 이헌경, "북한의 위기고조 행위와 미국의 대응," 92

19) 그것은 구체적으로 원조금지, 미 군수품목에 포함된 상품 및 기술 수출 금지, 이중 용도로 사용 가능한 상품·기술 수출 금지, 농업무역 및 개발법, 평화봉사단법 및 수출입은행법에 따른 원조 금지, 국제금융기관의 대북 차관지원 금지, 전리품의 이전 금지, 대미 수출품에 대한 관세면제 금지, 재무장관의 승인을 받지 않은 미국인과 북한정부간의 금융거래 금지, 기업 또는 개인이 북한에서 얻은 소득에 대한 세금공제 요구 금지 등을 해제시키는 것이다. 이헌경, "미국의 경제제재조치와 북한에의 적용,"『통일문제연구』 제16권 2호 (2004), 76.

기구의 차관을 받기는 사실상 어렵다. 게다가 여전히 북한은 대테러 비협력국의 상태로부터 못 벗어나고 있다. 그러한 상황에서 2014년 11월 말 북한 사이버 요원들의 소니 픽처스 (Sony Pictures Entertainment) 해킹은 북한을 다시 테러지원국 명단에 재지정해야 한다는 목소리를 높이게 하면서 소프트 파워의 대북 침투를 고려하는 단계까지 와 있다. 이러한 미국의 태도는 북한의 잘못된 행동을 절대 방관하지 않겠으며, 반작용에 의한 맞대응으로 나갈 것임을 분명히 하고 있다.

제4절 북한의 핵·미사일 문제 해결을 위한 동북아시아 국가와 유엔의 노력

1. 6자회담과 '핵 포기-보상' 방안

2003년 8월 핵문제를 야기 시킨 북한을 포함해 미국, 중국, 러시아, 일본, 한국의 동북아시아 6개국이 참여해 6자회담이 시작되었다. 한반도 비핵화 목표를 제시하고 북한의 핵문제 해결의 평화적 해결 원칙에 대한 공감대를 형성하면서 의욕 있게 출발하였다. 이러한 출발과 함께 진행된 6자회담은 상황적 고비를 수시로 겪기도 하였다. 그 과정에 상대에 대한 양보와 이해, 문제해결을 위한 제의와 방향제시 등이 있었는가하면, 이와 반대로 상대에 대한 경고, 위협 등이 있었다.[20] 하지만 각고의 노력 끝에 6자회담은 2005년 9월 19일 북핵문제 해결을 위한 '공동성명'(Joint Statement)을 산출하였다. 그 주 내용은 북한의 핵 포기와 그에 상응한 보상이다. 구체적으로 그 내용은 다음과 같다:[21]

① 한반도의 검증 가능한 비핵화를 평화적인 방법으로 달성: 북한은 모든 핵무기와 현존하는 핵계획을 포기; 조식한 시일 내에 핵확산금지조약과 국제원자력기구의 안전조치에 복귀 / 북한의 핵에너지의 평화적 이용에 관한 권리 존중: 적절한 시기에 북한에 대한 경수로 제공 문제 논의

② 6자 관계 행동규범: 국제연합헌장의 목적과 원칙 및 국제관계에서 인정된 규범 준수 / 미국-북한 관계정상화 및 북한-일본 관계정상화를 위한 조치 약속

③ 경제협력 증진: 양자 및 다자적 에너지, 교역 및 투자 분야에서의 경제협력 증진 / 에너지 지원: 5개국 대북 에너지 지원 제공용의

20) 이헌경, "북한의 위기고조 행위와 미국의 대응," 76.

21) U.S. Department of State, "Joint Statement of the Fourth Round of the Six-Party Talks" (September 19, 2005).

표명: 한국의 2백만kw 전력공급 제안 재확인

④ 동북아의 항구적 평화와 안정을 위한 공동 노력: 한반도의 항구적 평화체제에 관한 협상, 동북아 안보협력 증진을 위한 방안과 수단 모색

⑤ '공약 대 공약', '행동 대 행동' 원칙에 입각한 합의 이행 합의

이 성명은 '핵 포기와 보상'에 의한 해법이며, 이에 의해 북한의 핵 불능화와 핵 포기를 기대할 수 있게 되었다. 그러나 그 이행은 제대로 되지 않았다. 특히 '적절한 시기'에 대한 해석의 차이는 상당한 논쟁을 불러일으켰으며 결국 이것이 미국과 북한 간 불신을 자아내게 하였다. 게다가 미국이 북한의 위조달러 제조 및 불법세탁 등 금융불법 행위에 대한 강력한 조치를 취하자 이에 맞서 북한은 미사일 시험발사로 대응하였다. 이어 북한은 유엔안보리 및 국제사회의 강력한 경고에도 불구하고 2006년 10월 9일 제1차 핵실험을 강행하였다.[22] 북한의 핵실험은 동맹국인 중국과 유엔안보리 의장성명을 완전히 무시하면서 감행된 것이다. 그것은 1k톤 미만의 소규모 핵실험으로 그 규모는 미미했지만 북한이 핵보유국의 신호를 알린 것이다. 이러한 작용과 반작용은 결국 '공동성명'의 이행을 더 이상 나아가지 못하게 한 것이다. 이러한 결과는 "합의 이행과정에 있어 서로는 상대가 합의를 제대로 이행해 오지 않았다고 인식해 왔으며, 실제로 이는 인지의 문제라기보다는 합의가 부분적으로 이행해 오지 못한 데 따른"[23] 것이다.

그럼에도 불구하고 6자회담 참가국들은 북한 핵문제 해결을 위해 2007년 2월 13일과 10월 3일, '공동성명'을 이행하기 위한 단계적 조치로 '행동 대 행동'의 원칙에 입각해 상호 조율된 조치를 취하기로 합의

---

22) 제1차 핵실험에 이어 북한은 2009년 5월 25일 제2차 핵실험을 감행하였다. 그것은 제1차 때 수평적 대신 수직적 방법으로 진행되었으며, 그 폭발력 규모는 2~6k톤 규모로 1차 때보다 향상된 폭발력과 기술수준을 보여주었다. 이에 그치지 않고 북한은 2013년 2월 12일 제3차 핵실험을 통해 사실상의 핵보유국임을 더욱 확고히 하려 하였다.

23) 이헌경, "북한의 위기고조 행위와 미국의 대응," 76.

하였다. 그것은 1단계로 북한이 영변 5MWe 원자로 등 5개 핵관련 시설 가동 중단, 폐쇄, 봉인하고, 2단계에서 모든 현존 핵시설을 불능화와 핵 프로그램의 정확하고 완전한 신고의 완료 그리고 3단계에서 모든 핵무기 및 프로그램의 완전한 폐기에 나서면 이에 상응한 조치로 100만 톤 상당에 해당되는 경제·에너지·인도적 지원에 나서는 것이다.

비록 북한이 미사일 시험발사와 핵실험으로 맞대응하였지만 핵문제를 해결하고자 하는 6자회담 참여국의 강렬한 의지로 '공동성명' 이행을 위한 3단계 과정에 합의한 것이다. 하지만 이 역시 다시 봉착하였다. 2단계 불능화 및 신고 이행 과정에 있어 북한의 시료채취 거부로 그 과정이 중단되었다. 시료채취는 핵 검증의 절대 척도이며, 이에 대한 거부는 핵 폐기 의사가 없음을 보여주는 것이다. 그 뒤 단계적 조치는 진척을 거두지 못했으며, 2008년 7월 12일 제6차 6자회담과 동년 12월을 마지막으로 회담이 더 이상 진행되지 못하였다.

2. 유엔안보리 대북제재 결의와 이행

한반도 비핵화 달성을 목표로 한 6자회담은 대화·협상을 통해 북핵문제 해결 차원에서 무엇을 해 줄 것인가의 보상에 관점이 맞추어졌다. 한마디로 북한의 핵 포기에 대한 대가로 보상을 해 주는 것이다. 이와 달리 유엔안보리 대북제재 결의는 핵·미사일과 관련된 북한의 나쁜 행동에 대해 제재 결의를 하고 그 결의에 따라 행동에 나서는 것이다.

북한의 핵·미사일 문제가 불거진 이후 총 여섯 차례의 유엔안보리 대북 결의가 있었다. 이중 북한의 NPT 탈퇴 선언 철회를 촉구한 '유엔안보리 결의 S/25768호'(United Nations Security Council Resolution S/25768, 1993. 5. 11)와 미사일 관련 기술, 물품, 재원 등의 이전을 금지한 제재 내용을 담은 권고적 형태의 '유엔안보리 결의 1695호'(United Nations Security Council Resolution 1695, 2006. 7. 15)

를 제외한 네 차례의 대북 결의는 제재를 담고 있다.

먼저 '유엔안보리 결의 1718호'(United Nations Security Council Resolution 1718)는 북한이 2006년 7월 5일 대포동 2호 미사일 시험발사에 이어 10월 9일 제1차 핵실험을 감행하자 유엔안보리가 동년 10월 14일 대북제재 결의를 채택한 것이다. 이 결의는 세계평화와 안전에 위협하는 행위에 적용하는 유엔헌장 7장에 근거하고, 대북제재의 이행과 제재위원회 구성 결정 그리고 북한의 모든 핵무기의 핵 프로그램과 다른 대량살상무기와 탄도미사일 프로그램에 대한 '완전하고 검증 가능하며 돌이킬 수 없는 방법으로 폐기'(Complete, Verifiable, Irreversible Dismantlement: CVID)할 것을 분명히 하고 있다.[24)]

그럼에도 불구하고 북한이 2009년 4월 5일 로켓(은하 2호) 발사와 5월 25일 제2차 핵실험을 강행하자 유엔안보리는 동년 6월 12일 '결의 1874호'(United Nations Security Council Resolution 1874)를 채택하였다. 이는 CVID에 대한 재결의와 더불어 대북 무기 금수 및 수출통제, 화물 검색, 금융경제제재 등의 내용을 담고 있으며 제재 범위와 수위는 '결의 1718호' 보다 훨씬 높다.[25)]

이러한 제재 조치에도 굴하지 않고 북한의 도발적이고 도전적 행위는 멈추지 않았다. 북한은 국제사회의 강력한 경고도 아랑곳하지 않은 채 2012년 4월 13일과 12월 12일 로켓(은하 3호)을 각각 발사하였고, 이에 대응한 조치로 유엔안보리는 2013년 1월 23일 기존의 제재를 더욱 넓히고 강화하는 내용의 '결의 2087호'(United Nations Security Council Resolution 2087)를 채택하였다. 그 주 내용은 북한의 기관 6곳과 개인 4명에 대한 자산 동결과 여행을 제한하고, 탄도미사일 기술을 이용한 어떠한 추가적인 발사, 핵실험 또는 어떠한 추가 도발도 하지 말 것을 포함하여 미사일 발사 모라토리엄(유예), 핵 프로그램의 완

24) United Nations Security Council Resolution 1718, October 14, 2006.

25) United Nations Security Council Resolution 1874, June 12, 2009.

전한 폐기 등이다.[26)]

북한은 유엔안보리의 제재 조치에 굴하지 않고 2013년 2월 12일 제3차 핵실험을 단행하였다. 이에 맞서 유엔안보리는 동년 3월 7일 기존의 제재조치를 더욱 확대·강화시킨 '결의 2094호'(United Nations Security Council Resolution 2094)를 채택하였다. 그 주 내용은 북한의 핵·미사일 확산 활동과 관련 물자·자금을 차단하기 위한 제재 조치를 담고 있으며, 이중 개인 및 단체의 제재 대상과 핵·미사일·화학무기 관련 통제 품목을 확대하였고, 금수품목 적재 의심 화물 검색, 금융서비스 제공 금지 등의 제재 조치가 포함되어 있다.[27)]

유엔안보리는 유엔헌장아래 미국, 러시아, 중국, 영국, 프랑스 등 공식 핵보유 국가들이 비핵국가를 대상으로 핵무기 또는 핵 침략 위협을 책무에 따라 즉각적 대응을 한다는 적극적 안보보장을 가지고 있다.[28)] 미국, 중국, 러시아는 6자회담의 참여국이자 유엔안보리 상임이사국이다. 그리고 NPT 체제를 유지하고자 하는 주요 국가이다. 이들 국가 중 중국은 북한의 동맹국이다. 이들 국가와 한국, 일본이 함께 나서 한반도의 비핵화 목표 달성을 위해 6자회담에서 대북 보상안을 마련하였고 이 안이 제대로 효과를 거두지 못하고 북한의 핵·미사일 확산 활동이 도발적으로 진행되자 유엔안보리 대북제재 결의가 나왔다. 한마디로 당근과 채찍이 병행되어 북한의 핵·미사일 비확산을 이루려했던 것이다. 하지만 한반도 비핵화의 성과를 얻지 못한 채 제자리를 맴돌고 있다.

---

26) United Nations Security Council Resolution 2087, January 23, 2013.

27) United Nations Security Council Resolution 2094, March 7, 2013.

28) United Nations Security Council Resolution 255, June 19, 1968.

제5절 결론: 북핵문제 딜레마로부터의 해법

지난 22년간 북핵문제 해결을 위한 정책, 접근, 대안, 합의 등 모두가 성공을 거두지 못하였다. 클린턴 행정부 8년, 부시 행정부 8년, 오바마 행정부 6년 동안 북한의 핵미사일 확산 저지를 막지 못했다. 정책적 노력이 효과를 거두지 못하자 '선 핵 폐기, 후 보상'의 리비아식 모델, 핵 폐기 과정에 있어 단계별 보상의 단계적 모델 그리고 북한의 핵 폐기와 대규모 경제지원, 체제보장, 미·북 관계정상화 등을 포괄적으로 처리하는 일괄타결 방안 등이 검토되기도 했지만 단계적 모델을 제외하고는 어떠한 대안도 반영되지 못했다. 단계적 모델은 6자회담 '공동성명'의 '2·13 합의'와 '10·3 합의'를 통해 유사하게 나타난 바 있었다. 하지만 핵시설 사찰·검증에 대한 난관을 극복하지 못하고 오늘에 이르고 있다.

북한의 핵 활동 진행과 함께 식량생산량 증가와 장마당을 중심으로 주민들의 상거래가 많이 이루어져 경제가 예전보다 활기를 보이면서 대규모 경제적 지원을 매개로 한 보상책은 그 동력을 잃어 가고 있다. 평양정책결정자들이 북한의 심각한 경제난 속에서도 핵을 포기하지 않았는데, 경제사정이 나아진 상황에서 핵을 포기하려 하지는 않을 것이다. 그래서 오바마 행정부는 정보통신매체를 이용한 소프트 파워를 북한에 투입시켜 어떠한 성과를 거두려 한다. 북한 내부에 소프트 파워가 강해지면 북한의 변화가 뒤따를 것이다. 하지만 이것이 핵 폐기를 이끌 수 있을 것이라고는 보기 어렵다. 북한의 사회경제적 변화가 붕괴를 이끄는 유도 요인일 수 있어도 핵 폐기를 이끄는 필요조건이 되지는 않기 때문이다.

북한의 핵 폐기를 위해선 '공동성명'을 지키고 3단계의 핵 폐기와 보상의 단계별 과정을 걸어가는 것이다. 이외 다른 어떤 대안을 모색할 필요는 없다. 새로운 대안을 수용하면 상황이 꼬일 경우 그 대안도 무용지물이 되며, 또다시 새로운 대안을 찾으려 하기 때문이다. 어떠한 난관과 어려움이 있더라도 북한을 포함해 6개국이 합의한 '공동성명'의 근간을 지키고 후속 합의대로 이행하는 것만이 북핵문제를 해결하는 것이다.

합의 이행을 위해선 인내가 필요하다. 관련국들은 '공동성명'에서 명기된 '공약 대 공약', '행동 대 행동' 그리고 단계적 확인 과정을 거쳐 합의를 이행해야 한다. 그 과정에 있어 이견이 있을 경우, 서로가 합의점에 도달할 수 있는 것부터 풀어나가고 그렇지 않은 것들은 해결의 난이도를 고려하면서 점진적으로 풀어나가야 할 것이다.[29] 어떤 사안이 서로가 양보할 수 없을 정도로 심각한 상태에 직면했을 땐 절충점과 타협안을 찾기 위한 중재의 역할도 필요하다. 절대 이것이 아니면 안 된다는 식과 양보 불가의 자세가 있어서는 안 된다. 서로의 관심과 요구에 대해 가능한 명확하게 대화를 해야 하며, 상대의 잘못된 계측을 미리 방지해야 한다.[30] 경우에 따라선, 대안은 고정되어 있더라도 보상의 효용은 협상과정에서 변경될 수 있어야 할 것이고, 또 나아가 대안의 증가·수정 또는 제거 등이 허용될 수 있어야 한다.[31] 이는 상호 협조와 신뢰 그리고 교감이 없이는 어렵다. 한 쪽의 불신의 다른 쪽의 불신을 자아내게 한다. 반대로 한 쪽의 신뢰는 다른 쪽의 신뢰를 형성하게 한다.

따라서 합의이행 과정에 있어 핵 사찰과 검증에 어려움이 있다하더라도 상호 이해와 양보를 통해 핵 불능화와 핵 폐기의 과정을 위해 한 걸음씩 나아가야 하며, 단계별 완성에 따른 경제적·외교적 보상 역시 합의한 대로 제공되어야 한다. 이러한 과정은 신뢰 쌓기를 통해 믿음을 형성하게 하며 이것은 궁극적으로 한반도 비핵화의 목표 달성에 기여한다.

29) 이헌경, "북한의 위기고조 행위와 미국의 대응," 91.

30) Ole R. Holsti, "Theories of Crisis Decision Making," in International Relations Theory: Realism, Pluralism, Globalism, ed. Paul R. Viotti and Mark V. Kauppi (New York: Macmillan Publishing Company, London: Collier Macmillan Publishers, 1987), 249.

31) 구영록, 『인간과 전쟁: 국제정치이론의 체계』 (서울: 법문사, 1989), 147.

참고문헌

1. 단행본

구영록. 『인간과 전쟁: 국제정치이론의 체계』. 서울: 법문사, 1989.

국방부. 『대량살상무기(WMD) 문답백과』. 서울: 국방부, 2001.

국방부. 『2014 국방백서』. 서울: 국방부, 2014.

김국신 외. 『북한의 핵실험과 국제사회의 대응』. 통일정세분석 2006-11. 서울: 통일연구원, 2006.

김성철 외. 『북한 사회주의체제의 위기수준 평가 및 내구력 전망』. 서울: 민족통일연구원, 1996.

박한규. 『외교정책의 이해 』. 서울: 경희대학교 출판국, 2006.

사회과학출판사 편. 『정치용어사전』. 평양: 사회과학출판사, 1970.

서재진. 『또 하나의 북한사회: 사회구조와 사회의식의 이중성 연구』. 서울: 나남, 1995.

스즈키 마사유키. 유영구 옮김. 『김정일과 수령제 사회주의』. 서울: 중앙일보사, 1994.

양성철. 『북한정치론』. 서울: 박영사, 1991.

이달곤. 『협상론: 협상의 과정, 구조, 그리고 전략』. 서울: 법문사, 1995.

이헌경. 『북한의 대량살상무기 실태와 미국의 대응: 전략과 시뮬레이션』. 연구총서 2001-19. 서울: 통일연구원, 2001.

이헌경. 『북한의 대량살상무기와 재래식 군사력 실태』. 서울: 통일연구원, 2001.

이헌경 외. 『미국의 MD체제 추진 실태와 국제사회의 반응: 동북아 지역에 미치는 영향을 중심으로』. 서울: 통일연구원, 2002.

이재봉. 『두 눈으로 보는 북한』. 서울: 남북평화재단, 2008.

조선로동당출판사 편. 『김일성선집 6』. 평양: 조선로동당출판사, 1960.

전성훈. 『북핵 폐기 한반도 모델: 기본원칙과 추진방향』. KINU 정책연구 07-08. 서울: 통일연구원, 2007.

전성훈. 『북핵 '2·13 합의'와 평화적인 핵폐기 사례 분석』. KINU 정책연구 07-01. 서울: 통일연구원, 2007.

전현준 외. 『북한체제의 내구력 평가』. 서울: 통일연구원, 2006.

조성렬. 『한반도 비핵화와 평화체제 구축의 로드맵: 6자회담 공동성명 이후의 과제』. KINU 정책연구시리즈 2005-05. 서울: 통일연구원, 2005.

통일부 통일교육원. 『통일문제 이해』. 서울: 통일부 통일교육원, 2004.

통일연구원. 『부시행정부의 북핵정책 변화 분석』. 서울: 통일연구원, 2007.

최춘흠. 『중국의 대북 정책과 2·13합의에 대한 입장』. KINU 연구총서 07-14. 서울: 통일연구원, 2007.

Buzan, Barry, and Ole Waever. *Regions and Powers*. New York: Cambridge University Press, 2003.

Cantor, Robert D. Contemporary International Politics. St. Paul, MN: West Publishing Company, 1986.

Davidon, William C., et al. The Nth Country Problem and Arms Control. Washington: National Planning Association, 1960.

Dunn, Lewis A. Controlling the Bomb: Nuclear Proliferation in the 1980s. New Haven: Yale University Press, 1982.

Frankel, Joseph. The Making of Foreign Policy: An Analysis of Decision-Making. New York: Oxford University Press, 1963.

Gallois, Pierre. The Balance of Terror: Strategy for the Nuclear Age, Richard Howard, trans. Boston: Houghton Mifflin Company, 1961.

Goffman, Erving. Encounters. New York: Bobbs-Merrill, 1961.

International Labor Organization. *Employment, Growth and Basic Needs: A One-World Problem*. New York: Praeger, 1977.

Jervis, Robert. Perception and Misperception in International Politics. Princeton: Princeton University Press, 1976.

Kaplan, Morton A. Systems and Process in International Politics. New York: John Wiley & Sons, 1967.

Kramish, Arnold. The Peaceful Atom in Foreign Policy. New York: Harper and Row, 1964.

Maslow, Abraham H. Motivation and Personality, 2d ed. New York: Harper & Row, 1970.

Mazarr, Michael J. North Korea and the Bomb. New York: St. Martin's Press, 1995.

O'Neil, Barry. Nuclear Weapons and National Prestige. New Haven, Cowles

Foundation for Research in Economics, Yale University, 2006.

Park, Han Shik. *Human Needs and Political Development: A Dissent to Utopian Solutions.* Cambridge, Mass.: Schenkman Publishing, 1984.

Puchala, Donald J. International Politics Today. New York: Dodd, Mead & Company, 1971.

Richardson, Lewis Fry. Arms and Insecurity. Pittsburgh: Boxwood, 1960.

Riker, William H. The Theory of Political Coalitions. New Haven: Yale University Press, 1962.

Rosecrance, Richard N. Action and Reaction in World Politics. Boston: Little, Brown, 1963.

Rourke, Johne T. International Politics on the World Stage, 3rd ed. Guilford, CT: Dushkin Publishing Co., 1991.

Tucker, Robert W. Stability and the Nth Country Problem. Washington: Institute for Defense Analyses, 1961.

United States Arms Control and Disarmament Agency. Arms Control and Disarmament Agreements: Texts and Histories of the Negotiations. Washington, D. C.: Arms Control and Disarmament Agency, 1990.

Waltz, Kenneth N. Man, The State, and War. New York: Columbia University Press, 2001.

Waltz, Kenneth N. Theory of International Politics. Addison-Wiseley Publishing Company, 1979.

Wright, Quincy. A Study of War. Chicago: University of Chicago Press, 1965.

2. 책의 일부분

김종표. "외교징책의 심리적 모형." 『외교정책의 이론과 이해』. 김날중 편. 서울: 오름, 1998.

모종린. "합리적 선택이론과 외교정책." 『외교정책의 이론과 이해』. 김달중 편. 서울: 오름, 1998.

이석호. “약소국 외교정책론.” 『현대국제정치학』. 이상우·하영선 편. 서울: 나남, 1992.

Doty, Paul, and Steven Flank. “새로운 핵무기보유국들에 대한 군비통제.” New Nuclear Nations: Consequences for U.S. Policy. Robert D. Blackwill and Albert Cabersake 편. 김일수·이정우 옮김. 서울: 한울, 1997.

Koellner, Patrick. “김정일이 폭탄을 선호하는 이유.” *Die Welt*, January 8, 2003. 『북한 핵문제 어떻게 해결할 것인가?』. 주독일 대한민국대사관 문화홍보원 편. Berlin, Germany: 주독일 대한민국대사관 문화홍보원, 2003.

Hayek, Friedrich August. “The Fatal Conceit: The Errors of Socialism.” In The Collected Works of Friedrich August Hayek, vol. Ⅰ, edited by W. W. Bartley Ⅲ. London: Routledge, 1988.

Holsti, Ole R. “Theories of Crisis Decision Making.” In International Relations Theory: Realism, Pluralism, Globalism, edited by Paul R. Viotti and Mark V. Kauppi. New York: Macmillan Publishing Company, London: Collier Macmillan Publishers, 1987.

Kaplan, Morton A. “Unit Veto Reconsidered.” In *The Future of the Intemation Strategic System*, edited by Richard Rosecrane. San Francisco: Chandler, 1972.

Platkovskiy, Alexander. “Nuclear Blackmail and North Korea's Search for a Place in the Sun.” In *The North Korean Nuclear Program,* edited by James Clay Moltz and Alexandre Y. Mansourov. New York: Routledge, 1999.

Rosenau, James N. “Pre-theories and Theories of Foreign Policy.” In The Foreign Policy, edited by Emmanuel N. Amadife. New York: Nochols Publishing Company, 1980.

Singer, J. David. “The Political Science of Human Conflict.” In The Nature of Conflict, edited by E. B. McNeil. Englewood Cliffs: Prentice-Hall, 1965.

Snyder, Richard C. “Decision-Making as an Approach to the Study of International Politics.” In Foreign Policy Decision-Making, edited by Richard C. Snyder, H. W. Bruck, and Burton Sapin. New York:

The Free Press, 1963.

Stagner, Ross. "The Psychology of Human Conflict." In The Nature of Human Conflict, edited by Elton B. McNeil. Englewood Cliffs, N. J.: Prentice-Hall, 1965.

3. 학술지 논문

강명세. "약소국의 생존정책: 오스트리아와 핀란드의 중립화 외교." 『세종정책연구』 제3권 1호 (2007).

길병옥. "북한의 핵보유국 지위 획득전략과 한국의 정책대응방안." 『한국동북아논총』 제12권 4호 (2007).

김성진. "러시아의 한반도 정책: 북핵문제를 중심으로." 『국제문제연구』 제7권 2호 (2007).

박상현. "북한 대외정책의 합리성에 관한 고찰: 약소국의 전략적 상호작용과 인지심리학적 함의를 중심으로." 『통일정책연구』 제18권 1호 (2009).

서재진. "북한 핵문제에 대한 포괄적 접근법으로서의 2·13합의: 형성배경과 이행 전망." 『통일정책연구』 제16권 1호 (2007).

송은희. "제1·2차 북핵 위기를 통해 본 미·북 핵위기 게임분석 및 해법." 『국제문제연구』 제8권 3호 (2008).

윤황. "북한 핵문제의 평화적·외교적 해결방안에 관한 모색." 『통일전략』 제2권 2호 (2002).

이헌경. "동기적 이론적 접근에 의한 북한정권체제 분석과 전망." 『국제정치연구』 제10집 2호 (2007).

이헌경. "미국의 경제제재조치와 북한에의 적용." 『통일문제연구』 제16권 2호 (2004).

이헌경. "미국의 대외 정책과 국제사회의 대응." 『한국동북아논총』 제10권 1호 (2005).

이헌경. "미국의 미사일방어체제 구상과 전략." 『통일전략』 제4권 2호 (2004).

이헌경. "북한과 미국의 핵정책 대안의 선택과 상호작용: 정책결정과정과 경험적 접근." 『동서연구』 제22권 1호 (2010).

이헌경. "북한의 위기고조 행위와 미국의 대응." 『평화연구』 제17권 2호 (2009).

이헌경. "북한의 핵무장 목적과 대미 전략적 목표." 『세계지역연구논총』 제26집 3호 (2008).

이헌경. "북한의 핵억제론과 핵억제력: 이론적 검토와 현실적 수용의 문제." 『평화학연구』 제10권 3호 (2009).

이헌경. "북핵문제 해결을 위한 동북아시아 국가 간 협력." 『한국동북아논총』 제13권 3호 (2008).

홍성국. "북핵문제의 체제론적 함의와 북한의 체제내구력 변화." 『국제문제연구』 제7권 4호 (2007).

홍성후. "마키아벨리 통치술로 본 북한의 핵개발정책분석." 『한국동북아논총』 제13권 1호 (2008).

홍현익. "북·미관계 정상화 촉진 방안에 관한 연구: 부시행정부의 대북정책과 북핵문제 해결방안을 중심으로." 『세종정책연구』 제3권 1호 (2007).

홍현익. "북한의 WMD 개발 대응방안 연구." 『세종정책연구』 제3권 2호(2007).

황주호·문주현. "북한의 핵능력 증대 전망과 대책." 『국방정책연구』 제24권 2호 (2008), 9-27.

채규철. "북한의 대미 핵전략에 관한 고찰." 『국제문제연구』 제7권 1호 (2007).

최용환. "북핵문제의 평화적 해결을 위한 주변국의 역할." 『통문협 동향과 논단』 제1·2호 (2005).

Bluth, Christoph. "Between a Rock and an Incomprehensible Place: The United States and the Second North Korean Nuclear Crisis." Korean Journal of Defense Analysis 17(2) (Fall 2005).

Bronfenbrenner, Urie. "The Mirror Image in Soviet-American Relations: A Social Psychologist's Report." Journal of Social Issues 17(3) (1986).

Chadwick, Richard W. "Richardson Processes and Arms Transfers, 1971-1980: A Preliminary Analysis." Journal of Peace Research 23(4) (1986).

Deutsch, Karl W. "Mass Communications and the Loss of Freedom in National Decision-Making: A Possible Research Approach to Interstate Conflicts." Journal of Conflict Resolution 1 (June 1957).

Eckhardt, William, and Ralph K. White. "A Test of the Mirror Image

Hypothesis: Kennedy and Khrushchev." Journal of Conflict Resolution 11 (September 1967).

Fedorovskiy, Alexander. "The North Korean Nuclear Crisis and Russia." International Journal of Korean Unification Studies 14(1) (2005).

Gladstone, Arthur. "The Conception of the Enemy." Journal of Conflict Resolution 3 (June 1959).

Haass, Richard N. "The Age of Nonpolarity: What Will Follow U.S. Dominance." *Foreign Affairs* 87(3) (May/June 2008).

Hermann, Charles F. "Some Consequences of Crisis Which Limit the Viability of Organizations." Administrative Science Quarterly 8 (June 1963).

Jervis, Robert. "Realism, Game Theory, and Cooperation." World Politics 30 (1988).

Jo, Dong-Jonn, and Erik Gartzke. "Determinants of Nuclear Weapons Proliferation." Journal of Conflict Resolution 51 (2007).

Jung, Yeon Bong. "Strategy on Stilts: The U.S. Response to the North Korea Nuclear Issue." Korean Journal of Defense Analysis 17(2) (Fall 2005).

Kelly, H. H., et al. "A Comparative Experimental Study of Negotiation Behavior." Journal of Personality and Social Psychology 16 (1970).

Kelly, Robert E. "Security Theory in the 'New Regionalism'." *International Studies Review* 9(2) (Summer 2007).

Lee, Hun Kyung. "Corresponding Steps and Further Approaches for North Korean Nuclear Solution through Application of Game Theory, Bargaining Theory, and Prospect Theory." The Journal of Peace Studies 9(4) (2008).

Lee, Hun Kyung. "North Korean Nuclear Armament and Perspective on Nuclear Domino in Northeast Asia." The Journal of Peace Studies 14(2) (2013).

Lukin, Alexander. "Russian Policy towards the Korean Peninsula." The Korean Journal of International Studies 30(1) (2003).

Mapel, David R. "The Right of National Defense." *International Studies Perspectives* 8(1) (February 2007).

McClelland, Charles A. "The Acute International Crisis." World Politics 14 (October 1961).

Milner, Helen. "International Theories of Cooperation among Nations' Strengths and Weaknesses." World Politics 44 (1992).

Norris, Robert S., and Hans M. Kristensen. "North Korea's Nuclear Program, 2005." Atomic Scientists 61(3) (May/June 2005).

North, Robert C., R. A. Brodie, and O. R. Holsti. "Some Empirical Data on the Conflict Spiral." Peace Research Society Papers 1 (1964).

Norris, Robert S., and Hans M. Kristensen. "North Korea's Nuclear Program, 2005." Atomic Scientists 61(3) (May/June 2005).

Pennock, J. Roland. "Political Development, Political Systems and Political Goods." *World Politics* 18(3) (April 1966).

Perry, William J., et al. "U.S. Nuclear Weapons Policy." Independent Task Force Report (62) (2009).

Rubin, Barry. "US Foreign Policy and Rogue States." Middle East Review of International Affairs 3(3) (1999).

Russett, Bruce M. "Cause, Surprise and No Escape." Journal of Politics 24(1) (February 1962).

Scobell, Andrew, and Michael R. Chambers. "The Fallout of a Nuclear North Korea." Current History 104(683) (September 2005).

Singer, J. David. "Nuclear Proliferation and the Geocultural Divide: The March of Folly." International Studies Review 9(4) (Winter 2007).

Wagner, David L., Ronald T. Perkins, and Rein Taagepera. "Complete Solution to Richardson's Arms Race Equations." Journal of Peace Science 1(2) (1975).

Walker, William. "Nuclear Enlightenment and Counter-Enlightenment." International Affairs 83(3) (May 2007).

Waltz, Kenneth N. "Nuclear Myths and Political Reality." *American Political Science Review* 84 (1990).

4. 회의 proceeding 자료

이희옥. "중국의 북핵원칙과 비핵화 3단계에 대한 입장." 『비핵화와 남북관계, 선순환 해법은 없는가?』, 평화문제연구소·한스자이델재단 한국사무소 정책토론회 토론문, 2008. 7. 10.

한성렬. "한반도 평화로의 길." 한미연구소(ICAS) 주최 심포지엄 주제연설, 2005. 10. 27.

Lewis, Jeffrey G. "The Global Problem of Non-Proliferation Including Ending North Korean Proliferation." Paper presented at a forum organized by the Peace Foundation, August 26, 2008.

5. 연구보고서, 정부보고서

"동북아 다자안보협력 제도화 추진방안." 『동북아시대위원회 연구용역보고서』 (2005. 4), 12.

ICG. "북한: 핵협상을 위한 다음 단계." 『아시아 보고서』(87) (2004).

Albright, David, and Christina Walrond. "North Korea's Estimated Stocks of Plutonium and Weapon-Grade Uranium," August 16, 2012.

CRS. "North Korea's Nuclear Weapons," February 12, 2009.

Hecker, Siegfried. "Report on North Korean Nuclear Program." Center for International Security and Cooperation, Stanford University, November 15, 2006.

Montague, Karen. "A Review of South Korean Missile Defense Programs" (March 2014), 1-10.

Nikitin, Mary Beth. "North Korea's Nuclear Weapons." CRS Report for Congress RL34256, February 12, 2009.

Office of the Director of National Intelligence. "Unclassified Report to Congress on Nuclear and Missile Programs of North Korea." August 8, 2007.

US National Intelligence Council. "Global Trends 2025: A Transformed World." NIC 2008-003 (November 2008).

6. 정부 발표, 연설, 증언, 결의안

북한 외무성 대변인 담화, 2005. 9. 20 / 2006. 2. 9.

북한 외무성 대변인 성명, 2002. 10. 2 / 2009. 4. 29.

Haney, Cecil D. Commander of the U.S. Strategic Commander. Testimony for the Senate Armed Services Committee, March 19, 2015.

McConnell, Michael, Director of National Intelligence. Confirmation Hearing before US Senate Intelligence Committee, February 5, 2008.

Members of the Commission to Assess the Ballastic Missile Threat to the United States. "Executive Summary of the Report of the Commission to Assess the Ballistic Missile Threat to the United States," July 15, 1998 (Pursuant to Public Law 201 104th Congress).

National Intelligence Council. "Foreign Missile Developments and the Ballistic Missile Threat to the United States Through 2015," September 1999.

Negroponte, John, Director of National Intelligence. Testimony before US Senate Intelligence Committee, February 2, 2006.

Panetta, Leon, Director of Central Intelligence. Confirmation Hearing before US Senate Intelligence Committee, February 5, 2009.

President George W. Bush's Inaugural Address, January 20, 2001.

President George W. Bush's State of the Union Address, January 29, 2002.

U.S. Department of State. "Easing Sanctions against North Korea," January 20, 1995.

U.S. Department of State. "Joint Statement of the Fourth Round of the Six-Party Talks," September 19, 2005.

United Nations Security Council Resolution 1695, July 15, 2006.

United Nations Security Council Resolution 1718, October 14, 2006.

United Nations Security Council Resolution 1874, June 13, 2009.

United Nations Security Council Resolution 2087, January 23, 2013.

United Nations Security Council Resolution 2094, March 7, 2013.

United Nations Security Council Resolution 255, June 19, 1968.

7. 신문, 방송, 언론 인터뷰, 잡지 기사

강인선. "DJ·노(盧)가 지원한 69억 달러(10년간 현금 29억 달러, 현물 40억 달러), 북(北) 핵개발자금 2배 넘어." 『조선일보』, 2009. 7. 7.

국기연. "미, 北 식량분대 밀착 감시... 군량미 전용 막는다." 『세계일보』, 2008. 5. 19.

김동현. "미 핵 과학자 '북한 핵무기 12기 ···· 1년새 2기 늘어'." 『TV조선』, 2015. 1. 8.

김수형. "'패트리엇-3' 도입 ··· 미사일 방어체계 구축 속도." 『MBN』, 2014. 11. 8.

김현준. "안보리, 대북제재 기업 3곳 선정." 『연합뉴스』, 2009. 4. 25.

김흥규 아주대 중국정책연구소장의 발언. 박희준. "사드(THAAD) 실현 가능성 의문, 北 미사일 전부 방어 못해." 『아시아경제』, 2014. 11. 21 인용.

노효동. "미국 '2019년까지 사드 7개 포대 실전배치'." 『연합뉴스』, 2015. 3. 21.

미 과학국제안보연구소. "북한 2-9개 핵무기 보유." 『Radio Free Asia』, 2004. 10. 12.

유미정. "전문가들, 원심분리기 이용한 북한의 우라늄 농축 계획에 엇갈린 의견." 『Voice of America』, 2008. 2. 8.

유성운. "미사일방어체계의 모든 것." 『중앙일보』, 2014. 11. 20.

유용원. "북 '소형 核' 이동식 발사대(100基 이상 보유)로 쏘면 ··· 사전 無力化 힘들어 큰 위협." 『조선일보』, 2015. 1. 7.

유용원·김민구. "북(北), 소형 핵탄두 이미 개발." 『조선일보』, 2009. 4. 1.

유지혜. "추궈홍 '사드 한국 배치, 한중 관계 큰 손해 끼칠 것'." 『중앙일보』, 2014. 11. 27.

이강은. "북 맞서 자위용 핵무기 가져야 ... 핵주권론 '고개'." 『세계일보』, 2009. 5. 27.

이계성. "북한 핵무기의 가격." 『한국일보』, 2008. 7. 5.

이하원. "북, 핵무기 보유한 채 대미관계 개선 원해." 『조선일보』, 2008. 6. 5.

이춘근. "북, 핵능력 제고후 대미협상 새판시도 전략." 『연합뉴스』, 2009. 4. 29.

이춘근. "핵실험 7~8회 가능한 플루토늄 보유." 『통일시대』, 2009. 6. 30.
이태식 주미대사 발언. 『동아일보』, 2006. 2. 16, 『한겨레신문』, 2006. 2. 17.
임민혁. "북핵(北核) 심각해지면, 일(日) 핵(核) 무장론 고조." 『조선일보』, 2009. 8. 1.
장용훈. "대북제재 북기업 '제2경제위' 소속." 『연합뉴스』, 2009. 4. 25.
장용훈. "북 재처리로 '핵억제력 강화' 위협 행동화." 『연합뉴스』, 2009. 4. 25.
조성대. "푸틴, 중국에 S-400 미사일 판매 동의." 『연합뉴스』, 2014. 3. 20.
조철환. "'사드', 한반도 배치를 둘러싼 3대 논란." 『한국일보』, 2015. 2. 26.
주준형. "북, UEP 부인 일관.. 성 김 과장에도 부인." 『연합뉴스』, 2007. 12. 23.
천영우 전 청와대 수석 발언. 강찬호. "북, 수년 내 서울 타격 핵미사일 보유 …… 사드 빌려라도 와야." 『중앙일보』, 2014. 11. 16 인용.
최우석. "북, 11개 핵불능화 작업중 8개 완료." 『조선일보』, 2008. 5. 12.
최창봉. "중, 러 최첨단 방공미사일 도입 계약." 『동아일보』, 2014. 11. 28.
최현수. "북한 핵탄두 소형화 기술 어디까지." 『국민일보』, 2015. 1 7.
한성렬 북한 유엔대표부 차석대사 인터뷰. 『연합뉴스』, 2005. 10. 27.
"감출 수 없는 핵 범죄자의 흉악한 정체." 『로동신문』, 2008. 1. 29.
"낡은 랭전구조는 청산되어야 한다." 『로동신문』, 2005. 8. 30.
"로드맨, 김정은과 술자리서 쓰지도 못할 핵무기 왜 만드냐." 『Kyodo News』, 2013. 10. 15.
"미, 고강도 대북 금융제재 추진." 『조선일보』, 2006. 1. 27.
"미국의 핵위협 제거가 급선무이다." 『민주조선』, 2005. 4. 17.
"북 남한에 핵무기 1천720개 배치." 『중앙일보』, 2005. 7. 15.
"북백남순, 핵문제 해결되면 NPT 복귀." 「중앙일보」, 2005.7.31.
"북한의 '핵억제력 보유' 정당성 논리." 『연합뉴스』, 2005. 1. 10.
"조선반도의 비핵화 과정을 파탄시킨 미국의 범죄행위를 고발한다." 『조선중앙통신』, 2003. 5. 13.
"조선외무성 미국이 압력을 가중시킨다면 선전포고로 간주한다." 『조선중앙통신』, 2006. 10. 11.
"천만번 정당한 자주권 행사." 『로동신문』, 2009. 4. 29.
"파키스탄의 칸 박사가 밝힌 북한 핵의 실체." 『Radio Free Asia』, 2004. 4. 17.

"2009년 한·일 정상회담." 『아사히(朝日) 신문』, 2009. 7. 31.

"5개 핵보유국 50년간 730회 핵 실험." 『동아일보』, 2008. 5. 13.

『동아일보』, 2006. 2. 16 / 2013. 10. 30.

『로동신문』, 2001. 7. 9 / 2003. 5. 20 / 2003. 6. 2 / 2003. 6. 3 / 2003. 5. 20 / 2001. 7. 9.

『세계일보』, 2005. 10. 13 / 2002. 10. 28.

『연합뉴스』, 1999. 11. 2 / 2002. 10. 26.

『조선일보』, 1997. 8. 18 / 2005. 9. 20 / 2006. 1. 27 / 2006. 1. 31.

『조선중앙방송』, 2005. 9. 20.

『조선중앙통신』, 2002. 12. 30 / 2003. 6. 9 / 2003. 6. 18 / 2006. 1. 25 / 2006. 1. 25 / 2006. 1. 28 / 2006. 2. 9 /

『중앙일보』, 2005. 7. 15.

『한국일보』, 1997. 8. 18.

『한겨레신문』, 2006. 2. 17.

『평양방송』, 2006. 1. 28.

『YTN』, 2009. 4. 25.

『讀賣新聞』, 2005. 12. 17.

Ahmad, Munir. "Scientist Says Pakistan Knew of Korea Nuke Deal." Associated Press, July 4, 2008.

Australia's Foreign Minister, Alexander Downer's Interview on ABC on November 18, 2002.

Brinkley, Joel. "South Korea Offers Power If North Quits Arms Program." New York Times, July 13, 2005.

Chief U.S. Nuclear Negotiator Chiristopher Hill's Interview on CNN's on April 12, 2007.

Cody, Edward. "N. Korean Demand Torpedoed Arms Talk." Washington Post, August 8, 2005.

Cody, Edward. "N. Korea Vows to Quit Arms Program." Washington Post, September 19, 2005.

Cooper, Helene. "In Disclosure, North Korea Contradicts U.S. Intelligence on Its Plutonium Program." New York Times, May 31, 2008.

Downer, Alexander. Interview on ABC on November 18, 2002.

El-Baradei, Mohammad. Interview on CNN on May 8. 2005.

Faiola, Anthony. "South Koreans Weigh Burden of Massive Assistance for North." Washington Post, July 25, 2005.

Giacomo, Carol. "N.Korea Hints at Curbing Money Laundering." Reuters, January 25, 2006.

Harrison, Selig. "North Korea Claims to Have Weaponized Plutonium." CNN, January 19, 2009.

IAEA Director-General Mohammad el-Baradei's Interview on CNN on May 8, 2005.

Kessler, Glenn. "South Korea Offers To Supply Energy if North Gives Up Arms." Washington Post, July 13, 2005.

Kessler, Glenn. "Uranium Traces Found on N. Korean Tubes." Washington Post, December 21, 2007.

Kessler, Glenn. "What That Accord Really Says." Washington Post, September 25, 2005.

Kim, Hyung-jin. "NKorea Says US, Other Parties Slow on Nuclear Pact." Associated Press, July 4, 2008.

Lugar, Richard. Interview on CBS on May 8. 2005.

Olesen, Alexa. "Kim Jong Il Wants Nuclear-Free Korea." Associated Press, July 13, 2005.

Roberts, Pat. Interview on CNN on May 8, 2005.

Sanger, David E. "U.S. Warns North Korea Against Nuclear Test." New York Times, May 7, 2005.

US Chairman of the Defense Science Board. William Schneider's Interview on Nihon Keizai Shimbun on July 5, 2005.

Yoo, Jee-ho. "IAEA Head: North is Nuclear-armed State." JoongAng Daily, April 22, 2009.

"CIA: North Korea Could Make 50 Nuclear Bombs a Year." NewsMax.com Wires, November 22, 2002.

"Major Concern If North Korea Launches Long-Range Missile: US." AFP, May 20, 2006.

"NKorea Insists on End to US Sanctions." AFP, November 12, 2005.

"N. Korea Says It has Completed 80% of Nuclear Disablement Actions." Kyodo News, July 4, 2008.

"N. Korea Says Used 2kg of Plutonium in 2006 Nuke Test: Source." Kyodo News, June 28, 2008.

"N. Korea Says 25.5kg of Plutonium for Nuclear Weapons: Sources." Kyodo News, July 4, 2008.

"Text: Joint Statement From Beijing Talks." Associated Press, September 18, 2005.

CBS, January 14, 2006.

New York Times, May 8, 2005.

Reuter, December 24, 2002.

8. 웹사이트

송영대 전 통일부 차관 발언. 신주현. "북, 원칙합의-조건협상 전술로 개가." 『The Daily NK』, 2005. 9. 22. 검색일 2006. 2. 5. http://www.dailynk.com/Korean/read.php?catald= nk05000&num=12225.

우정엽. "사드(THAAD)가 중국에게 위협이 되는가?" 검색일 2015. 3. 15. https://mail.google.com/mail/u/0/#inbox/14b7745af76030e5.

외교부. "제4차 6자회담 공동성명." 검색일 2016. 9. 1. http://www.mofa.go.kr/trade/hanbando/nuclear/sixpartytalks/index.jsp?menu=m_30_20_10&tabmenu=t_2.

외교부. "9.19 공동성명 이행을 위한 제2단계조치." 검색일 2016. 9. 1. http://www.mofa.go.kr/trade/hanbando/nuclear/sixpartytalks/index.jsp?menu=m_30_20_10&tabmenu=t_2.

외교부. "9.19 공동성명 이행을 위한 초기조치." 검색일 2016. 9. 1. http://www.mofa.go.kr/ trade/hanbando/nuclear/sixpartytalks/index.jsp?menu=m_30_20_10&tabmenu=t_2.

"한반도 핵무기 정치의 작용과 반작용," 1999. 12. 1. 검색일 2001. 3. 3.

http://www.kison.org/kn/kn-018.htm.

한호석. "2·13 초기조치 합의와 초기단계의 전략적 승리." 검색일 2007. 4. 10. http://www.onekorea.com.

IRI. "북미 제네바 기본 합의서." 검색일 2016. 9. 1. http://eng.iiri.or.kr/modules/board/bd_view.html?no=851&id=resources_oversea&or=bd_order&al=asc&p=91.

Toloraya, Georgy 주장. 손지흔. "전문가들 '미국, 동아시아 내 역할 재정립 필요'." 『Voice of America』. 검색일 2008. 6. 5. http://www.voanews.com/Korean/2008-06-04-voa10.cfm.

"Chemical and Biological Weapons Nonproliferation Project." Accessed July 15. www.stimson.org/cwc/bwprolif.htm.

"Kellogg-Briand Pact 1928." Accessed July 10, 2006. http://www.yale.edu/lawweb/avalon/imt/kbpact.htm.

"Treaty Providing for the Renunciation of War As an Instrument of National Policy." Accessed July 10, 2006. http://www.lib.byu.edu/~rdh/wwi/1918p/kellogg-briand.html.

The White House. "The Agenda, Foreign Policy." Accessed June 10, 2009. http://www.whitehouse.gov/agenda/foreign_policy.

부록

- 북·미 제네바 기본합의서
- 제4차 6자회담 공동성명
- 9.19 공동성명 이행을 위한 초기조치
- 9.19 공동성명 이행을 위한 제2단계 조치

북·미 제네바 기본합의서*1)
(1994. 10. 21, 제네바)

미합중국(이하 미국으로 호칭) 대표단과 조선민주주의인민공화국(이하 북한으로 호칭) 대표단은 1994년 9월 23일부터 10월 21일까지 제네바에서 한반도 핵문제의 전반적 해결을 위한 협상을 가졌다.

양측은 비핵화 된 한반도의 평화와 안전을 확보하기 위해서는 1994년 8월 12일 미국과 북한간의 합의 발표문에 포함된 목표의 달성과 1993년 6월 11일 미국과 북한 간 공동 발표문상의 원칙과 준수가 중요함을 재확인하였다. 양측은 핵문제 해결을 위해 다음과 같은 조치들을 취하기로 결정하였다.

1. 양측은 북한의 흑연감속원자로 및 관련시설을 경수로 원자로발전소로 대체하기 위해 협력한다.

   1) 미국 대통령의 1994년 10월 20일자 보장서한에 의거하여 미국은 2003년을 목표시한으로 총 발전용량 약 2,000MWe의 경수로를 북한에 제공하기 위한 조치를 주선할 책임은 진다.

   - 미국은 북한에 제공할 경수로의 재정조달 및 공급을 담당할 국제컨소시엄을 미국의 주도하에 구성한다. 미국은 동 국제컨소시엄을 대표하여 경수로 사업을 위한 북한과의 주 접촉선 역할을 수행한다.
   - 미국은 국제컨소시엄을 대표하여 본 합의문 서명 후 6개월 내에 북한과 경수로 제공을 위한 공급 계약을 체결할 수 있도록 최선

---

* IRI, "북미 제네바 기본 합의서," 검색일 2016. 9. 1, http://eng.iiri.or.kr/modules/board/bd_view.html?no=851&id=resources_oversea&or=bd_order&al=asc&p=91.

의 노력을 경주한다. 계약 관련 협의는 본 합의문 서명 후 가능한 조속한 시일 내 개시한다.

- 필요한 경우 미국과 북한은 핵에너지의 평화적 이용 분야에 있어서의 협력을 위한 양자협정을 체결한다.

2) 1994년 10월 20일자 대체에너지 제공 관련 미국의 보장서한에 의거 미국은 국제컨소시엄을 대표하여 북한의 흑연감속원자로 동결에 따라 상실될 에너지를 첫 번째 경수로 완공 시까지 보전하기 위한 조치를 주선한다.

- 대체 에너지는 난방과 전력생산을 위해 중유로 공급된다.
- 중유의 공급은 본 합의문 서명 후 3개월 내 개시되고 양측간 합의된 공급일정에 따라 연간 50만 톤 규모까지 공급된다.

3) 경수로 및 대체 에너지 제공에 대한 보장서한 접수 즉시 북한은 흑연감속원자로 및 관련시설을 동결하고 궁극적으로 이를 해제한다.

- 북한의 흑연감속원자로 및 관련시설의 동결은 본 합의문서 후 1개월 내 완전 이행된다.

  동 1개월 동안 및 전체 동결기간 중 IAEA가 이러한 동결상태를 감시하는 것이 허용되며, 이를 위해 북한은 IAEA에 대해 전적인 협력을 제공한다.

- 북한의 흑연감속원자로 및 관련시설의 해체는 경수로 사업이 완료될 때 완료된다.
- 미국과 북한은 5MWe 실험용 원자로에서 추출된 사용 후 연료봉을 경수로 건설 기간 동안 안전하게 보관하고 북한 애에서 재처리하지 않는 안전한 방법으로 동 연료가 처리될 수 있는 방안을 강구하기 위해 상호 협력한다.

4) 본 합의 후 가능한 조속한 시일 내에 미국과 북한의 전문가들은 두 종류의 전문가 협의를 가진다.

- 한쪽의 협의에서 전문가들은 대체 에너지와 흑연감속원자로의 경수로로의 대체와 관련된 문제를 협의한다.
- 다른 한쪽의 협의에서 전문가들은 사용 후 연료보관 및 궁극적 처리를 위한 구체적 조치를 협의한다.

2. 양측은 정치적 경제적 관계의 완전 정상화를 추구한다.

1) 합의 후 3개월 내 양측은 통신 및 금융거래에 대한 제한을 포함한 무역 및 투자제한을 완화시켜 나아간다.

2) 양측은 전문가급 협의를 통해 영사 및 여타 기술적 문제가 해결된 후에 쌍방의 수도에 연락사무소를 개설한다.

3) 미국과 북한은 상호관심 사항에 대한 진전이 이루어짐에 따라 양국관계를 대사급으로 까지 격상시켜 나아간다.

3. 양측은 핵이 없는 한반도의 평화와 안전을 위해 함께 노력한다.

1) 미국은 북한에 대한 핵무기를 불위협 또는 불사용에 관한 공식 보장을 제공한다.

2) 북한은 한반도 비핵화 공동선언을 이행하기 위한 조치를 일관성 있게 취한다.

3) 본 합의문이 대화를 촉진하는 분위기를 조성해 나아가는 데 도움을 줄 것이기 때문에 북한은 남북대화에 착수한다.

4. 양측은 국제적 핵 비확산 체제 강화를 위해 함께 노력한다.

1) 북한은 핵 비확산 조약(NPT) 당사국으로 잔류하며 동 조약상의 안전조치협정 이행을 허용한다.

2) 경수로 제공을 위한 계약체결 즉시 동결대상이 아닌 시설에 대하여 북한과 IAEA간 안전조치협정에 따라 임시 및 일반사찰이 재개된다. 경수로 공급계약 체결 시까지 안전조치 연속성을 위해 IAEA가 요청하는 사찰은 동결 대상이 아닌 시설에서 계속된다.

3) 경수로 사업의 상당 부분이 완료될 때, 그러나 주요 핵심부품의 인도 이전에 북한은 북한 내 모든 핵물질에 관한 최초 보고서의 정확성과 완전성을 검증하는 것과 관련하여 IAEA와의 협의를 거쳐 IAEA가 필요하다고 판단하는 모든 조치를 취하는 것을 포함하여 IAEA 안전조치협정(INFCIRC/403)을 완전히 이행한다.

조선민주주의인민공화국 수석대표
조선민주주의인민공화국 외교부 제1부부장 강 석 주

미합중국 수석대표
미합중국 본부대사 로버트 갈루치

제4차 6자회담 공동성명*2)
(2005. 9. 19, 베이징)

1. 6자는 6자회담의 목표가 한반도의 검증 가능한 비핵화를 평화적인 방법으로 달성하는 것임을 만장일치로 재확인하였다.

조선민주주의인민공화국은 모든 핵무기와 현존하는 핵계획을 포기할 것과, 조속한 시일 내에 핵확산금지조약(NPT)과 국제원자력기구(IAEA)의 안전조치에 복귀할 것을 공약하였다.

미합중국은 한반도에 핵무기를 갖고 있지 않으며, 핵무기 또는 재래식 무기로 조선민주주의인민공화국을 공격 또는 침공할 의사가 없다는 것을 확인하였다.

대한민국은 자국 영토 내에 핵무기가 존재하지 않는다는 것을 확인하면서, 1992년도 「한반도의 비핵화에 관한 남북 공동선언」에 따라, 핵무기를 접수 또는 배비하지 않겠다는 공약을 재확인하였다.

1992년도 「한반도의 비핵화에 관한 남북 공동선언」은 준수, 이행되어야 한다.

조선민주주의인민공화국은 핵에너지의 평화적 이용에 관한 권리를 가지고 있다고 밝혔다. 여타 당사국들은 이에 대한 존중을 표명하였고, 적절한 시기에 조선민주주의인민공화국에 대한 경수로 제공 문제에 대해 논의하는데 동의하였다.

2. 6자는 상호 관계에 있어 국제연합헌장의 목적과 원칙 및 국제관계에

* 외교부, "제4차 6자회담 공동성명," 검색일 2016. 9. 1, http://www.mofa.go.kr/trade/hanbando/nuclear/sixpartytalks/index.jsp?menu=m_30_20_10&tabmenu=t_2.

서 인정된 규범을 준수할 것을 약속하였다.

조선민주주의인민공화국과 미합중국은 상호 주권을 존중하고, 평화적으로 공존하며, 각자의 정책에 따라 관계정상화를 위한 조치를 취할 것을 약속하였다.

조선민주주의인민공화국과 일본은 평양선언에 따라, 불행했던 과거와 현안사항의 해결을 기초로 하여 관계정상화를 위한 조치를 취할 것을 약속하였다.

3. 6자는 에너지, 교역 및 투자 분야에서의 경제협력을 양자 및 다자적으로 증진시킬 것을 약속하였다.

중화인민공화국, 일본, 대한민국, 러시아연방 및 미합중국은 조선민주주의인민공화국에 대해 에너지 지원을 제공할 용의를 표명하였다.

대한민국은 조선민주주의인민공화국에 대한 2백만 킬로와트의 전력공급에 관한 2005. 7. 12자 제안을 재확인하였다.

4. 6자는 동북아시아의 항구적인 평화와 안정을 위해 공동 노력할 것을 공약하였다.

직접 관련 당사국들은 적절한 별도 포럼에서 한반도의 항구적 평화체제에 관한 협상을 가질 것이다.

6자는 동북아시아에서의 안보협력 증진을 위한 방안과 수단을 모색하기로 합의하였다.

5. 6자는 '공약 대 공약', '행동 대 행동' 원칙에 입각하여 단계적 방식으로 상기 합의의 이행을 위해 상호조율 된 조치를 취할 것을 합의하였다.

6. 6자는 제5차 6자회담을 11월초 북경에서 협의를 통해 결정되는 일자에 개최하기로 합의하였다.

9.19 공동성명 이행을 위한 초기조치*3) (2007. 2. 13)

Ⅰ. 참가국들은 2005년 9월 19일 공동성명의 이행을 위해 초기단계에서 각국이 취해야 할 조치에 관하여 진지하고 생산적인 협의를 하였다. 참가국들은 한반도 비핵화를 조기에 평화적으로 달성하기 위한 공동의 목표와 의지를 재확인하였으며, 공동성명상의 공약을 성실히 이행할 것이라는 점을 재확인하였다. 참가국들은 '행동 대 행동'의 원칙에 따라 단계적으로 공동성명을 이행하기 위해 상호 조율된 조치를 취하기로 합의하였다.

Ⅱ. 참가국들은 초기단계에 다음과 같은 조치를 병렬적으로 취하기로 합의하였다.

1. 조선민주주의인민공화국은 궁극적인 포기를 목적으로 재처리 시설을 포함한 영변 핵시설을 폐쇄·봉인하고 IAEA와의 합의에 따라 모든 필요한 감시 및 검증활동을 수행하기 위해 IAEA 요원을 복귀토록 초청한다.

2. 조선민주주의인민공화국은 9.19 공동성명에 따라 포기하도록 되어있는, 사용후 연료봉으로부터 추출된 플루토늄을 포함한 공동성명에 명기된 모든 핵 프로그램의 목록을 여타 참가국들과 협의한다.

---

* 외교부, "9.19 공동성명 이행을 위한 초기조치," 검색일 2016. 9. 1, http://www.mofa.go.kr/trade/hanbando/nuclear/sixpartytalks/index.jsp?menu=m_30_20_10&tabmenu=t_2.

3. 조선민주주의인민공화국과 미합중국은 양자간 현안을 해결하고 전면적 외교관계로 나아가기 위한 양자대화를 개시한다. 미합중국은 조선민주주의인민공화국을 테러지원국 지정으로부터 해제하기 위한 과정을 개시하고, 조선민주주의인민공화국에 대한 대적성국 교역법 적용을 종료시키기 위한 과정을 진전시켜 나간다.

4. 조선민주주의인민공화국과 일본은 불행한 과거와 미결 관심사안의 해결을 기반으로, 평양선언에 따라 양국관계 정상화를 취해 나가는 것을 목표로 양자대화를 개시한다.

5. 참가국들은 2005년 9월 19일 공동성명의 1조와 3조를 상기하면서, 조선민주주의인민공화국에 대한 경제·에너지·인도적 지원에 협력하기로 합의하였다. 이와 관련, 참가국들은 초기단계에서 조선민주주의인민공화국에 긴급 에너지 지원을 제공하기로 합의하였다. 중유 5만 톤 상당의 긴급 에너지 지원의 최초 운송은 60일 이내에 개시된다.

참가국들은 상기 초기 조치들이 향후 60일 이내에 이행되며, 이러한 목표를 향하여 상호 조율된 조치를 취한다는데 합의하였다.

III. 참가국들은 초기조치를 이행하고 공동성명의 완전한 이행을 목표로 다음과 같은 실무그룹(W/G)을 설치하는데 합의하였다.

1. 한반도 비핵화
2. 미·북 관계정상화
3. 일·북 관계정상화
4. 경제 및 에너지 협력

5. 동북아 평화·안보 체제

실무그룹들은 각자의 분야에서 9.19 공동성명의 이행을 위한 구체적 계획을 협의하고 수립한다. 실무그룹들은 각각의 작업진전에 관해 6자회담 수석대표 회의에 보고한다. 원칙적으로 한 실무그룹의 진전은 다른 실무그룹의 진전에 영향을 주지 않는다. 5개 실무그룹에서 만들어진 계획은 상호 조율된 방식으로 전체적으로 이행될 것이다.

참가국들은 모든 실무그룹 회의를 향후 30일 이내에 개최하는데 합의하였다.

Ⅳ. 초기조치 기간 및 조선민주주의인민공화국의 모든 핵 프로그램에 대한 완전한 신고와 흑연감속로 및 재처리 시설을 포함하는 모든 현존하는 핵시설의 불능화를 포함하는 다음단계 기간 중, 조선민주주의인민공화국에 최초 선적분인 중유 5만 톤 상당의 지원을 포함한 중유 100만 톤 상당의 경제·에너지·인도적 지원이 제공된다.

상기 지원에 대한 세부 사항은 경제 및 에너지 협력 실무그룹의 협의적 절한 평가를 통해 결정된다.

Ⅴ. 초기조치가 이행되는 대로 6자는 9.19 공동성명의 이행을 확인하고 동북아 안보협력 증진방안 모색을 위한 장관급 회담을 신속하게 개최한다.

Ⅵ. 참가국들은 상호신뢰를 증진시키기 위한 긍정적인 조치를 취하고 동북아시아에서의 지속적인 평화와 안정을 위한 공동노력을 할 것

을 재확인하였다. 직접 관련 당사국들은 적절한 별도 포럼에서 한반도의 항구적 평화체제에 관한 협상을 갖는다.

Ⅶ. 참가국들은 실무그룹의 보고를 청취하고 다음단계 행동에 관한 협의를 위해 제6차 6자회담을 2007년 3월 19일에 개최하기로 합의하였다.

대북 지원부담의 분담에 관한 합의 의사록

미합중국, 중화인민공화국, 러시아연방, 대한민국은 각국 정부의 결정에 따라, Ⅱ조 5항 및 Ⅳ조에 규정된 조선민주주의인민공화국에 대한 지원 부담을 평등과 형평의 원칙에 기초하여 분담할 것에 합의하고, 일본이 자국의 우려사항이 다루어지는 대로 동일한 원칙에 따라 참여하기를 기대하며, 또 이 과정에서 국제사회의 참여를 환영한다.

9.19 공동성명 이행을 위한 제2단계 조치*4) (2007. 10. 3)

참가국들은 5개 실무그룹의 보고를 청취, 승인하였으며, 2.13 합의상의 초기조치 이행을 확인하였고, 실무그룹회의에서 도달한 컨센서스에 따라 6자회담 과정을 진전시켜 나가기로 합의하였으며, 또한 평화적인 방법에 의한 한반도의 검증 가능한 비핵화를 목표로 하는 9.19 공동성명의 이행을 위한 제2단계 조치에 관한 합의에 도달하였다.

Ⅰ. 한반도 비핵화

1. 조선민주주의인민공화국은 9.19 공동성명과 2.13 합의에 따라 포기하기로 되어 있는 모든 현존하는 핵시설을 불능화하기로 합의하였다.

   영변의 5MWe 실험용 원자로, 재처리시설(방사화학실험실) 및 핵연료봉 제조시설의 불능화는 2007년 12월 31일까지 완료될 것이다. 전문가 그룹이 권고하는 구체 조치들은, 모든 참가국들에게 수용 가능하고, 과학적이고, 안전하고, 검증가능하며, 또한 국제적 기준에 부합되어야 한다는 원칙들에 따라 수석대표들에 의해 채택될 것이다. 여타 참가국들의 요청에 따라, 미합중국은 불능화 활동을 주도하고, 이러한 활동을 위한 초기 자금을 제공할 것이다. 첫 번째 조치로서, 미합중국측은 불능화를 준비하기 위해 향후 2주내

* 외교부, "9.19 공동성명 이행을 위한 제2단계조치," 검색일 2016. 9. 1, http://www.mofa.go.kr/trade/hanbando/nuclear/sixpartytalks/index.jsp?menu=m_30_20_10&tabmenu=t_2.

에 조선민주주의인민공화국을 방문할 전문가 그룹을 이끌 것이다.

2. 조선민주주의인민공화국은 2.13 합의에 따라 모든 자국의 핵 프로그램에 대해 완전하고 정확한 신고를 2007년 12월 31일까지 제공하기로 합의하였다.

3. 조선민주주의인민공화국은 핵 물질, 기술 또는 노하우를 이전하지 않는다는 공약을 재확인하였다.

Ⅱ. 관련국간 관계정상화

1. 조선민주주의인민공화국과 미합중국은 양자관계를 개선하고 전면적 외교관계로 나아간다는 공약을 유지한다. 양측은 양자 간 교류를 증대하고, 상호 신뢰를 증진시킬 것이다. 조선민주주의인민공화국을 테러지원국 지정으로부터 해제하기 위한 과정을 개시하고 또 조선민주주의인민공화국에 대한 대적성국 교역법 적용을 종료시키기 위한 과정을 진전시켜나간다는 공약을 상기하면서, 미합중국은 미·북 관계정상화 실무그룹 회의를 통해 도달한 컨센서스에 기초하여, 조선민주주의인민공화국의 조치들과 병렬적으로 조선민주주의인민공화국에 대한 공약을 완수할 것이다.

2. 조선민주주의인민공화국과 일본은 불행한 과거 및 미결 관심사안의 해결을 기반으로, 평양선언에 따라 양국관계를 신속하게 정상화하기 위해 진지한 노력을 할 것이다. 조선민주주의인민공화국과 일본은 양측 간의 집중적인 협의를 통해, 이러한 목적 달성을 위한 구체적인 조치를 취해 나갈 것을 공약하였다.

Ⅲ. 조선민주주의인민공화국에 대한 경제 및 에너지 지원

2.13 합의에 따라, 중유 100만 톤 상당의 경제·에너지·인도적 지원(기전달된 중유 10만 톤 포함)이 조선민주주의인민공화국에 제공될 것이다. 구체 사항은 경제 및 에너지협력 실무그룹에서의 논의를 통해 최종 결정될 것이다.

Ⅳ. 6자 외교장관회담

참가국들은 적절한 시기에 북경에서 6자 외교장관회담이 개최될 것임을 재확인하였다.

참가국들은 외교장관회담 이전에 동 회담의 의제를 협의하기 위해 수석대표회의를 개최하기로 합의하였다.

저자소개

이헌경

약력

- 현 동아대학교 정치외교학과 교수
- 현 평화문제연구소 감사
- 칠레대학교 초빙교수 역임
- 베를린자유대학교 초빙교수 역임
- 통일연구원 선임연구위원 역임

주요논저

- 저서
  - 『부시 행정부의 군사안보 전략』
  - 『미국의 대·반테러 세계전략과 대북전략』
  - 『북한의 대량살상무기 실태와 미국의 대응: 전략과 시뮬레이션』
- 논문
  - "North Korean Nuclear Crisis and Further Approaches for the WMD and Missile Non-proliferation"
  - "Security Needs and Security Environment on the Korean Peninsula"
  - "김정은 권력세습과 통치권력 강화: 역사적 함의와 정적 제거"
  - "북한의 경제조치와 사회경제적 실태"
  - "북한 사회주의 체제의 생존 전략과 전망"